# 박문각
# 감정평가사

**2차** **감정평가 및 보상법규**

**우선순위** 쟁점정리와 미니법전

제 1 판

도승하 편저

KB134530

# 감정평가사 6년 연속
# 전체수석/실무수석 합격자 배출

(2017년~2022년 박문각 서울법학원 온/오프 수강생 기준)

QMG 박문각

# 박문각
# 감정평가사

**2차** 감정평가 및 보상법규
우선순위 쟁점정리와 미니법전

# 감정평가 및 보상법규
# 수험가이드

## **1** 들어가며(감정평가 및 보상법규 과목 소개)

감정평가사법에 따라 감정평가사 자격을 취득한 감정평가사는 부동산가격공시법 상 표준지공시지가를 적용하여 공익사업에 편입되는 재산권의 객관적 가치를 산 정하여 헌법 제23조 제3항에서 규정하고 있는 정당보상이 이뤄질 수 있도록 할 것입니다. 이처럼 감정평가사는 재산권의 객관적 가치를 판정하여 경제적 가치로 그 결과를 가액으로 표시함으로써, 국민의 재산권을 보호하고 국가경제 발전에 기여할 것입니다. 따라서 감정평가의 결과가 국가 경제에 미치는 영향을 고려할 때, 감정평가와 관련된 제 규정을 명확히 이해하고 적용하여야 할 것입니다.

감정평가 및 보상법규의 시험과목은 공익사업을 위한 토지 등의 취득 및 보상에 관한 법률(약칭 '토지보상법'), 부동산가격공시법(약칭 '부공법'), 감정평가 및 감 정평가사에 관한 법률(약칭 '감정평가사법')입니다. 상기 3법은 공법으로서 여기 에 공법 기본원칙인 행정법이 추가됩니다. 행정법이란 행정의 조직, 작용 및 구 제에 관한 국내 공법으로서 상기 3법에서 각각 규정되어 있는 행위에 대해서(법 적성질, 절차, 효력 및 권리구제 등) 공통적으로 적용되는 개념 및 이론이 집대 성된 과목이라고 할 것입니다.

행정법은 단일법이 아니며, 행정에 관한 조직(정부조직, 지방자치법 등), 작용 (각 개별법 및 행정절차법 등) 및 구제(행정심판법, 행정소송법 및 민사소송법 등)에 관련된 모든 국내 공법을 망라하여 사용되는 개념이기에 그 범위가 넓고 정리가 어려운 특성이 있습니다. 따라서 행정법의 개념을 이해하고 각 법률에서 규정하고 있는 내용을 효율적으로 요약·정리하는 것이 핵심이라 할 것입니다.

개별법은 각 법률이 제정된 목적을 중심으로 하여, 각 조문에서 규정하고 있는 요건 및 효력을 이해하고, 각 개별법에서 규정된 행정행위에 공통적으로 적용되 는 불복수단이 행정쟁송법이 될 것이므로 권리침해에 대한 권리구제방안으로서 행정법과 연계하여 검토하여야 할 것입니다.

## 1. 공부 전략

법규의 경우에는 쟁점이 정해져 있고, 답도 거의 정해져 있습니다. 따라서 쟁점을 내가 알고 있다면 풀 수 있는 것이고, 모른다면 풀 수 없는 것입니다. 즉, 문제풀이 기술을 공부할 것입니다. 문제를 많이 푸는 것도 중요하지만 문제를 푸는 방법을 공부하는 것이 중요합니다.

초시생이나, 2~3년차나 법규에 대해서 무언가 알 듯한데 내가 알고 있는 것이 무엇인지 명확하게 설명하는 것이 불가하다면 이는 정확하게 알고 있는 것이 아닙니다.

따라서 지금까지 기본강의든 문제풀이 강의든 GS강의든, 공부한 것을 머리 속에서 체계적으로 정리하고 쟁점 위치를 재배열할 필요가 있습니다.

법규는 쟁점이 정해져 있기에 쟁점주제를 정리하고 이해하는 것이 1차 목표입니다.

2차 목표는 그러한 쟁점주제에 대한 개념과 기본목차를 정리하고 암기하는 것입니다.

3차 목표는 공부한 쟁점주제를 문제에 적용시키는 것입니다. 문제에서 주어진 사실관계를 파악하고 사실관계에서 문제되는 쟁점주제가 무엇인지만 찾는다면 쟁점주제에 대한 기본이론은 이미 2차 목표에서 완수하였기에 그대로 분량을 조절하여 써주기만 하면 됩니다.

그런데 대부분의 수험생들이 1차 목표 → 2차 목표 → 3차 목표로 공부하는 것이 아니라, 무작정 사례풀이 문제집이나 스터디 문제를 암기하는 식으로 공부하고 있습니다.

여기서 암기하다가 운좋게 법규의 흐름을 이해하는 수험생들은 좋은 점수로 법규가 합격의 견인 역할을 할 것이지만 그렇지 않은 경우가 더 많습니다.

## 2. 마인드 전환

문제는 푸는 것이 아니라 쟁점을 맞추는 것입니다. 많은 문제를 풀고 쓰는 것은 쟁점을 맞추고 나서 해야 할 것입니다. 따라서 법규를 공부함에 있어서 많은 문제를 풀고 쓰는 것보다 쟁점을 정확하게 맞추는 것이 중요합니다.

실제 2차 시험에서 각 문제의 쟁점의 정리만 작성하고도 10점~15점 정도 받는 경우가 있었으며, 각 쟁점의 세부적인 쟁점까지 세세하게 알지는 못하지만 개략적인 내용만 알고있어도 50점~60점 사이가 충분히 나왔습니다. 세부적인 쟁점 즉, 문제에서 물어보는 사항이 기본쟁점 중 어디에 있는지만 정확하게 알고 거기에 맞게 답안을 작성한다면 60점 이상 득점이 가능합니다. 이처럼 쟁점을 찾는 연습이 무작정 암기하고 쓰는 연습보다 더 중요하다 할 것입니다.
따라서 앞으로의 공부방법은 중요한 쟁점이 무엇인지에 대한 깊은 고민과 정리 위주로 설정해야 할 것입니다.

## 2 행정법 공부방법

### 1. 행정법의 이해

행정법이 어려운 이유는, 행정법의 개념을 철저하게 분석하지 않고 기본교재를 읽기 시작하는 데 있습니다.

대부분의 수험생들은 일상생활에서 행정법을 접하지 않았기에, 행정법의 개념이 무엇인지를 곰곰이 생각해 보아야 할 것입니다. 또한 행정법이라는 단일법이 없기에 개념정립은 행정법 공부에 있어서 필수요소라고 할 것입니다.

행정법은 행정구제법을 중심으로 이해하시되, 행정구제법은 절차법임을 숙지하여야 할 것입니다. 행정구제법은 개인의 권리·이익을 향유할 수 있는 절차를 규정해 놓은 법입니다. 따라서 구제절차가 주된 내용이 될 것이므로, 각 조문의 흐름을 유기적으로 공부하시면 될 것입니다.

## 2. 취소소송의 이해

행정소송법 제9조~제34조는 취소소송에 관한 규정입니다. 동 규정을 무효등확인소송, 부작위위법확인소송, 당사자소송 등에서 준용하고 있습니다. 이처럼 행정소송법은 취소소송을 중심으로 구성되어 있습니다. 따라서 취소소송을 우선 공부하시고, 타 소송으로 공부범위를 확대하시면 될 것입니다.

## 3. 행정작용의 이해

행정법은 크게 보았을 때, ① 총론, ② 행정조직법, ③ 행정작용법, ④ 행정구제법으로 구성되어 있습니다. 행정작용은 권력적 작용과 비권력적 작용을 중심으로 구성되어 있으며 이에 행정절차(법)와 실효성 확보수단이 가미되어 있습니다.

권력적 작용과 비권력적 작용을 공부하는 주된 이유는 항고소송의 대상성이며, 행정절차는 절차하자의 위법성과 관련하여 문제됩니다. 따라서 행정작용을 공부하는 이유는 행정소송의 대상성 판단과 절차하자의 위법성 판단임을 숙지하셔야 할 것입니다.

## 4. 기본쟁점 중심의 연습

행정법은 국민의 권리구제를 도모하기 위한 절차법이므로 행정소송법을 중심으로 공부하시면 될 것입니다. 이에 무엇으로부터의 권리구제인지도 중요한데 이 부분에서 행정작용법의 공부 필요성이 야기됩니다. 즉, 위법 또는 적법한 행정작용으로부터 행정소송절차를 통한 권리구제가 목적이 되는 것입니다. 개별적인 침익작용은 개별법률에서 요건 및 효과를 규정하고 있기에 구체적인 침익작용의 공부는 행정법 공부에서 할 수 없습니다. 따라서, 개별법률에서의 구체적 침익행위가 소송의 대상인지만을 개념적으로 공부하고, 그 이후의 구제절차인 행정소송법을 중심적으로 공부해야 합니다. 행정소송법은 46개의 조문으로 되어 있습니다. 소송제기요건과 판결의 효력이 핵심조문이므로 이를 중심으로 기본쟁점을 준비하시고, 여러 국가고시 시험에서의 출제경향과 최신 판례를 확인한다면 더 효율적인 공부가 될 것입니다. 행정법 쟁점은 이미 60여 년 전부터 정리되어 왔습니다. 따라서 이미 정리된 기본쟁점의 큰 방향을 중심으로 공부하시고 세부적인 사항을 차곡차곡 확인하신다면 가장 단시간 내에 공부를 마무리할 수 있을 것입니다.

대부분의 수험생분들이 행정법의 기본강의를 잘못 선택하여 1년을 허비하는 경우를 많이 보아 왔습니다. 행정법 공부는 실전 문제풀이를 염두하고 기초부터 튼튼하게 준비하여야 합니다. 대부분의 강의는 기본내용에 치중하여 수험적합적인 전략이 불가합니다. 따라서 기본공부가 끝난 후에도 무엇을 해야 하는지 갈피를 못잡는 경우가 많습니다. 이러한, 수험공부의 한계를 극복하기 위해서는 「기본쟁점정리 + 답안작성의 연습」을 동시에 수행해야 할 것입니다.

## 3 개별법 공부방법

### 1. 개별법의 이해

행정작용법은 일반작용법과 개별작용법으로 나뉘게 됩니다. 일반작용법은 개별작용법에 적용되는 행정작용에 대한 일반이론이 정리된 이론서를 의미합니다. 개별작용법은 현실에서의 개별작용을 규정하고 있는 것을 말합니다. 우리 시험과 관련하여서는 '공익사업을 위한 토지 등의 취득 및 보상에 관한 법률', '부동산 가격공시에 관한 법률', '감정평가 및 감정평가사에 관한 법률'이 있습니다. 이러한 법률은 각각 달성하고자 하는 목적이 있고 그러한 목적을 달성하기 위한 요건과 절차 및 불복수단 등을 규정하고 있습니다. 바로 그 목적이 개별법이 존재하는 이유이며, 그 목적을 달성시켜주는 효력을 실체적 효력이라고 합니다. 이러한 측면에서 개별법을 실체법이라고도 합니다. 개별법은 실체법이기에 각 개별조문에서 규정하고 있는 요건과 효과를 중심으로 공부해야 할 것입니다.

### 2. 개별법 구조의 이해

개별법은 특정 목적(효과)을 갖고 있기에, 해당 목적(효과)을 정확하게 체크해야 합니다. 각 목적(효과)을 이루기 위해서 필요한 요건을 구비해야 하며, 이러한 요건이 갖추어졌는지 갖추어지지 않았는지가 현실에서 분쟁의 시초가 된다고 할 것입니다.

요건충족의 가부는 결국 행정심판이나 행정법원의 주요 판단사항이 될 것이기에, 개별법에서의 핵심내용이 될 것입니다. 따라서 개별법은 각 조문의 내용과 관련 조문의 흐름을 유기적으로 이해하여야 할 것이며, 각 조문은 "① 의의,

② 취지, ③ 근거, ④ 법적성질, ⑤ 요건, ⑥ 절차, ⑦ 효력, ⑧ 권리구제"를 중심으로 정리하시면 될 것입니다.

## 3. 기본쟁점 중심의 연습과 판례 확인

개별법은 각 조문이 또는 여러 조문이 결합되어 특정 목적을 달성하고자 합니다. 따라서 각 조문이 갖는 기본효력을 중심으로 기본정리를 하면 될 것이며, 여기에 현실에서 발생했던 사실 CASE를 정리하시면 될 것입니다. 개별 CASE 는 판례를 통해서 확인할 수 있으며, 해당 판례에서 문제된 조문의 내용과 이를 어떻게 해결하였는지를 유의깊게 살펴보시면 될 것입니다.

## 4 답안작성 연습 및 체크표

행정쟁송법 시험은 일정한 답안 양식이 주어지므로 해당 양식에 맞는 답안작성을 연습해야 합니다.

수험생의 입장에서 이론정리도 어렵지만, 정리된 이론을 주어진 양식에 맞게 배점조절 및 글자조절을 해야 하는 것은 또 다른 어려움으로 다가오게 됩니다. 이처럼 이론정리 따로, 답안작성 따로 연습하게 된다면 이중 삼중의 시간을 필요로 하게 되며, 이는 곧 수험기간의 연장으로 이어지게 될 것입니다.
따라서 주관식 시험과목의 특성을 고려하여 답안작성에 필요한 분량만큼만 SUB로 작성하고 이를 수차례 반복 연습하여 최적의 답안작성용 목차가 완성되어야 합니다.
이를 위해 서브작성 및 답안작성을 위한 배점조절 등 기술적인 연습이 요구될 것이며, 객관적인 연습표를 통해서 수차례 반복연습을 할 수 있을 것입니다.

서브작업은 필수이며, 한 눈에 들어오도록 한 면에 작성하고 핵심 쟁점이 어떠한 내용인지도 표기해야 합니다. 아래 서브노트 예시를 참조하여 해당 양식으로 작성하면 최고의 효율성을 보장받을 수 있을 것입니다.
답안작성 역시 내용의 이해, 목차의 이해, 글자조절 등 필수적으로 체크해야 하는 항목이 있으므로 이를 고려하면서 서브작성 및 답안작성 연습을 연계해야 할 것입니다.

## 5 서브작성에 대하여

1년이라는 짧은 기간 동안 효율적으로 공부하기 위해서는 서브는 필수입니다. 시험일이 다가올수록 기본이론은 답안작성에 필요한 분량으로 정리하고, 정리된 서브를 반복하여 주어진 시간 내에 답안지를 완성시켜야 할 것입니다. 서브작성은 그 자체로서 공부가 됩니다. 핵심 쟁점을 이해하고 핵심 키워드를 중심으로 답안을 채워야 하기에, 서브작성을 하는 과정이 그 자체로서 의미를 갖게됩니다. 따라서 기본강의를 수강하거나 기본서를 처음 접하는 순간부터 서브작업이 동시에 진행되어야 합니다. 기본강의를 듣고 서브는 나중에 하겠다는 마음가짐은 수험기간을 1년 이상으로 늘어나게 할 것입니다. 한번 시작한 이상 처음보는 순간부터 확실하게 정리하고 넘어가겠다는 각오가 필요합니다.

| 서브작성 방법 | |
|---|---|
| 1일차 | • 전체적인 내용 읽어보기<br>• 행정소송법 중 어느 위치에 있는지 쟁점위치 파악하기<br>• 왜 쟁점이 되는지 쟁점사항 체크하기<br>• 개념과 기본목차 흐름 체크하기<br>• 개념 암기하기 - 5분 정도 가볍게 암기하기 |
| 2일차 | • 전체적인 내용 읽어보기<br>• 기본목차 분량 체크하면서 목차 배열하기<br>  (기본목차 내용에 들어갈 분량 확인하기)<br>• 왜 쟁점인지 쟁점이유 암기하기<br>• 개념 및 기본목차 암기 - 10분 정도 가볍게 암기하기 |
| 3일차 | • 전체적인 내용 읽어보기/왜 쟁점인지 복습하기<br>• 기본목차에 들어갈 내용 삽입하기<br>  (간략한 문장 내지 핵심단어 위주 - 핵심단어 체크)<br>• 기본목차와 핵심단어로 유기적인 흐름 체크하기<br>• 개념 및 기본목차 암기하기<br>• 핵심단어 암기하기 |

| 4일차 | • 왜 쟁점인지와 정리된 기본목차 및 핵심단어 암기하기<br>• 개념 및 기본목차 암기하기 + 핵심 키워드 체크하기<br>• 핵심단어 암기하기 |
|---|---|
| 5일차 | • 깔끔하게 정리하기<br>• 시험장에 가지고 갈 개념 – 목차 – 키워드 핵심단어 암기하기 |
| 6일차 | 서브작성과 암기가 어느 정도 수준에 이르면 서브 옆면 또는 뒷면에 해당 쟁점과 관련된 기본문제를 추가하여 이론에서 사례까지 한 번에 볼 수 있도록 준비한다. |

** 해당 순서대로 서브를 작성하고 작성된 서브는 반드시 누적적으로 암기해야 합니다. 서브를 만들어 놓고 이를 나중에 볼 자료로 방치시킨다면 서브를 만든 효과가 극대화될 수 없습니다. 처음 서브 작업 시에는 욕심을 버리고 정말 중요한 필수 쟁점 10~20개 정도만 만들고 이를 누적적으로 관리하는 것이 중요합니다. 누적적으로 관리되지 않는 쟁점 40개보다 누적적으로 관리되는 쟁점 10개가 더 중요함을 인지하는 것이 필요합니다.

## ▨▨▨▨ 서브 만들기 연습 주제 : 처분사유의 추가·변경

쟁점 : 처분사유의 추가·변경 기본이론 내용

### 1. 의의 및 구별개념

처분 당시에 존재하였으나 처분의 근거로 제시하지 않았던 법적 또는 사실적 사유를 소계속 중에 추가 또는 변경하는 것을 말한다. 처분 당시에 존재하는 사유를 추가하거나 변경한다는 점에서 처분시의 히자를 사후에 보완하는 하자치유와 구별된다.

### 2. 소송물과 처분사유의 추가변경

소송물을 개개의 위법성사유로 보면 처분사유의 추가변경은 소송물의 추가변경이 되므로 원칙적으로 불가하다. 따라서 처분사유추가변경은 소송물(위법성 일반)의 범위 내에서 논의되어야 한다.

### 3. 인정 여부

(1) 학설

① 국민의 공격·방어권침해를 이유로 부정하는 견해와 ② 소송경제 측면에서 긍정하는 견해, ③ 처분의 상대보호와 소송경제의 요청을 고려할 때 제한적으로 긍정하는 견해, ④ 행정행위 및 행정쟁송의 유형 등에 따라 개별적으로 판단해야 한다는 견해가 있다.

(2) 판례

실질적 법치주의와 행정처분의 상대방인 국민의 신뢰보호견지에서 기본적 사실관계의 동일성이 인정되는 경우에 제한적으로 긍정하고 있다(2001두8827).

(3) 검토

처분사유의 추가·변경은 소송경제 및 분쟁의 일회적 해결을 위한 것이므로 권리보호와 소송경제를 고려하여 제한적으로 인정하는 판례의 태도가 타당하다.

### 4. 인정기준

(1) 처분 당시 객관적으로 존재하였을 것

위법판단의 기준시에 관하여 처분시설을 취하는 경우 위법성 판단은 처분시를 기준으로 하므로 추가사유나 변경사유는 처분시에 객관적으로 존재하던 사유이어야 한다. 처분 이후에 발생한 새로운 사실적·법적 사유를 추가·변경할 수는 없다. 단, 판결시설 또는 절충설을 취하는 경우에는 피고인 처분청은 소송계속 중 처분 이후의 사실적·법적 상황을 주장할 수 있게 된다.

(2) 기본적 사실관계의 동일성이 유지될 것

통설 및 판례는 ① 법률적 평가 이전의 사회적 사실관계의 동일성을 기준으로 하여, ② 시간적, 장소적 근접성, ③ 행위의 태양, 결과 등을 종합적으로 고려해서 판단하여야 한다고 본다(2006두9641).

(3) 재량행위의 경우

재량행위에서 처분이유를 사후에 변경하는 경우에도, 분쟁대상인 행정행위가 본질적으로 변경되지 않음을 전제로 하는 것이므로 재량행위에서도 인정함이 타당하다.

### 5. 법원의 판단

처분사유의 추가·변경이 인정되면 법원은 변경된 사유를 기준으로 본안심사를 하여야 한다.

| 취소소송<br>본안심리 | 처분사유 추가변경 _ 서브작성 1일차<br>⇒ 기본개념암기 및 반복 읽기와 이해 |
|---|---|

**쟁 점** 소송심리 중 처분사유의 추가변경에 대한 규정이 없어서 인정 여부가 문제됨. 소송경제와 권리보호를 위해서 제한적으로 긍정함. 기본적 사실관계의 동일성은 각 사유를 규정하고 있는 법 취지를 기초로 분석한다!!_포섭중요 + 기속력과 연관된 쟁점임.

## I. 의의 및 구별개념

처분 당시에 존재하였으나 처분의 근거로 제시하지 않았던 법적 또는 사실적 사유를 소계속 중에 추가 또는 변경하는 것을 말한다_하자치유와 구별

| 취소소송<br>본안심리 | 처분사유 추가변경 _ 서브작성 2일차<br>⇒ 개념 및 목차암기 |
| --- | --- |

**쟁 점**   소송심리 중 처분사유의 추가변경에 대한 규정이 없어서 인정 여부가 문제됨. 소송경제와 권리보호를 위해서 제한적으로 긍정함. 기본적 사실관계의 동일성은 각 사유를 규정하고 있는 법 취지를 기초로 분석한다!!_포섭중요 + 기속력과 연관된 쟁점임.

| | |
| --- | --- |
| **I. 의의 및 구별개념**<br>처분 당시에 존재하였으나 처분의 근거로 제시하지 않았던 법적 또는 사실적 사유를 소계속 중에 추가 또는 변경하는 것을 말한다_하자치유와 구별 | **IV. 인정기준**<br>1. 처분 당시 객관적으로 존재하였을 것<br><br>2. 기본적 사실관계의 동일성이 유지될 것<br><br>3. 재량행위의 경우 |
| **II. 소송물과 처분사유 추가변경** | |
| **III. 인정 여부**<br>1. 학설 | **V. 법원의 판단** |
| 2. 판례 | **VI. 사안의 경우** |
| 3. 검토 | |

## 처분사유 추가변경 _ 서브작성 3일차
## ⇒ 개념 및 목차암기와 단락요약하기

**쟁 점**　소송심리 중 처분사유의 추가변경에 대한 규정이 없어서 인정 여부가 문제됨. 소송경제와 권리보호를 위해서 제한적으로 긍정함. 기본적사실관계의 동일성은 각 사유를 규정하고 있는 법 취지를 기초로 분석한다!!_포섭중요 + 기속력과 연관된 쟁점임.

### I. 의의 및 구별개념
처분 당시에 존재하였으나 처분의 근거로 제시하지 않았던 법적 또는 사실적 사유를 소계속 중에 추가 또는 변경하는 것을 말한다.
하자치유와 구별

### II. 소송물과 처분사유 추가변경
소송물 : 위법성 일반 - 처추변 인정 - 타당
소송물 : 위법성 개개사유 - 처추변 부정

### III. 인정 여부
**1. 학설**
공격방어권침해 부정
소송경제 측면 인정(인정안하면 다시 인정안한 사유로 동일처분 할꺼니까)
행정행위에 따라 개별판단

**2. 판례**
소송경제, 권리보호 측면 고려
기본적 사실관계 동일성 인정한도 내 긍정

**3. 검토**
판례 타당

### IV. 인정기준
**1. 처분 당시 객관적으로 존재하였던 사실일 것**
처분시에 존재하였던 사유일 것.
(판결시설 택하면 처추변 무한가능?)

**2. 기본적 사실관계의 동일성이 유지될 것**
① 법률적 평가 이전의 사회적 사실관계의 동일성을 기준으로 하여 ② 시간적, 장소적 근접성, ③ 행위의 태양, 결과 등을 종합적으로 고려해서 판단

**3. 재량행위의 경우**
재량행위도 가능

### V. 법원의 판단
처분사유의 추가·변경이 인정되면 법원은 변경된 사유를 기준으로 본안심사를 하여야 한다.

취소소송
본안심리

## 처분사유 추가변경 _ 서브작성 4일차
### ⇒ 단락요약 간결화 작업

**쟁 점**  소송심리 중 처분사유의 추가변경에 대한 규정이 없어서 인정 여부가 문제됨. 소송경제와 권리보호를 위해서 제한적으로 긍정함. 기본적 사실관계의 동일성은 각 사유를 규정하고 있는 법 취지를 기초로 분석한다!!__포섭중요 + 기속력과 연관된 쟁점임.

### I. 의의 및 구별개념
처분 당시에 존재하였으나 처분의 근거로 제시하지 않았던 법적 또는 사실적 사유를 소계속 중에 추가 또는 변경하는 것을 말한다_하자치유와 구별

### II. 소송물과 처분사유 추가변경
소송물(위법성 일반)범위 내에서 인정

### III. 인정 여부
1. 학설
① 부정설(공격방어권침해)
② 긍정설(소송경제 측면 – 불인정 시 동일사유로 다시 동일처분)
③ 행정행위유형에 따라 개별판단

2. 판례
소송경제, 권리보호 측면 고려
기본적 사실관계 동일성 인정한도 내 긍정

3. 검토
판례 타당

### IV. 인정기준
1. 처분 당시 객관적으로 존재하였던 사실일 것
  처분시 존재(위법성 판단 처분시)

2. 기본적 사실관계의 동일성이 유지될 것
  ① 법률적 평가 이전 사회적 사실관계 동일성, ② 시간적, 장소적 근접성, ③ 행위의 태양, 결과 등을 종합 고려

3. 재량행위의 경우
  재량행위도 가능

### V. 법원의 판단
인정 시 변경된 사유로 판단
부정 시 기존 사유로만 판단

### VI. 사안의 경우
1. 처분당시 존재
2. 기사동 판단
  각 사유를 규정하고 있는 법 규정의 취지를 해석하여 설문을 포섭한다!!!!!!

# 처분사유 추가변경 _ 서브작성 5일차
## ⇒ 각 문단별 핵심 키워드 체크

**쟁 점**  소송심리 중 처분사유의 추가변경에 대한 규정이 없어서 인정 여부가 문제됨. 소송경제와 권리보호를 위해서 제한적으로 긍정함. 기본적 사실관계의 동일성은 각 사유를 규정하고 있는 법 취지를 기초로 분석한다!!_포섭중요 + 기속력과 연관된 쟁점임.

## I. 의의 및 구별개념
처분 당시에 존재하였으나 처분의 근거로 제시하지 않았던 법적 또는 사실적 사유를 소계속 중에 추가 또는 변경하는 것을 말한다 _ 하자치유와 구별

## II. 소송물과 처분사유 추가변경
소송물(위법성 일반)범위 내에서 인정

## III. 인정 여부
### 1. 학설
① 부정설(공격방어권침해)
② 긍정설(소송경제 측면 - 불인정 시 동일사유로 다시 동일처분)
③ 행정행위유형에 따라 개별판단

### 2. 판례
소송경제, 권리보호 측면 고려
기본적 사실관계 동일성 인정한도 내 긍정

### 3. 검토
판례 타당

## IV. 인정기준
### 1. 처분 당시 객관적으로 존재하였던 사실일 것
처분시 존재(위법성 판단 처분시)

### 2. 기본적 사실관계의 동일성이 유지될 것
① 법률적 평가 이전 사회적 사실관계 동일성, ② 시간적, 장소적 근접성 ③ 행위의 태양, 결과 등을 종합 고려

### 3. 재량행위의 경우
재량행위도 가능

## V. 법원의 판단
인정 시 변경된 사유로 판단
부정 시 기존 사유로만 판단

## VI. 사안의 경우
1. 처분당시 존재
2. 기사동 판단
각 사유를 규정하고 있는 법 규정의 취지를 해석하여 설문을 포섭한다!!!!!!

## 취소소송 본안심리

# 처분사유 추가변경 _ 서브작성 6일차
# ⇒ 관련 예시문제 추가하여 이론 적용연습

**쟁 점**   소송심리 중 처분사유의 추가변경에 대한 규정이 없어서 인정 여부가 문제됨. 소송경제와 권리보호를 위해서 제한적으로 긍정함. 기본적 사실관계의 동일성은 각 사유를 규정하고 있는 법 취지를 기초로 분석한다!!_포섭중요 + 기속력과 연관된 쟁점임.
+ 관련 기본문제 추가하여 문제풀이 기본목차 이해하기

**[관련 기본문제]** 국토교통부장관 을은 2014년 2월 1일 감정평가법인 갑이 이해관계 있는 자의 토지를 평가한 적이 없음에도 불구하고 이해관계 있는 자의 토지를 평가하였다는 이유로 3월의 업무정지처분을 내렸다. 이에 갑은 업무정지처분에 대한 소송요건을 모두 갖추고 취소소송을 제기하였다. 을은 취소소송 진행 중에 '갑이 2012년 5월에 평가한 보상감정평가서의 원본 등 서류를 2012년 5월 당시부터 보존하지 않아서 이는 감평사법 제6조 제3항의 서류보존의무 위반'에 해당한다는 이유로 처분사유를 추가·변경할 수 있는가?

Ⅰ. 쟁점의 정리

Ⅱ. 관련행위의 법적성질

1. 업무정지처분의 개념

2. 업무정지처분의 법적성질

Ⅲ. 업무정지 처분사유 추가·변경 가능 여부

1. 처분사유 추가변경의 의의 및 구별개념

2. 소송물과 처분사유의 추가변경

3. 인정 여부
   (1) 학설
   (2) 判例
   (3) 검토

4. 인정범위
   (1) 처분 당시 객관적으로 존재하였던 사실일 것
   (2) 기본적 사실관계의 동일성이 유지될 것
   (3) 재량행위의 경우

5. 법원의 판단

6. 사안의 경우
   (1) 처분 당시에 존재하는 객관적 사유인지
   (2) 기본적 사실관계의 동일성 유무

Ⅳ. 사안의 해결

# 쟁점 도해도

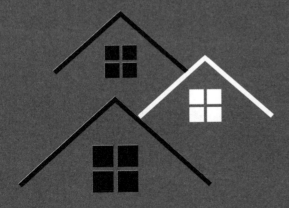

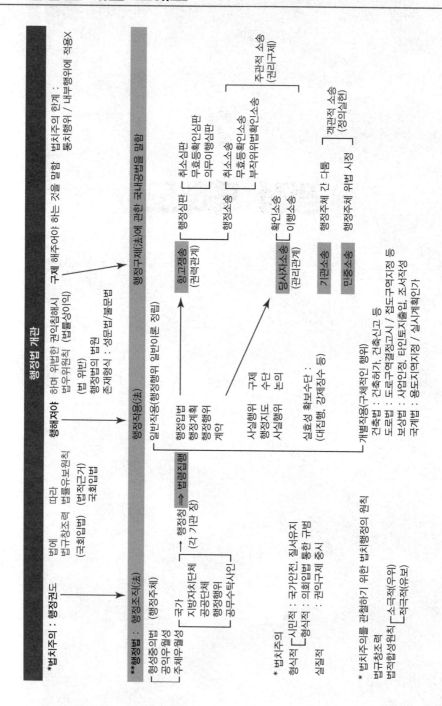

## 행정법 개관

**\*법치주의 : 행정권도**

법에 → 법규창조력 법률유보원칙 (국회입법) / 따라 → 법률우월원칙 (법적근거) 국회입법

**행해지아야** 하며 위반한 권익침해시 법위위원칙 (법률상이익)

[법 위반] 행정행위 범위 존재형식 : 성문법/불문법

**구제** 해주어야 하는 것을 말함 법치주의 한계 : 통치행위 / 내부행위에 적용X

행정구제(法)에 관한 국내공법을 말함

**\*\*행정법 : 행정조직(法)**

(행정주체)
- 법성중의법 공무우월성 주체우월성

→ 행정청 ⇒ 법령집행 (각 기관 장)

- 국가
- 지방자치단체
- 공공단체
- 행정행위
- 공무수탁사인

행정작용(法)

일반작식(행정행위 일반이론 정립)
- 행정입법
- 행정계획
- 행정행위
- 계약

- 사실행위 ┐ 구제
- 행정지도 │ 수단
- 사실행위 ┘ 논의

실효성 확보수단 : (대집행, 강제징수 등)

개별작식(구체적인 행위)
- 건축법 : 건축허가, 건축신고 등
- 도로법 : 도로구역결정고시 / 접도구역지정 등
- 보상법 : 사업인정, 타인토지출입, 조사작위성
- 국계법 : 용도지역지정 / 실시계획인가

항고쟁송 (권력관계)

행정심판 ┬ 취소심판
        ├ 무효등확인심판
        └ 의무이행심판

행정소송 ┬ 취소소송
        ├ 무효등확인소송
        └ 부작위위법확인소송

주관적 소송 (권리구제)

당사자소송 (관리관계) ┬ 확인소송
                    └ 이행소송

기관소송 ┬ 행정주체 간 다툼
민중소송 └ 행정주체 위법 시정

객관적 소송 (적의심판)

**\* 법치주의**

형식적 ┌ 시민적 : 국가안전, 질서유지
      └ 형식적 : 의회입법 통한 규범

실질적 └ 권익구제 중시

**\* 법치주의를 관철하기 위한 법치행정의 원칙**

법규창조력
법률우월성원칙 ┌ 소극적(유위)
             └ 적극적(유보)

# 문제풀이 쟁점찾기 도해연습도

**쟁점 : 법적주의의 핵심은 구제이므로 구제절차에서 쟁점을 찾아야 함**

## 1. 종류찾기 (처분성/위법성정도)

- 취소소송
- 무효등확인소송
- 부작위위법확인소송
- 실질적 당사자소송
- 형식적 당사자소송
- 기관소송
- 민중소송

① 처분성 판단
② 거부/부작위 판단
③ 취소/무효 판단

## 1. 소송요건

1. 대상적격
   - 행정행위 — 적극적-하명(업무정지, 과징금 등)
   - 소극적-거부/부작위
   - 행정입법, 행정계획, 행정조사, 행정지도, 재결
   - 각하/기각/사정
   - 인용 — 전부인용, 일부인용

2. 원고적격 — 직접상대방 — 제3자
   - 경업자, 경원자, 인근주민, 기타(공사저지도, 사업인정 등)

3. 피고적격 — 권한의 위임 — 내부위임, 위탁, 대리, 경정

4. 협의소익 — 처분효력소멸(기종차별), 부수적 이익(봉급/연금청구권 등), 이론적 의미(2차 함께의 등), 확인의 이익(무효소송)

5. 제소기간 — 심판 거친 경우, 심판 거치지 않은 경우, 개별처분, 일반처분(변경처분)

6. 관할 : 부동산/피고 소재지

**기재사항 : 본안판결 기대할 사건의 해우기 없는 경우**
- 집행정지 — 신청요건 — 절차대상성(행정계획/가부), 본안요건 — 회복되기 어려운 손해
- 가처분

## 3. 본안요건

1. 위법성판단
   - 주체 : 협의/동의성질
   - 형식 : 서면명시
   - 절차 + 하자치유
   - 내용 + 처분사유추가변경

   협의/동의성질
   서면명시
   개별법상 절차규정
   행정절차법 규정
   사전통지(생략사유-가부)
   의견청취(청문-공정화, 의견제출)
   이유제시

   내용 : 법 요건 위반 및 비례원칙 위반여부
   재량행위 : 재량권 행사의 일탈 남용
   (법령위반, 일반원칙위반, 사실오인)

2. 하자승계 — 표공/개공/과세재/재공/재결/대집행 등

3. 행정입법 — 법규성 인정여부
   - 법규명령 + 포괄위임금지의 원칙
   - 행정규칙
   - 법규명령형식의 행정규칙
   - 법규보충적 행정규칙
   - 구체적 규범통제

4. 행정계획 — 계획재량/형량명령이론, 형량명령이론

5. 판단여지 — 일반원칙

6. 주장/입증책임

7. 직권심리

8. 소의 이송

9. 소의 병합(선택/예비)

10. 소의 변경(부작위 → 가부)

## 4. 판결 및 판결의 효력

1. 인용
   - 기속력 — 반복금지효(기본적 사실관계 동일성), 내용하지, 재처분의무 — 절차하지, 절차개정, 판결 전, 판결 후 (상당기간경과 전환)
   - 원상회복의무
   - 기판력 : 국가배상청구소송에 대한 구속력 — 일부취소(변경)
   - 형성력 — 절대적 대세효, 제3자보호, 소송참가, 제3자효 — 재심청구

2. 각하 : 기판력/형성력

3. 기각 : 기판력/형성력

4. 사정 — 기판력/형성력
   - 직권심리
   - 무효인 경우 작용여부
   - 사정판결결요 판단(사익/형량)

**기타**
- 선결문제
- 부당이득반환청구 방법
- 행정의 실효성 확보수단(대집행)
- 국가배상청구소송 — 과실책임요건, 선택적 청구

## 행정행위의 이해

1. 세무서장이 2020년 소득세를 부과한다.
2. 장관이 업무위반을 이유로 자격을 취소한다.
3. 시군구청장이 건축허가 신청에 대한 허가를 한다.
4. 마사회가 A기수에 대한 기수면허를 취소한다.
5. 군의관이 신체등위 현역 판정을 한다.
6. KBO의 음주운전자 제명

| 주체 | 행정청 | 구체적 사실 | 법을 | 집행 | (법효과) | 권력행위 | 공법행위 |
|------|--------|------------|------|------|----------|----------|----------|
| 세무서장 | 행정청 | 2020년 소득 | 소득세법 | 세금부과 | 의무부과 | 우월성 | 공법 |
| 장관 | 행정청 | 업무위반 | 자격법 | 자격취소 | 권리소멸 | 우월성 | 공법 |
| 구청장 | 지자체 | 건축신청 | 건축법 | 허가 | 자연회복 | 우월성 | 공법 |
| 마사회 | 공기업 | 기수면허 | 마사회법 | 취소 | 지위소멸 | | 사법관계 |
| 군의관 | 군인 | 신체등위 | 병역법 | 판정 | 현역결정 | | 공법 |
| KBO | 사단법인 | 음주운전 | 협회규약 | 제명 | 지위소멸 | | 사법관계 |

명칭이 다르더라도 성질이 같으면 동일한 원리가 적용된다. → 동일한 성질을 묶어서 개념 정립을 한 것이 행정행위이다.

행정행위 : 행정청이 구체적인 사실에 대한 법집행으로서 행하는 직접적·구체적인 법적 효과를 발생시키는 권력적 단독행위인 공법행위

```
┌ 법률행위 ┬ 명령적 ┬ 하명 : 의무부과          ex 영업정지
│          │        │ 허가 : 자유권회복        ex 영업허가, 건축허가 // 예외적
│          │        │                             승인(타인토지 출입)과 비교
│          │        └ 면제 : 의무면제          ex 예방접종면제
│          │                                     (과민반응, 알레르기 등)
│          └ 형성적 ┬ 특허 : 권리설정          ex 광업허가, 어업허가
│                   │ 인가 : 법률적 효력 완성   ex 조합설립인가
│                   └ 대리 : 제3자 행위를 행정  ex 공매처분, 수용재결
│                            기관이 행함
└ 준법률행위 ┬ 공증 : 법률관계 공적증명       ex 부동산등기, 광업원부에의 등록
             │        (공적증거력 부여)
             │ 통지 : 특정사실을 알리는       ex 대집행계고, 납세의 독촉,
             │        행위                      특허출원 공고
             │ 수리 : 타인의 행위를 적법한   ex 자기완결적 신고 /
             │        행위로 받아들이는 것      행위요건적 신고
             └ 확인 : 법률관계 존부 또는     ex 도로구역 결정, 소득금액 결정,
                      정부를 확인               당선인 결정, 합격자의 결정
```

** 행정소송법상 처분 : 행정청이 행하는 구체적 사실에 관한 법집행으로서의 공권력의 행사 또는 그 거부와 그 밖에 이에 준하는 행정작용

PART

# 03

# 행정법 쟁송 등급표
# _기출쟁점 포함

# 기출 우선쟁점 표기

| 기출분석에 기초한 우선순위 쟁점 91 | | | | | |
|---|---|---|---|---|---|
| 구분 | 쟁점주제 1 | 쟁점주제 2 | 세부쟁점 | 기출회차 | 우선순위 |
| 보상법 | 수용법률<br>관계 | 수용대상 | 공물의 수용가능성 | 31 | 2 |
| | | 수용주체 | 사적 공용수용 | 19, 10 | 4 |
| | | | 피수용자 법률관계 | 2 | 3 |
| | | 수용절차<br>및 효과 | 지상권 소멸절차 | 11 | 3 |
| | | | 사용기간 만료시 법률관계 | 8 | 3 |
| | | | 토지수용 효과 | 5 | 2 |
| | | 대집행 | 대집행 대상(협의)/<br>인도이전 확보수단 | 22, 16 | 1 |
| | 불복 | 사업인정<br>불복 | 사업인정 법적성질 및<br>권리구제 | 12, 1 | 2 |
| | | 재결불복 | 재결불복(이의신청 및<br>보증소)/(잔여지매수, 감가/<br>주거이전비 등) | 32, 31, 30,<br>27, 26, 23,<br>22, 21, 13,<br>10, 3 | 1 |
| | 환매권 | 요건 및<br>불복 등 | 환매권 행사요건 및<br>환매금액 불복방법, 목적물 | 23, 19, 13, 1 | 1 |
| | 기타 | | 무효인 재결과 취소인<br>재결 예시 및 구별 | 7 | 4 |
| 손실보상 | 손실보상<br>총론 | 정당보상 | 보상기준과 정당보상 | 4 | 4 |
| | | | 공시지가기준법과<br>보상선례 참작여부 | 12 | 5 |
| | | | 개발이익 배제 | 28, 15, 9, 3 | 1 |
| | | | 보상산정시기 | 2 | 5 |
| | | 손실보상<br>요건 | 손실보상 요건(보상규정<br>없는 경우 및 요건일반) | 18, 8, 6 | 1 |
| | | | 특별한 희생(존속보상<br>가치보장/경계이론,<br>분리이론) | 17, 14 | 1 |
| | 손실보상<br>각론 | 각론일반 | 주거이전비 (불복방법)/<br>(포기각서)/(요건) | 33, 29, 26 | 2 |

| | | | | |
|---|---|---|---|---|
| | | 공법상 제한 | 31, 28, 24, 9 | 2 |
| | | 사실상 사도 평가방법 | 33 | 3 |
| | | 재결전치주의 | 32, 26 | 2 |
| | | 토지 및 지장물 평가기준 (오수처리시설 등) | 30, 18, 15 | 3 |
| | | 보상대상판단 및 보상범위 (무허가건축물/가설건축물 /무허가영업보상) | 26, 20, 18 | 3 |
| | | 사업폐지보상 | 26 | 5 |
| | | 현금보상 외/채권보상 | 18, 3 | 4 |
| | | 손실보상 원칙 | 15 | 5 |
| | | 휴업보상 | 10 | 5 |
| | 간접보상 | 간접손실보상(지구 밖 영업)/ (수산업협동조합) | 30, 29 | 1 |
| | | 간접침해 | 20 | 5 |
| | | 지구 밖 보상의 이론적 근거, 실제유형 및 보상의 한계 | 11 | 5 |
| | | 간접보상 대상사업과 보상기준 | 2 | 5 |
| | 이주대책 | 이주대책 대상자 요건과 수립내용 및 대상자 결정 불복방법 | 28, 20 | 1 |
| | | 이주대책 이론적 및 헌법적 근거 | 20 | 5 |
| | | 생활보상 | 15, 4 | 5 |
| | | 수몰민 보상 | 7 | 5 |
| | | 이주대책(약술) | 3 | 5 |
| 기타 | | 손실보상과 손해배상 관계(미보상 공사시행) | 12 | 5 |
| 공시지가 | | 개별공시지가 이의신청 법적성질 | 33, 21 | 1 |
| | | 개별공시지가 이의신청과 정정처분 관계/정정사유 | 31, 30 | 2 |

| | | | | | |
|---|---|---|---|---|---|
| 공시지가 및 감정평가 | | | 개별공시지가 위법성 판단(비준표 적용과 검증 및 개공 결정) | 29 | 2 |
| | | | 감정평가와 지가산정 비교 | 9 | 5 |
| | | | 표공개공 비교/공시지가 절차, 법적성질 및 효력 | 8, 1 | 1 |
| | | | 개공검증 | 7 | 3 |
| | | | 중앙부동산가격공시위원회의 구성과 권한 | 6 | 4 |
| | | | 개공 절차하자에 대한 불복방법(법적성질, 절차하자, 행정심판/소송) | 5 | 1 |
| | | | 개별공시지가 법적성질 | 4 | 1 |
| | 감정평가 | 감정평가 업무 | 감정평가업무 (공인회계사) | 31 | 4 |
| | | 의무이행 확보수단 | 성실의무 이행 확보수단 및 법적성질 비교 (형사/민사/행정) | 30, 11 | 2 |
| | | | 과징금, 벌금, 과태료 비교 및 과징금과 벌금의 중복부과 | 21 | 2 |
| | | | 자격증 양도대여 자격취소 절차 | 20 | 2 |
| | | 감정평가 법률관계 | 감정평가 법률관계/ 감정평가 법인 의무와 책임 | 9, 2 | 4 |
| 도정법 | 조합설립 | 조합설립 | 재개발조합설립인가의 법적성질과(특허와 인가) 쟁송형태 | 25 | 3 |
| | | 매도청구 | 매도청구권과 수용재결의 쟁송 및 평가방법 차이 | 28 | 3 |
| | | 이전고시 | 이전고시 효력과 수용재결 취소 | 33 | 3 |

| | | | | | |
|---|---|---|---|---|---|
| | 행정작용 | 행정행위 | 사전결정 | 17 | 5 |
| | | 행정입법 | 법령보충적 행정규칙<br>(표준지 선정관리지침 및<br>조사평가기준)/(실무기준) | 33, 26, 14 | 1 |
| | | | 행정규칙 법적성질<br>(이주대책 대상자<br>요건기준)/(보상기준) | 28, 21 | 1 |
| | | | 법규명령형식의 행정규칙<br>법적성질(제재적 처분기준) | 27, 24,<br>20, 16 | 1 |
| | | | 법규명령의 법적성질<br>(시행규칙 제26조)과<br>구체적 규범통제 | 22 | 1 |
| 행정법 | 가구제 | 집행정지 | 인가취소와 집행정지/<br>재결불복과 집행정지 | 23, 11 | 2 |
| | 본안요건 | 법의<br>일반원칙 | 권리남용금지원칙(수용권<br>남용)/신뢰보호원칙 및<br>형량명령이론 | 28, 24 | 3 |
| | | 부관 | 부관 부착가능성 및<br>부당결부금지원칙 | 20 | 3 |
| | | 절차하자 | 징계절차(자격증 부당행사)/<br>(사전통지(이유제시/등록<br>갱신거부))/(청문절차)/<br>(사업인정절차) | 33, 29, 27,<br>22, 17, 15 | 1 |
| | | 하자치유 | 비준표 적용 및 검증절차<br>하자 하자치유와 소송방법/<br>이유제시 | 30, 19, 15 | 2 |
| | | 하자승계 | 하자승계(표공, 개공, 사업<br>인정 – 재결)/(개공 – 과세) | 32, 28, 27,<br>24, 21, 17,<br>13 | 1 |
| | | 심리 | 처분사유 추가변경 | 29, 27 | 2 |
| | 소송요건 | 대상적격 | (이의신청)/(변경처분 및<br>변경재결)/(개별공시지가<br>변경처분) | 32, 31, 30 | 1 |
| | | | 재결신청 거부 및 부작위/<br>재결신청 부작위 쟁송수단 | 32, 16 | 1 |

| | | | | | |
|---|---|---|---|---|---|
| | | | 원처분주의(제3자인용재결)/원처분주의(재결-이의재결) | 25, 11 | 1 |
| | | | 부관 | 20, 13 | 2 |
| | | 원고적격 | 제3자 원고적격 (표준지, 사업인정) | 25, 15, 14 | 1 |
| | | 협의소익 | 가중처벌과 협의소익 | 27, 24 | 2 |
| | | 제소기간 | (이의신청)/(변경처분 및 변경재결)/(개별공시지가 변경처분) | 32, 31, 30 | 1 |
| | 판결의 효력 | 일부취소 | 일부취소판결 가능성 | 32 | 4 |
| | | 형성력 | 제3자 소송참가 및 형성력 | 25 | 4 |
| | | 기판력 | 기판력(국가배상) | 22 | 3 |
| | 기타 | | 무효확인소송 | 15 | 5 |
| 국가배상법 | 국가배상 | 청구요건 | 국가배상청구요건 (인과관계) | 31, 25, 24 | 1 |
| 약술 | 감정평가 | | 감정평가사법 손해배상 요건 | 33, 12 | 1 |
| | | | 감정평가법인 성실의무 | 32 | 1 |
| | | | 감정평가 기준 및 타당성조사 | 31 | 1 |
| | | | 감정평가 업무제한 등 (미래가치) | 26 | 4 |
| | 토지보상 | | 협의절차 전치여부 및 협의성립확인 효과 | 30 | 2 |
| | | | 사업인정 전·후 협의 차이점 | 25, 8 | 2 |
| | | | 사업인정 효과 | 23 | 2 |
| | | | 수용위원회, 가격공시위원회, 보상심의위원회 비교 | 10 | 3 |
| | | | 어업보상 | 7 | 5 |
| | | | 농업보상 | 5 | 5 |
| | | | 실농보상 | 1 | 5 |
| | 공시지가 | | 중앙부동산가격공시위원회 | 29, 10, 6 | 1 |
| | | | 공시지가 적용대상 | 3 | 3 |

| 행정조직/작용법 주요 쟁점표 | | | | | | |
|---|---|---|---|---|---|---|
| 구분 | 쟁점1구간 | | 쟁점2구간 | | | |
| | 쟁점주제 대분류 | 쟁점주제 소분류 | 세부쟁점 소분류 | 등급 | 순서 | 기출회차 |
| Ⅰ. 서설 | 1. 행정법 개념 흐름 및 법체계 | 행정법 구제 흐름 | | 필수 | 필수 | |
| | 2. 절차법/ 실체법 구분 | | | 필수 | 필수 | |
| | 3. 조직법/작용법/ 구제법 구성분석 | | | 필수 | 필수 | |
| Ⅱ. 조직법 | 1. 행정주체 | | 행정기관/ 행정청 | 필수 | 필수 | |
| | 2. 행정청의 권한 | | 위임/위탁/대리 | B | 7 | |
| | 3. 행정기관 상호간 관계 | | 협의/자문 | B | 7 | |
| | | | 동의/승인 - 구속력 | B | 7 | |
| Ⅲ. 작용법 | 1. 행정입법 | 법규명령 | 근거 및 종류/ 법적성질 (시행규칙 제26조) | A | 1 | 22 |
| | | | 효력 (대외적 구속력) | A | 1 | |
| | | | 한계(포괄위임 금지/제정상) | A | 1 | |
| | | | 통제(구체적 규범통제_ 의의/대상/ 위헌여부/효력) | A | 1 | 22 |
| | | | 처분적 명령/ 입법부작위 | B | 7 | |

| | | | | | |
|---|---|---|---|---|---|
| | 행정규칙 | 법적성질<br>(법규성 여부)/<br>이주대책<br>대상자<br>요건기준,<br>보상기준 | B | 1 | 21, 28 |
| | | 재량준칙 | B | 1 | |
| | 법규명령 형식의<br>행정규칙 | 제재적<br>처분기준 | A | 1 | 27, 24,<br>20, 16 |
| | 법령보충적<br>행정규칙 | 표준지<br>선정관리지침,<br>조사평가기준,<br>실무기준 | B | 1 | 33, 26, 14 |
| 2. 행정계획 | 법적성질 | 처분성 유무<br>판단 | B | 3 | |
| | 계획재량 | 일반재량과<br>구분 | B | 3 | 24 |
| | 형량명령 | 해태/흠결/<br>오형량 | B | 3 | |
| 3. 행정행위<br>(권력관계) | 행정행위 개념 | 행정청/구체적<br>사실/법적행위/<br>권력적<br>단독행위 +<br>처분과 비교 | 필수 | 필수 | |
| | 행정행위의<br>성립/적법요건 | 주체/절차/형식<br>/내용(법, 일,<br>목, 사) | 필수 | 필수 | |
| | 행정행위 종류 | 하허면/특인대/<br>공통수확 | 필수 | 필수 | |
| | | 기속행위/재량<br>행위/기속재량<br>행위/판단여지 | 필수 | 필수 | |
| | 사실행위 | 행정조사/행정<br>지도 등(처분성<br>인정 여부) | C | 8 | |

| | | | | | |
|---|---|---|---|---|---|
| | 행정행위 효력 (선결문제) | 공정력/구성 요건적 효력 | A | 6 | |
| | | 위법성 확인/효력부인 | A | 6 | |
| | 부관 | 부관의 종류 (조건/기한/부담/ 철회권 유보 등) | A | 2 | |
| | | 독립가쟁성 (진정/부진정) + 독립취소 가능성 | A | 2 | 20, 13 |
| | 취소/철회 | 주체/근거/사유 /행사제한법리/ 절차 | B | 7 | |
| | 취소/ 철회의 취소 | 원처분의 소생여부 | B | 7 | |
| | 단계적 행정결정 | 확약(처분성 인정 여부_ 구속력) | B | 5 | |
| | | 가행정행위/ 사전결정/ 부분허가 | D | 5 | 17 |
| 4. 공법상 계약 (관리관계) | 하자유형 | | C | 8 | |
| 5. 행정법의 일반원칙 | 평등의 원칙 | 불합리한 차별 | B | 7 | |
| | 자기구속의 원칙 | 행정관행 (예기관행) | B | 7 | |
| | 신뢰보호의 원칙 | 작위에 대한 신뢰 | B | 3 | 24 |
| | 실권의 법리 | 부작위에 대한 신뢰 | B | 7 | |
| | 비례의 원칙 | 공사익 형량/ 단계적 심사 | B | 7 | |

| | | 부당결부금지의 원칙 | 목적과 수단의 적합성 | B | 3 | 20 |
|---|---|---|---|---|---|---|
| | | 적법절차의 원칙 | | B | 7 | |
| | | 권리남용 금지의 원칙 | | B | 3 | 28 |
| | | 소급적용 금지의 원칙 | | B | 7 | |
| 6. 절차상 하자 | | 사전통지 | 생략사유/ 거부처분 | A | 1 | 27, 22 |
| | | 의견청취/ 이유제시 | 청문(생략사유), 공청회/의견제출 | A | 1 | 33, 17 |
| | | | 이유제시 | C | 1 | |
| | | 절차하자의 독자성 인정 | 절차하자만으로 독자적 위법성 인정실익 인정 여부 | A | 1 | 15 |
| | | 하자치유 | 인정 여부/인정 범위/인정시기 | A | 2 | 30, 19, 15 |
| 7. 하자승계 | | | 전제요건/인정 여부(전통적 견해/새로운 견해) | A | 1 | 32, 28, 27, 24, 21, 17, 13 |
| 8. 인허가 의제제도 | | | 의제효과 | C | 8 | |
| 9. 실효성 확보수단 | 강제집행 | | 대집행 – 공법상 대체적 작위의무 이행/절차/ 하자승계 | A | 1 | |
| | | | – 철거명령과 계고처분 (1장문서) | C | 8 | |

| | | | | 등급 | 순서 | 기출회차 |
|---|---|---|---|---|---|---|
| | | | – 협의 내용 불이행 시 대집행 가능 여부 | B | 7 | |
| | | | 강제징수 – 금전급부 강제이행 | D | 9 | |
| | | | 직접강제 – 신체/재산 실력행사 | D | 9 | |
| | | | 집행벌 – 이행강제금 | D | 9 | |
| | | 즉시강제 | 전염병환자 강제입원, 주차위반차량 견인 등 | D | 9 | |
| | | 행정벌 | 행정형벌(벌금, 직역)/행정질서 벌(과태료) | C | 8 | |
| | | 기타 | 과징금/변형된 의미의 과징금 | A | 2 | |
| | | | 관허사업의 제한 | C | 8 | |

## 행정쟁송법 주요 쟁점표

| 쟁점1구간 | 쟁점2구간 | | | | | |
|---|---|---|---|---|---|---|
| | 1. 소송요건 | | | | | |
| | 쟁점주제 대분류 | 적용대상 | 세부쟁점 소분류 | 등급 | 순서 | 기출회차 |
| Ⅰ. 취소 소송 | 1. 대상적격 | 기본쟁점 | 처분 개념 요소 | 필수 | 필수 | |
| | | 처분성 논의 | 행정입법(법규 명령/행정규칙) + 행정입법부작위 | C | 8 | |

| | | | | | |
|---|---|---|---|---|---|
| | | 일반적/처분적/ 집행적 명령 | C | 8 | |
| | | 행정계획(구속 적/비구속적) | B | 7 | |
| | | 행정행위 (하허면/특인대/ 공통수확) | 필수 | 필수 | |
| | | 거부처분/ 수리거부 | A | 2 | |
| | | 부작위/행정 입법부작위 | A | 1 | 32, 16 |
| | | 부관(독립가쟁 성/독립취소 가능성) | A | 2 | |
| | | 단계적 행정결 정(부분허가/사 전결정/가행정 행위/확약) | C | 8 | |
| | | 변경처분 (소극적 변경/ 적극적 변경) | A | 1 | 32, 31, 30 |
| | | 사실행위 (조사, 권고 등) | C | 8 | |
| | 기타 | 소송 이외의 불복절차가 있는 경우(비송 사건절차법) | D | 9 | |
| | 원처분주의 (재결) | 제3자 인용재결 | A | 1 | |
| | | 변경재결/ 변경명령재결 | A | 1 | 31, 25, 11 |
| 2. 원고적격 | 기본쟁점 | 법률상 이익 판 단 + 경원자 관계 협의소익(경원 자 거부소송) | A | 1 | |

| | | | | | |
|---|---|---|---|---|---|
| | 제3자원고적격 | 경업자 | A | 1 | |
| | | 경원자(협의소익 + 경원자 거부소송) | A | 1 | |
| | | 인인소송 | A | 1 | |
| | | 피수용자 및 공시지가 이해관계인 등 | A | 1 | 25, 15, 14 |
| | 소송참가 | 제3자 소송참가/ 관계행정청의 소송참가 | C | 4 | |
| 3. 협의소익 | 기본쟁점 | 회복되는 법률상 이익 | A | 2 | |
| | 처분의 효력소멸 | 법규명령형식의 행정규칙의 법규성 등 | A | 2 | 27, 24 |
| | 원상회복 불가 | 정년퇴직 등 | A | 2 | |
| | 보다 간이한 방법 | 기본행위의 하자를 이유로 인가취소를 구하는 경우 등 | A | 2 | |
| | 이익침해 해소 | 다음 해 시험합격 등 | A | 2 | |
| 4. 피고적격 | 기본쟁점 | 행정청의 의미 | C | 8 | |
| | 행정청범위, 피고경정 | 행정청범위/ 권한의 위임/ 대리 등 | C | 8 | |
| | 소송참가 | 행정청의 소송참가 | C | 8 | |
| 5. 제소기간 | 기본쟁점 | 처분이 있은 날/처분이 있음을 안 날 | A | 1 | |

| | | | | | |
|---|---|---|---|---|---|
| | | 행정심판을 거친 경우/ 거치지 않은 경우 | A | 1 | 31 |
| | 특정인 | 안 날/있은 날 기산일 | A | 1 | |
| | 불특정다수인 | 안 날/있은 날 기산일 | A | 1 | |
| | 기타 | 정당한 사유/ 고지제도/ 변경처분/ 이의신청/ 변경재결 등 | A | 1 | 32, 31, 30 |
| 6. 관할 | | 토지관할, 전속관할, 임의관할 | C | 8 | |
| 7. 행정심판 임의/전치주의 | 특별법상 행정심판 | 이의신청과의 구별, 토수위 이의재결 | A | 1 | |
| | 행정심판 전치요건 | 인적/ 사물관련성, 전치주의 예외 | D | 9 | |
| 8. 기타 | 중복소송이 아닐 것 | | D | 9 | |
| | 기판력에 반하지 않을 것 | | D | 9 | |
| **2. 본안요건** | | | | | |
| 쟁점주제 대분류 | 적용대상 | 세부쟁점 소분류 | 등급 | 순서 | 기출회차 |
| 1. 위법성 | 기본쟁점 | 주체/절차/형식 /내용상 하자 + 소송물 | 필수 | 필수 | |
| | 성문법 | 개별법 : 요건 충족 여부 및 요건 해석 | 필수 | 필수 | |

| | | 행정절차법 : 의견청취, 절차하자독자성, 하자치유, 기속력 | A | 1 | |
|---|---|---|---|---|---|
| | 불문법 | 법의 일반원칙 | B | 7 | |
| | 하자승계 | 전제요건 및 인정 여부 (학설 및 판례) | A | 1 | |
| | 위법성 판단시점 및 정도 | 처분시/판결시 (거부처분) + 무효와 취소의 구별기준 | 필수 | 1 | 17, 7 |
| 2. 입증책임, 주장책임 | 취소, 무효등 확인소송 | 법률요건 분배설 | 필수 | 1 | |
| 3. 처분사유의 추가변경 | 기본적 사실관계의 동일성 | 처분사유 취지 등 해석 | A | 2 | 29, 27 |
| 4. 직권심리주의 | | 변론주의/ 직권주의 | A | 6 | |
| 5. 소의 병합, 이송 | 관련청구소송 | 선택적/ 예비적 병합 | C | 8 | |
| 6. 소의 변경 | 항고소송 간 변경 | 항고소송 간 변경 (무효 → 취소) (부작위 → 거부) | C | 8 | |
| | 처분변경으로 인한 변경 | | C | 8 | |
| | 항고소송 ↔ 당사자소송 | | C | 8 | |

| 3. 판결의 종류 및 판결의 효력 | | | 등급 | 순서 | 기출회차 |
|---|---|---|---|---|---|
| 쟁점주제 대분류 | 적용대상 | 세부쟁점 소분류 | | | |
| 1. 사정판결 | 사정판결 요건 | 직권심리, 무효소송 적용가부, 법원조치, 기판력 | A | 6 | |
| 2. 인용판결 | 전부취소/ 변경(일부취소) | 변경의미, 일부취소 가능성(적극적 변경가능성) | B | 4 | 32 |
| 3. 기각판결/ 각하판결 | | | C | 8 | |
| 4. 기속력 | 반복금지효 (기사동) | | A | 2 | |
| | 재처분의무 + 간접강제 | | A | 2 | |
| | 원상회복의무 | | A | 2 | |
| 5. 기판력 | 선결문제 | 선결문제 개념 구분 | A | 3 | |
| | 후소법원 | 국가배상청구 소송 | A | 3 | 22 |
| 6. 형성력 | | 절대적 대세효/제3자 소송참가/재심 청구/일부취소 | C | 4 | 32, 25 |

| 4. 판결에 의하지 않은 취소소송의 종료 | | | 등급 | 순서 | 기출회차 |
|---|---|---|---|---|---|
| 쟁점주제 대분류 | 적용대상 | 세부쟁점<br>소분류 | | | |
| 1. 소의 취하 | | | D | 9 | |
| 2. 청구의 포기/<br>인락, 재판상<br>화해 | | | D | 9 | |

| | | 적용대상 | 세부쟁점<br>소분류 | 등급 | 순서 | 기출회차 |
|---|---|---|---|---|---|---|
| Ⅱ. 가구제 | 1. 집행정지 | 대상 | 거부,<br>행정계획 등 | A | 2 | 11 |
| | | 적극적 요건 | 회복되기<br>어려운 손해,<br>공사익 형량 등 | A | 2 | 23 |
| | 2. 가처분 | | 인정 여부 | A | 2 | |
| Ⅲ. 부작위<br>위법<br>확인<br>소송 | 1. 대상적격 | | 부작위<br>개념판단<br>(거부와 구별)/<br>신청권 | A | 1 | 32, 16 |
| | 2. 제소기간 | | 소송법 제20조<br>제1항 단서<br>적용 | C | 8 | |
| | 3. 심리 및<br>기속력 | | 절차적 심리설/<br>실체적 심리설<br>- 재처분의무<br>내용 | B | 7 | |
| | 4. 소의 변경 | | 거부로 발전된<br>경우 | B | 7 | |
| Ⅳ. 무효등<br>확인<br>소송 | 1. 위법성<br>판단기준 | | 중대명백설 | 필수 | 필수 | |
| | 2. 확인의 이익 | | 소송요건여부 | A | 5 | 15 |
| | 3. 소의변경<br>(석명권) | | 취소사유인<br>경우 | C | 8 | |
| | 4. 사정판결 | | 인정 여부 | C | 8 | |
| | 5. 소의 병합 | | 취소소송과<br>병합(예비적) | C | 8 | |

| | | | | | | |
|---|---|---|---|---|---|---|
| Ⅴ. 당사자<br>소송 | 형식적<br>당사자소송 | 보상금증감<br>청구소송 | 성질, 심리범위,<br>대상 등 | A | 1 | |
| Ⅵ. 기관/<br>민중 | | | | D | | |
| Ⅶ. 무명<br>항고<br>소송 | 의무이행소송 | | 인정 여부 | A | 6 | |
| | 예방적 금지<br>(부작위)소송 | | 인정 여부 | A | 6 | |
| Ⅷ. 행정<br>심판 | 1. 기본개념 | | 이의신청/청원/<br>진정/고충민원<br>처리제도와의<br>구별 | A | 6 | |
| | 2. 취소심판 | | 원처분주의,<br>재결의 종류,<br>청구기간 등 | A | 6 | |
| | | | 청구인적격,<br>처분적 명령,<br>원고적격<br>인정 여부 | C | 8 | |
| | 3. 무효등<br>확인심판 | | | D | 9 | |
| | 4. 의무이행심판 | | 청구대상,<br>재결의<br>종류/효력 | A | 6 | |
| | 5. 가구제 | 집행정지/<br>임시처분 | | A | 6 | |
| | 6. 재결 | 종류 및 효력 | 취소/변경/변경<br>명령재결,<br>사정재결,<br>형성력/기속력 | A | 6 | |
| | | 실효성<br>확보수단 | 직접처분/<br>간접강제 | A | 6 | |
| | 7. 고지제도 | | 오고지, 불고지,<br>처분의 상대방<br>및 관계인 | B | 7 | |

| | | | | | | |
|---|---|---|---|---|---|---|
| Ⅸ. 국가 배상 | 1. 공무원의 과실책임 | 요건 | 고의/과실, 직무 법령위반, 인과관계 | A | 1 | 31, 25, 24 |
| | | 법적성질 및 선택적 청구 | 대위책임설/ 자기책임설/ 절충설, 선택적 청구, 구상권 | A | 1 | |
| | 2. 영조물의 설치 관리 하자 | | 관리하자 | D | 9 | |
| Ⅹ. 손실 보상 | | 법적성질 | 공권설/사권설 | A | 6 | |
| | | 손실보상 요건 | 경계/분리이론, 특별한 희생/ 보상규정 없는 경우 | A | 1 | |
| | | 손실보상제도 의 흠결과 보충 | 수용유사침해, 수용적 침해 | C | 8 | |
| | | 기타 | 간접보상/ 이주대책/ 손실보상제도 의 흠결과 보충 | A | 6 | |
| Ⅺ. 헌법 소원 | 1. 권리구제형 | | 보충성 | D | 9 | |
| | 2. 위헌심사형 | | | D | 9 | |
| | 3. 권한쟁의심판 | | 국가기관 상호 간, 국가기관과 지방자치단체 간, 지단 간 | D | 9 | |
| Ⅻ. 기타 | 1. 결과제거 청구권 | | | D | 9 | |
| | 2. 대체적 분쟁 해결수단 | | 알선/조정 | D | 9 | |
| | 3. 국민고충처리/ 청원 | | | D | 9 | |

# 03

# 개별법 쟁점 기출쟁점 표기

| 개별법 쟁점표 | | | | | |
|---|---|---|---|---|---|
| 구분 | 개별법 주제 | 세부중요주제 | 등급 | 순서 | 기출회차 |
| 서설 | | 보상법/부공법/<br>감정평가사법 이해 | 필수 | | |
| 사업인정<br>까지 | 공공성 | 비례원칙(적/필/상/단계심사) | C | 8 | |
| | 공공적 사용수용/<br>부대사업 | 공공필요 계속확보방안 | C | 4 | 19, 10 |
| | 수용당사자<br>법률관계 | 권리와 의무 내용 | B | 3 | 2 |
| | 물상대위 | 민법 물상대위 규정/취지 | C | 8 | |
| | 목적물(확장수용) | 확장수용(제72조, 제74조,<br>제75조)_기본내용/권리구제 | A | 1 | |
| | 공물의 수용가능성 | 인정 여부/<br>특별한 필요 판단기준 | A | 2 | 31 |
| | 지대수용 | 필요성/인정 여부 | C | 8 | |
| | 공익사업의 준비 | 타인토지출입/장해물제거_<br>법적성질/권리구제 | B | 7 | |
| | 사업인정 전 협의<br>취득 절차 | 조서작성 – 보상공고 –<br>보상액산정 – 협의_권리구제 | B | 7 | |
| 사업인정 | 법적성질 및 요건 | 법적성질/요건 | B | 2 | 12, 1 |
| | 절차 및 효과 | 절차/효과(실효) | B | 2 | 23 |
| | 의제제도 | 의제효과 | C | 8 | |
| | 사업인정의 취소 및<br>철회 | 취소와 철회 개념 구분/근거/<br>사유/제한법리/절차 | A | 6 | |
| | 사업인정과 부관 | 독립가쟁성/독립취소가능성 | A | 2 | |
| | 사업인정 불복수단 | 사업시행자/소유자등 | A | 2 | |
| 사업인정<br>~재결 전 | 조서작성 | 효력/구제(하자있는 조서가<br>재결에 미치는 영향) | B | 7 | |
| | 사업인정 후 협의 | 법적성질/권리구제 | B | 7 | |
| | 협의성립확인 | 협의절차 전치여부 및<br>확인의 효과 | B | 2 | 30 |

| | | | | | |
|---|---|---|---|---|---|
| 사업인정 전, 후 협의 비교 | 필수적 임의절차 | B | 2 | 25, 8 | |
| 재결신청청구권 | 요건/구제(지연가산금/ 재결신청거부 대상적격) | A | 1 | | |
| 재결 | 법적성질/효력 | A | 2 | 5 | |
| 불복수단 | 수용재결/보상재결(보증소) | A | 1 | 32, 31, 30, 27, 26, 23, 22, 21, 13, 10, 3 | |
| 토지수용위원회 | 법적성격/내용 | C | 8 | | |
| 화해/ 위험부담이전 | 절차/효력 | C | 8 | | |
| 보상금지급(공탁) | 요건/공탁 및 수령효과_묵시적 이의유보 | B | 7 | | |
| 대행/대집행 | 요건/권리구제_ (대체적 작위의무) | A | 1 | 22, 16 | |
| 사업인정과 재결불복 비교 | 절차 및 구제수단 차이 | C | 8 | | |
| 행사요건 및 절차/ 목적물 | 요건/절차/효력 (채권적 청구권) | A | 1 | 13, 1 | |
| 요건 및 권리구제 | 법적성질/환매요건 및 금액_(민사/행정소송)_불복 | A | 1 | 19, 23 | |
| 지연가산금 | 제87조(지연가산금 발생시점) | C | 8 | | |
| 약식절차 | 제38조, 제39조 요건/권리구제 | C | 8 | | |
| 공용사용 | 사용의 보통절차_ (사-조-협-재) | D | 9 | | |
| 취득절차 | 지상권 소멸절차(협의수용) | D | 3 | 11 | |
| | 사용기간 만료 시 법률관계 | D | 3 | 8 | |
| 재결유형 | 무효 및 취소인 재결예시 | D | 4 | 7 | |
| 손해전보 | 손실보상과 재결의 관계 | D | 9 | | |
| 위원회 비교 | 수용위원회/가격공시위원회/ 보상심의위원회 비교 | C | 3 | 10 | |

재결 및 재결불복 / 환매권 / 기타

| | | | | | |
|---|---|---|---|---|---|
| 손실보상 개념~ 기준 | 손실보상 개념 및 근거 | 이론적/법적 | C | 2 | |
| | 손실보상의 법적성질 | 공권/사권, 판례 | B | 7 | |
| | 손실보상 요건 | 공/재/적/특/보 (보상규정 없는 경우) | A | 1 | 18, 8, 6 |
| | 경계이론 및 분리이론 | 특별한 희생 판단기준/ 권리구제 | C | 1 | 17, 14 |
| | 불가분조항 | 헌법 제23조 규범구조 | C | 8 | |
| | 손실보상기준 | 보상기준과 정당보상 | A | 4 | 4 |
| | | 보상산정시기 | D | 5 | 2 |
| | | 개발이익배제 | A | 1 | 28, 15, 9, 3 |
| 손실보상 원칙 등 | 손실보상 원칙 | 사사현개일사시 | C | 4 | 15 |
| | | 현금보상(채권/대토) | C | 4 | 18, 3 |
| | 손실보상의 내용 (생활보상) | 재산권/부대적 손실/생활보상 | C | 8 | |
| | 잔여지 수용 (확장수용) | 요건/권리구제(보증소 심리범위) | A | 1 | |
| | 손실보상의 산정절차 및 주체 | 재결전치주의 | A | 2 | 32, 26 |
| 기타 | 보상규정 흠결 시 권리구제 | 수용유사침해/수용적 침해/ 희생보상청구제도 | C | 8 | |
| | 기타요인 보정 정당성 | 공시지가기준법과 보상선례 참작 여부 | D | 5 | 12 |
| | 계획보장청구권 | 개념/인정 여부 | C | 8 | |
| | 공용제한과 보상기준 | | D | 9 | |
| | 손실보상과 손해배상 관계 | 미보상 공사시행 | D | 5 | 12 |

| | | | | | |
|---|---|---|---|---|---|
| 토지,<br>건물평가<br>기준 | 현황평가 예외,<br>공법상 제한 | 일무불미, 일반적 제한/<br>개별적 제한 | A | 2 | 31, 28, 24,<br>9 |
| | 무허가건축물/<br>불법형질변경 | 요건/평가방법/입증책임 | A | 6 | |
| | 미지급용지 | 평가방법 | A | 6 | |
| | 도로 | 사실상 사도 판단기준/평가방법 | A | 3 | 33 |
| | 토지 및<br>지장물 평가기준 | 오수처리시설 등 | D | 3 | 30, 18, 15 |
| | 보상대상판단 및<br>보상범위 | 무허가건축물/가설건축물/<br>무허가영업보상 | B | 3 | 26, 20, 18 |
| | 주거용 건물<br>보상특례 | 비/보/이/재/주 | A | 6 | |
| | 영업손실 +<br>(휴직/실직보상) | 요건/평가방법 | A | 5 | 10 |
| | 농업손실 | 농업보상/실농보상 | B | 5 | 5, 1 |
| | 사업폐지보상 | | D | 5 | 26 |
| | 어업권 및 광업권 | 평가기준/방법 | D | 5 | 7 |
| 간접손실<br>이주대책 | 간접손실 | 개념/요건(지구 밖<br>영업/수산업협동조합) | A | 1 | 30, 29 |
| | | 간접보상 대상사업과 보상기준 | B | 5 | 2 |
| | | 지구 밖 보상의 이론적 근거,<br>실제유형 및 보상한계 | C | 5 | 11 |
| | 간접침해 | | D | 5 | 20 |
| | 정신적 피해 | | D | 5 | |
| | 이주대책 | 요건/권리구제<br>(수분양권발생 시기) | A | 1 | 28, 20 |
| | | 이주대책 이론적 및 헌법적 근거 | C | 5 | 20 |
| | | 생활보상 | C | 5 | 15, 4 |
| | | 수몰민 보상 | D | 5 | 7 |
| | | 이주대책(약술) | C | 5 | 3 |
| | 주거이전비 | 불복방법/포기각서/요건 | A | 2 | 33, 29, 26 |
| | 보상협의회 | 법적성격/내용 | C | 8 | |

| | | | | | |
|---|---|---|---|---|---|
| 지가공시 제도 | 표준지공시지가 | 절차/효력/권리구제 + 이의신청 법적성질 | A | 1 | |
| | | 공시지가 적용대상 | B | 1 | 3 |
| | 개별공시지가 | 법적성질 | A | 1 | 4 |
| | | 이의신청 법적성질 | A | 1 | 33, 21 |
| | | 이의신청과 정정처분 관계/ 정정사유 | A | 2 | 31, 30 |
| | | 검증제도 | B | 3 | |
| | | 위법성 판단(비준표 적용과 검증 및 개공 결정) | B | 2 | 29, 7 |
| | | 절차하자에 대한 불복방법 | A | 1 | 5 |
| | 표준지 및 개별 공시지가 비교 | 절차, 법적성질 및 효력 | B | 1 | 8, 1 |
| | 국가배상 | 공무원의 과실책임/ 선택적 청구 | A | 1 | 31, 25, 24 |
| | 비준표 | 법적성질 | B | 1 | |
| | 부동산가격공시 위원회 | 구성과 권한 | C | 1 | 29, 10, 6 |
| | 공시지가와 시가 | 정책가격설 | C | 8 | |
| | 평가와 산정 | 감정평가와 지가산정 비교 | D | 5 | 9 |
| | 부공법/보상법 타인토지출입비교 | 절차 차이점_(보상규정유무) | C | 8 | |
| | 주택 및 비주거용 부동산 공시제도 | 절차/권리구제 | D | 9 | |

| 분류 | 항목 | 내용 | 등급 | | |
|---|---|---|---|---|---|
| 감정평가 | 업무 | 감정평가업무(공인회계사) | D | 4 | 31 |
| | 업무 | 업무제한(미래가치) | D | 4 | 26 |
| | 감정평가기준 및 타당성조사 | | A | 1 | 31 |
| | 등록 | 등록 및 등록갱신 거부 대상적격 | A | 6 | |
| | 신고 | 수리를 요하는 신고/ 수리를 요하지 않는 신고 | C | 2 | |
| | 인가 | 기본행위의 하자와 인가취소 | B | 7 | |
| | 감정평가법인등 법률관계 | 법률관계 | C | 4 | 9, 2 |
| | 성실의무 | 성실의무 확보수단 및 법적성질 비교(형사/민사/행정) | A | 2 | 32, 30, 11 |
| | 징계절차 | 자격증 부당행사 | A | 1 | 29 |
| | 자격취소 | 자격취소 절차 및 구제수단 | A | 2 | 20 |
| | 감정평가기준 | 기준 및 타당성조사 | C | 8 | |
| | 손해배상 | 법률관계/요건(부당감정)/ 손해범위 | A | 1 | 33, 12 |
| 징계 | 과징금 | 개념/요건/절차/권리구제 | A | 2 | |
| | 징계위원회 | 법적성격/내용 | B | 7 | |
| | 행정벌 | 행정형벌/질서벌 | C | 2 | |
| | 중복부과 | 과징금, 벌금, 과태료 비교 및 과징금·벌금 중복부과 | C | 2 | 21 |
| 도정법 | 조합설립 | 조합설립인가의 법적성질과 (특허와 인가) 쟁송형태 | C | 3 | 25 |
| | 매도청구 | 매도청구권과 수용재결의 쟁송 및 평가방법 차이 | C | 3 | 28 |
| | 이전고시 | 이전고시 효력과 수용재결 취소 | C | 3 | 33 |

감정평가 및 보상법규
우선순위 쟁점정리와 미니법전

# 필수개념 암기

# 01

# 행정법 필수개념 암기

## 차례

## 필수개념 암기

도승하 약력 :

감정평가사/투자상담사

제일감정평가법인 이사

도하컴퍼니 대표이사

도장/방수/온수온돌/유리시공 기능사

전북대학교 일반대학원(법학박사수료)

## 메모

| 행정법 | |
|---|---|
| 순서 | 제1장 행정법 서설 |
| 1 | **행정법**이란 행정의 조직, 작용 및 행정구제에 관한 '국내공법'(國內公法)이다. |
| 1 | **행정작용법(行政作用法)**은 행정주체의 국민에 대한 대외적 상호 간의 관계 및 행정기관의 권한을 규율하는 법을 말한다. |
| 1 | **행정구제법(行政救濟法)**은 행정권에 의해 가해진 권익침해에 대한 구제를 규율하는 법이다. |
| 1 | **공익**은 공동체(국가 또는 지방자치단체) 구성원 전체의 이익을 의미한다. |
| 1 | **법치행정(法治行政)의 원칙**이란 행정권도 법에 따라서 행하여져야만 하며(법의 지배), 만일 행정권에 의하여 국민의 권익이 침해된 경우에는 이의 구제를 위한 제도가 보장되어야 한다는 것(행정통제제도 내지 행정구제제도의 확립)을 의미한다. |
| 1 | **법우위의 원칙**이란 법은 행정에 우월한 것이며 행정이 법에 위반하여서는 안 된다는 원칙이다. |
| 1 | **법률유보(法律留保)의 원칙**은 행정권의 발동에는 법적 근거가 있어야 한다는 원칙이다. |
| 3 | **행정상 법의 일반원칙(一般原則)**이란 현행 행정법질서의 기초를 이룬다고 생각되는 일반 원칙을 의미한다. |
| 3 | **평등(平等)의 원칙**은 불합리한 차별을 하여서는 안 된다는 원칙이다. |
| 3 | **행정의 자기구속의 원칙**이란 행정관행이 성립된 경우 행정청은 특별한 사정이 없는 한 같은 사안에서 행정관행과 같은 결정을 하여야 한다는 원칙이다. |
| 3 | **비례(比例)의 원칙**이란 과잉조치금지의 원칙이라고도 하는데, 행정작용에 있어서 행정목적과 수단 사이에는 합리적인 비례관계가 있어야 한다는 원칙이다. |
| 3 | **적합성(適合性)의 원칙**이란 행정은 추구하는 행정목적의 달성에 적합한(유용한) 수단을 선택하여야 한다는 원칙이다. |
| 3 | **필요성(必要性)의 원칙**이란 적합한 수단이 여러 가지인 경우에 국민의 권리를 최소한으로 침해하는 수단을 선택하여야 한다는 원칙이다. |
| 3 | **협의(協義)의 비례원칙(상당성(相當性)의 원칙)**이란 행정조치를 취함에 따른 불이익이 그것에 의해 달성되는 이익보다 심히 큰 경우에는 그 행정조치를 취해서는 안 된다는 원칙을 말한다. |
| 3 | **신뢰보호(信賴保護)의 원칙**이라 함은 행정기관의 어떠한 언동(言動, 말 또는 행동)에 대해 국민이 신뢰를 갖고 행위를 한 경우 그 국민의 신뢰가 보호가치 있는 경우에 그 신뢰를 보호하여 주어야 한다는 원칙을 말한다. |

| | |
|---|---|
| 3 | **실권(失權)의 법리(法理)**라 함은 행정청에게 취소권, 철회권, 영업정지권 등 권리의 행사의 기회가 있음에도 불구하고 행정청이 장기간에 걸쳐 그의 권리를 행사하지 아니하였기 때문에 상대방인 국민이 행정청이 그의 권리를 행사하지 아니할 것으로 신뢰할 만한 정당한 사유가 있는 경우에는 그 권리를 행사할 수 없다는 법리이다. |
| 3 | **적법절차(適法節次)의 원칙**이란 개인의 권익을 제한하는 모든 국가작용은 적법절차(deuprocess)에 따라 행하여져야 한다는 원칙이다. |
| 3 | **권리남용금지(權利濫用禁止)의 원칙**은 민법의 일반원칙이지만 행정법을 포함한 모든 법의 일반원칙이다. |
| 3 | **부당결부금지(不當結付禁止)의 원칙**이라 함은 행정기관이 행정권을 행사함에 있어서 그것과 실질적인 관련이 없는 반대급부를 결부시켜서는 안 된다는 원칙이다. |
| 3 | **원인적 관련성**이라 함은 수익적 내용의 행정행위를 발령하기 때문에 이와 관련하여 상대방에게 개별적인 부관을 부과하는 것이 가능하게 되는 관계뿐만 아니라, 수익적 행정행위를 발령하기 때문에 특정부관의 부과가 필요하게 되는 관계(주택사업계획 승인처분에 부가된 진입도로 개설 또는 확장 및 기부부담)를 말한다. |
| 3 | **목적적 관련성**이라 함은 행정권한의 수권목적의 범위 내에서 반대급부가 부과되는 것을 말한다(위법건축물을 상용하여 행할 영업에 대한 허가거부). |
| 1 | **법규명령(命令)**이란 행정권에 의해 정립되는 법을 말한다. |
| 1 | **법률관계(法律關係)**란 법주체 상호 간의 권리의무관계를 말한다. |
| 1 | **공권력**은 공행정주체 일반에 부여되는 우월적 지위를 의미한다. |
| 1 | **공법관계(公法關係)**란 공법이 적용되는 관계를 말한다. |
| 1 | **권력관계(權力關係)**란 공권력주체로서의 행정주체가 우월적인 지위에서 국민에 대하여 일방적인 조치(법률행위 또는 사실행위)를 취하는 관계를 말한다. |
| 1 | **국고관계(國庫關係)**란 행정주체가 일반 사인과 같은 지위에서(사법상의 재산권의 주체로서) 사법상의 행위를 함에 있어 사인과 맺는 관계를 말한다. |
| 1 | **행정주체(行政主體)**란 행정을 행하는 법주체(法主體)를 말한다. |
| 1 | **행정객체(行政客體)**란 행정의 상대방을 말한다. |
| 1 | **행정권의 특권**<br>행정주체에게 일방적으로 법질서에 변경을 가져올 수 있는 우월적인 지위가 인정된다. 권력적 행위인 행정행위에 공정력, 존속력(확정력) 및 강제력이라는 우월한 효력이 인정되고 있으며 이러한 행정권의 특권은 권력관계(행정입법, 행정계획, 행정행위)에 대해서 인정되는 것이다. |

| | |
|---|---|
| 1 | **공정력(公定力)**이란 일단 행정행위가 행하여지면 비록 행정행위에 하자(또는 흠)가 있다 하더라도(위법 또는 부당하더라도) 그 흠이 중대하고 명백하여 무효로 되는 경우를 제외하고는 권한 있는 기관(취소권 있는 행정기관 또는 수소법원(受訴法院))에 의해 취소되기 전까지 상대방 및 이해관계인 뿐만 아니라 다른 행정청 및 법원에 대하여 일단 유효한 것으로 통용되는 힘을 말한다. |
| 5 | **선결문제(先決問題)**란 소송에서 본안판단을 함에 있어서 그 해결이 필수적으로 전제가 되는 법문제를 말한다. |
| 5 | **구성요건적 효력(構成要件的 效力)**이란 행정행위가 존재하는 이상 비록 흠(하자)이 있는 행정행위일지라도 무효가 아닌 한 제3의 국가기관은 법률에 특별한 규정이 없는 한 그 행정행위의 존재 및 내용을 존중하며, 스스로의 판단의 기초 내지는 구성요건으로 삼아야 하는 구속력을 말한다. |
| 5 | **불가쟁력(不可爭力)**이란 하자 있는 행정행위라 할지라도 그에 대한 불복기간(행정불복 제기기간 또는 출소 기간(出訴期間))이 경과하거나 쟁송절차가 종료된 경우에는 더 이상 그 행정행위의 효력을 다툴 수 없게 하는 효력을 말한다. |
| 5 | **불가변력(不可變力)**이란 행정행위를 한 행정청이 해당 행정행위를 직권으로 취소 또는 변경할 수 없게 하는 힘을 말한다. |
| 1 | **공권(公權)**이란 공법관계에서 직접 자기를 위하여 일정한 이익을 주장할 수 있는 법률상의 힘을 말한다. |
| 1 | **개인적 공권(個人的 公權)**이란 개인이 직접 자기의 이익을 위하여 행정주체에게 일정한 행위를 할 것을 요구할 수 있는 공법에 의해 주어진 법적인 힘이다. 개인적 공권에 대응하여 행정권에게는 일정한 작위 또는 부작위의 의무가 부과된다. |
| 1 | **개인적 공권의 성립요소**는 ① 강행법규(强行法規)에 의한 행정권에 대한 의무의 부과(강행법규성), ② 법규의 사익 보호성(私益保護性), ③ 청구권능여부성(請求權 能與否性)이다. 그러나 오늘날 "청구권능여부성"은 별도로 성립요소로 보지 않는다. |
| 1 | **반사적 이익**은 법에 의해 직접 보호된 이익이 아니므로 그 이익이 침해되어도 재판을 통하여 구제되지 않는다. |
| 5 | **무하자재량행사청구권(無瑕疵裁量行使請求權)**이란 행정청에게 재량권이 부여된 경우에 행정청에 대하여 재량권을 흠 없이 행사하여 줄 것을 청구할 수 있는 권리를 말한다. |
| 1 | **법률요건(法律要件)**이란 법률관계의 발생·변경·소멸의 원인이 되는 것을 말한다. |
| 1 | **사인의 공법행위**란 사인(私人)이 공법상의 권리와 의무로서 하는 행위를 말한다. 사인의 공법행위는 사인의 공법상 행위 중 법률행위의 성질을 갖는 것만을 지칭하는 것이다. |

| | |
|---|---|
| 1 | **신청(申請)**이란 사인이 행정청에 대하여 일정한 조치를 취하여 줄 것을 요구하는 의사표시를 말한다. |
| 1 | **신고(申告)**란 사인이 행정기관에게 일정한 사항에 대하여 알려야 하는 의무가 있는 경우 그것을 알리는 것을 말한다. |
| 5 | **자기완결적 신고(自己完結的 申告)**는 신고의 요건을 갖춘 신고만 하면 신고의무를 이행한 것이 되는 신고를 말한다. 자족적 신고라고도 한다. |
| 5 | **수리(修理)를 요하는 신고**는 신고가 수리되어야 신고의 효과가 발생하는 신고를 말한다. |
| 5 | **정보제공적 신고(사실파악형 신고)**란 행정청에게 행정의 대상이 되는 사실에 관한 정보를 제공하는 기능을 갖는 신고를 말한다. |
| 5 | **금지해제적 신고(신고유보부 금지)**란 사적 활동을 규제하는 기능을 갖는 신고를 말한다(영업활동, 건축활동). |
| 1 | **제척기간**이라 함은 일정한 권리에 관하여 법률이 정한 존속기간이다.<br>**존속기간**이라 함은 권리나 그 밖의 법률 따위가 유효한 기간이다. |
| 순서 | **제2장 행정조직법** |
| 5 | **행정기관(行政機關)**이라 함은 행정권한을 행사하는 행정조직의 구성단위를 말한다. |
| 1 | **행정청**이라 함은 국가뿐만 아니라 지방자치단체의 의사를 결정하여 자신의 이름으로 외부에 표시할 수 있는 권한을 가진 행정기관을 말한다. |
| 5 | **협의** – 관계기관의 협의의견은 원칙상 주무행정청을 구속하지 않는다. |
| 5 | **동의** – 처분청은 동의기관의 동의의견 또는 부동의의견에 구속된다. |
| 순서 | **제3장 행정작용법** |
| 1 | **행정행위(行政行爲)**라 함은 행정청이 구체적인 사실에 대한 법집행으로서 행하는 외부에 대하여 직접적·구체적인 법적 효과를 발생시키는 권력적 단독행위인 공법행위이다. |
| 5 | **명령적 행위**는 인간이 본래 가지는 자연적 자유를 규율하는 행위이다(하명, 허가 면제). |
| 5 | **형성적 행위**는 상대방에게 권리나 능력을 창설하는 행위이다(특허, 인가, 대리). |
| 1 | **기속행위**는 행정권 행사의 요건과 효과가 법에 일의적으로 규정되어 있어서 행정청에게 판단의 여지가 전혀 인정되지 않고 행정청은 법에 정해진 행위를 하여야 하는 의무를 지는 행위를 말한다. |
| 1 | **재량행위**는 행위의 요건이나 효과의 선택에 관하여 법이 행정권에게 판단의 여지 내지 재량권을 인정한 경우에 행해지는 행정청의 행정행위를 말한다. |
| 1 | **침해적 행정행위(侵害的 行政行爲)**는 행정행위의 상대의 권익을 침해하는 행정행위를 말한다. |

| | |
|---|---|
| 1 | **수익적 행정행위(收益的 行政行爲)**는 행위의 상대방에게 이익을 부여하는 행정행위를 말한다. |
| 5 | **이중효과적 행정행위(二重效果的 行政行爲)**는 하나의 행정행위가 이익과 불이익의 효과를 동시에 발생시키는 행정행위를 말한다. |
| 1 | **제3자효 행정행위**는 상대방에게는 이익을 주고 제3자에게는 불이익을 주거나(건축허가), 상대방에게는 불이익을 주고 제3자에게는 이익을 주는(공해배출시설, 조업중지명령) 행위를 말한다. |
| 5 | **혼합효 행정행위**는 상대방에 대하여 동시에 수익적 효과와 침해적 효과를 발생시키는 행정행위(부담부 행정행위)를 말한다. |
| 1 | **적극적 행정행위(積極的 行政行爲)**는 허가 또는 특허 등 적극적으로 현재의 법률상태에 변동을 초래하는 행위를 말한다. |
| 1 | **소극적 행정행위(消極的 行政行爲)**는 현재의 법률상태에서 변동을 가져오지 않으려는 행위를 말하며 거부처분이 이에 해당한다. |
| 1 | **개별처분(個別處分)**은 행정행위의 상대방이 특정되어 있는 행정행위이다. 개별처분의 상대방은 1인인 것이 보통이지만 다수일 수도 있다. |
| 1 | **일반처분(一般處分)**은 불특정 다수인을 상대방으로 하여 불특정 다수인에게 효과를 미치는 행정행위를 말한다. |
| 5 | **재량권(裁量權)**이란 행정기관이 행정권을 행사함에 있어서 둘 이상의 다른 내용의 결정 또는 행태 중에서 선택할 수 있는 권한을 말한다. |
| 1 | **재량행위(裁量行爲)**는 재량권의 행사에 의해 행해지는 행정행위를 말한다. |
| 5 | **결정재량권**이라 함은 재량권이 행정기관에 부여되는 경우에 행정기관이 행정권을 행사함에 있어 어떠한 행정 결정을 하거나 하지 않을 수 있는 권한을 말한다. |
| 5 | **선택재량권**이라 함은 재량권이 행정기관에 부여되는 경우에 행정기관이 행정권을 행사함에 있어 둘 이상의 조치 중 선택을 할 수 있는 권한을 말한다. |
| 5 | **기속재량행위**란 원칙상으로는 기속행위이지만 예외적으로 특별한 사정이 있는 경우 공익을 고려하여 거부할 수 있는 행위를 말한다.<br>판례 : 원칙상 기속행위이지만 예외적으로 중대한 공익을 이유로 인·허가 또는 신고 수리를 거부할 수 있는 행위(기속재량행위)를 인정하고 있는 것으로 보인다. |
| 1 | **재량권의 한계**는 재량권의 일탈 또는 남용을 말한다. 재량권의 한계를 넘은 재량권 행사에는 일의적으로 명확한 법규정의 위반, 사실오인, 평등원칙 위반, 자기 구속의 원칙 위반, 비례의 원칙 위반, 절차 위반, 재량권의 불행사 또는 해태, 목적 위반 등이 있다. |
| 5 | **재량권의 일탈(逸脫)**이란 재량권의 외적 한계(즉, 법적·객관적 한계)를 벗어난 것을 말한다. |

| 5 | **재량권의 남용(濫用)**이란 재량권의 내적 한계, 즉 재량권이 부여된 내재적 목적을 벗어난 것을 말한다. |
|---|---|
| 5 | **재량권의 불행사(不行使)**란 재량권을 행사함에 있어 고려하여야 할 구체적 사정을 고려하지 않은 경우를 말한다. |
| 5 | **재량권의 해태(懈怠)**란 재량권을 행사함에 있어 고려하여야 하는 구체적 사정에 대한 고려를 하였지만 충분히 고려하지 않은 경우를 말한다. |
| 5 | **불확정개념**이란 그 개념 자체로서는 그 의미가 명확하지 않고 해석의 여지가 있는 개념을 말한다. '공공의 안녕과 질서', '중대한 사유', '식품의 안전', '환경의 보전' 등을 그 예로 들 수 있다. |
| 5 | **판단여지**라 함은 요건을 이루는 불확정개념의 해석·적용에 있어서 이론상 하나의 판단만이 가능한 것이지만, 둘 이상의 판단이 모두 적법한 판단으로 인정될 수 있는 가능성이 있는 것을 말한다. |
| 1 | **하명(下命)**이란 행정청이 국민에게 작위, 부작위, 급부 또는 수인의무를 명하는 행위를 말한다(부작위의무를 명하는 행위를 금지라고 한다). |
| 1 | **허가(許可)**라 함은 법령(법률과 법규명령)에 의한 일반적인 상대적 금지(허가조건부 금지)를 일정한 요건을 갖춘 경우에 해제하여 일정한 행위를 적법하게 할 수 있게 하는 행정행위를 말한다(허가는 법령에 특별한 규정이 없는 한 **기속행위**라고 보아야 한다). |
| 1 | **면제(免除)**라 함은 법령에 의해 정해진 작위의무, 급부의무, 또는 수인의무를 해제해 주는 행정행위를 말한다. |
| 1 | **특허(特許)**라 함은 상대방에게 직접 권리, 능력, 법적 지위, 포괄적 법률관계를 설정하는 행위를 말한다. 이 중에서 권리를 설정하는 행위를 협의의 특허라 한다(특허에 있어서는 공익목적의 효과적인 달성을 고려하여야 하므로 원칙상 재량행위로 본다). |
| 1 | **인가(認可)**라 함은 타인의 법률적 행위를 보충하여 그 법률적 효력을 완성시켜 주는 행정행위를 말한다(감정평가법인설립인가). |
| 1 | **공법상 대리(公法上 代理)**라 함은 제3자가 하여야 할 행위를 행정기관이 대신하여 행함으로써 제3자가 스스로 행한 것과 같은 효과를 발생시키는 행정행위를 말한다. |
| 1 | **확인행위(確認行爲)**라 함은 특정한 사실 또는 법률관계의 존부 또는 정부(正否)에 관하여 의문이 있거나 다툼이 있는 경우에 행정청이 이를 공권적으로 확인하는 행위를 말한다. |

| | |
|---|---|
| 1 | **공증행위(公證行爲)**라 함은 특정의 사실 또는 법률관계의 존재를 공적으로 증명하는 행정행위를 말한다. |
| 1 | **통지행위(通知行爲)**라 함은 특정인 또는 불특정 다수인에게 특정한 사실을 알리는 행정행위를 말한다. |
| 1 | **수리행위(受理行爲)**라 함은 법상 행정청에게 수리의무가 있는 경우에 신고, 신청 등 타인의 행위를 행정청이 적법한 행위로서 받아들이는 행위를 말한다. |
| 1 | **성립요건(成立要件)**이라 함은 행정행위가 성립하여 존재하기 위한 최소한의 요건을 말한다. 행정행위가 성립하기 위하여는 어떤 행정기관에 의해 행정의사가 내부적으로 결정되고(내부적 성립) 외부적으로 표시되어야 한다(외부적 성립)(성립요건 결여 → 행정행위 부존재 → 부존재확인청구소송의 대상). |
| 1 | **효력발생요건(效力發生要件)**이라 함은 행정행위가 상대방에 대하여 효력을 발생하기 위한 요건을 말한다. 행정행위는 상대방에 통지되어 도달되어야 효력을 발생한다. |
| 1 | **도달**이라 함은 상대방이 알 수 있는 상태에 두어진 것을 말하고 상대방이 현실적으로 수령하여 요지(了知)한 것을 의미하지 않는다.<br>요지(了知) : 깨달아 앎 |
| 1 | **유효요건(有效要件)**이라 함은 위법한 행정행위가 무효가 되지 않고 효력을 갖기 위한 요건을 말한다. |
| 1 | **행정행위의 하자**라 함은 위법 또는 부당과 같이 행정행위의 효력의 발생을 방해하는 사정을 말한다. |
| 1 | **위법(違法)**이라 함은 법의 위반을 의미한다. |
| 2 | **부당(不當)**이라 함은 법을 위반함이 없이 공익 또는 **합목적성(合目的性)** 판단을 잘못한 것을 말한다.<br>합목적성(合目的性) : 목적을 실현하는 데에 적합한 성질 |
| 2 | 행정행위의 위법 여부 판단시점 : 행정행위의 위법 여부는 원칙상 **행정행위시의 법령 및 사실상태를 기준으로 판단**한다. 다만, 일정한 예외가 있다. |
| 1 | **행정행위의 부존재(不存在)**라 함은 행정행위라고 볼 수 있는 외관이 존재하지 않는 경우를 말한다. |
| 1 | **행정행위의 무효**라 함은 행정행위가 외관상 성립은 하였으나, 그 하자의 중대함으로 인하여 행정행위가 애초부터 아무런 효력을 발생하지 않는 경우를 말한다. |
| 1 | **행정행위의 취소**라 함은 위법한 행정행위의 효력을 그 위법을 이유로 상실시키는 것을 말한다. |

| | |
|---|---|
| 3 | **중대명백설(重大明白設)**이란 행정행위의 하자의 내용이 중대하고, 그 하자가 외관상 명백한 때에는 해당 행정행위는 무효가 되고, 그중 어느 한 요건 또는 두 요건 전부를 결여한 경우에는 해당 행정행위는 취소할 수 있는 행정행위에 불과하다는 학설이다. |
| 3 | **하자의 중대성**이란 행정행위가 중요한 법률요건을 위반하고, 그 위반의 정도가 상대적으로 심하여 그 흠이 내용상 중대하다는 것을 말한다. |
| 3 | **하자의 명백성**(외관상 명백설 - 통설, 판례)이란 하자가 일반인의 인식능력을 기준으로 할 때 외관상 일견 명백하다는 것을 말한다.<br>**형식상 하자** : 주체에 관한 하자, 절차에 관한 하자, 형식에 관한 하자<br>**내용상 하자** : 내용에 관한 하자 |
| 3 | **하자(瑕疵)의 치유(治癒)**라 함은 성립 당시에 적법요건을 결한 흠 있는 행정행위라 하더라도 사후에 그 흠의 원인이 된 적법요건을 보완하거나 그 흠이 취소사유가 되지 않을 정도로 경미해진 경우에 그의 성립 당시의 흠에도 불구하고 하자 없는 적법한 행위로 그 효력을 그대로 유지시키는 것을 말한다. |
| 5 | **행정행위의 전환(轉換)**이라 함은 행정행위가 본래의 행정행위로서는 무효이나 다른 행정행위로 보면 그 요건이 충족되는 경우에 흠 있는 행정행위를 흠 없는 다른 행정행위로 인정하는 것을 말한다. |
| 3 | **적법절차(適法節次)의 원칙**이라 함은 국가권력이 개인의 권익을 제한하는 경우에는 개인의 권익을 보호하기 위한 적정한 절차를 거쳐야 한다는 원칙을 말한다. 적법절차의 원칙은 형사절차상의 영역에 한정되지 않고 입법, 행정 등 국가의 모든 공권력의 작용에 적용된다. |
| 5 | **침해적 처분절차**로는 사전통지, 의견청취를 규정하고 있다. 침해적 처분의 경우에 일반적인 의견청취절차로 약식청문절차인 의견제출을 인정하고 있을 뿐 정식청문이나 공청회는 개별법에서 인정된 경우 또는 행정청이 필요하다고 인정하는 경우에만 인정되는 것으로 하고 있다(사전통지와 연결되어 문제화된다). |
| 3 | **이유제시(理由提示)**라 함은 행정청이 처분을 함에 있어 처분의 근거와 이유를 제시하는 것을 말한다. 이유제시를 이유부기(理由附記)라고도 한다. |
| 3 | **이유제시의 하자**란 행정청이 처분이유를 제시하여야 함에도 처분이유를 전혀 제시하지 않거나(결여여부) 불충분하게(취지달성여부) 제시한 경우를 말한다. |
| 3 | **의견제출**이라 함은 행정청이 어떠한 행정작용을 하기에 앞서 당사자 등이 단순하게 의견을 제시하는 절차를 말한다. |
| 3 | **청문(聽聞)**이라 함은 "행정청이 어떠한 처분을 하기에 앞서 당사자 등의 의견을 직접 듣고 증거를 조사하는 절차"를 말한다(제2조 제5호). |

| | |
|---|---|
| 5 | **공청회(公聽會)**라 함은 "행정청이 공개적인 토론을 통하여 어떠한 행정작용에 대하여 당사자 등, 전문지식과 경험을 가진 자, 기타 일반행정인으로부터 의견을 널리 수렴하는 절차"를 말한다(제2조 제6호). |
| 5 | **의견제출절차**란 "행정청이 어떠한 행정작용을 하기에 앞서 당사자 등이 의견을 제시하는 절차로서 청문이나 공청회에 해당하지 아니하는 절차"를 말한다(제2조 제7호). |
| 3 | **권익을 제한하는 처분**이라 함은 수익적 행정행위(허가)의 취소 또는 정지처분 등을 말한다. |
| 3 | **의무를 부과하는 처분**이라 함은 조세부과처분, 시정명령과 같이 행정법상의 의무를 부과하는 처분을 말한다. |
| 5 | **인허가의제제도(認許可擬制制度)**라 함은 하나의 인·허가를 받으면 다른 허가, 인가, 특허, 신고 또는 등록(이하 '인·허가 등'이라 한다)을 받은 것으로 보는 것을 말한다. |

| 순서 | 제4장 행정구제법 |
|---|---|
| 2 | **행정구제(行政救濟)**라 함은 행정권의 행사에 의해 침해된 국민의 권익을 구제해 주는 것을 말한다. |
| 5 | **행정상 손해전보**는 통상 국가작용에 의해 개인에게 가해진 손해의 전보를 의미한다. 행정상 손해배상과 행정상 손실보상이 이에 해당한다. |
| 5 | **공법상 결과제거청구권**이라 함은 공행정작용으로 인하여 야기된 위법한 상태로 인하여 자기의 권익을 침해받고 있는 자가 행정주체에 대하여 그 위법한 상태를 제거하여 침해 이전의 원래의 상태로 회복시켜줄 것을 청구하는 것을 말한다. |
| 2 | **행정쟁송**이라 함은 행정법관계에 있어서의 법적 분쟁을 당사자의 청구에 의하여 심리·판정하는 심판절차를 말한다. 행정심판과 행정소송을 총칭한다. |
| 2 | **행정심판**은 행정기관이 심판하는 행정쟁송절차를 말한다. |
| 2 | **행정소송**은 법원이 심판하는 행정쟁송절차를 말한다. |
| 2 | **주관적 쟁송(主觀的 爭訟)**이라 함은 개인의 권리·이익의 구제를 주된 목적으로 하는 쟁송을 말한다. |
| 2 | **객관적 쟁송(客觀的 爭訟)**이라 함은 행정의 적법·타당성의 통제를 주된 목적으로 하는 쟁송을 말한다. |
| 2 | 항고쟁송(항고소송 및 행정심판)을 기본적으로 주관적 쟁송으로 보는 견해가 다수견해이지만, 항고쟁송은 주관쟁송적 성격과 함께 객관쟁송적 성격도 함께 갖고 있는 것으로 보는 것이 타당하다. 항고소송에서 처분의 위법성이 다투어지는 것은 객관소송적 측면이고, 법률상 이익이 침해될 것을 원고적격의 요소로 요구하는 것은 주관소송적 측면이다. |

| 2 | **정식쟁송(定式爭訟)**이라 함은 심판기관이 독립된 지위를 갖는 제3자이고 당사자에게 구술변론의 기회가 보장되는 쟁송을 말한다(행정소송). |
|---|---|
| 2 | **약식쟁송(略式爭訟)**이라 함은 이 두 요건 중 어느 하나라도 결여하거나 불충분한 쟁송을 말한다(행정심판). |
| 5 | **시심적 쟁송(始審的 爭訟)**이라 함은 법률관계의 형성 또는 존부의 확인에 관한 행정작용 자체가 쟁송의 형식으로 행하여지는 행정작용을 말한다. |
| 5 | **복심적 쟁송(覆審的 爭訟)**은 이미 행하여진 행정작용의 흠(위법 또는 부당)을 시정하기 위하여 행하여지는 쟁송절차를 말한다. |
| 5 | **행정상 손해배상**은 행정권의 행사에 의해 우연히 발생한 손해에 대한 국가 등의 배상 책임을 말한다.<br>행정상 손해배상은 ① 과실책임(공무원의 위법·과실행위로 인한 책임), ② 영조물책임, ③ 공법상 위험책임으로 구분하는 것이 타당하다. |
| 2 | **행정소송**이라 함은 행정청의 공권력 행사에 대한 불복 및 기타 행정법상의 법률관계에 관한 분쟁에 대하여 법원이 정식의 소송절차를 거쳐 행하는 행정쟁송절차를 말한다(항고소송, 당사자소송, 기관소송, 민중소송). |
| 2 | **항고소송**이라 함은 행정청의 우월한 일방적인 행정권 행사 또는 불행사에 불복하여 권익구제를 구하는 소송을 말한다. |
| 2 | **취소소송**이라 함은 '행정청의 위법한 처분 등을 취소 또는 변경하는 소송'을 말한다(제4조 제1호). |
| 5 | **소송물**이란 소송에서 심판의 대상이 되는 소송상의 청구를 말한다. |
| 2 | **무효등확인소송**이라 함은 '행정청의 처분이나 재결의 효력 유무 또는 존재 여부의 확인을 구하는 소송'을 말한다. |
| 2 | **부작위위법확인소송**이라 함은 '행정청의 부작위가 위법하다는 것을 확인하는 소송'을 말한다. |
| 2 | **부작위**라 함은 '행정청이 당사자의 신청에 대하여 상당한 기간 내에 **일정한 처분을 하여야 할 법률상 의무**가 있음에도 불구하고 이를 하지 아니하는 것'을 말한다. |
| 2 | **의무이행소송**은 행정청의 거부처분 또는 부작위에 대하여 법상의 작위의무의 이행을 청구하는 소송을 말한다. |
| 2 | **예방적 부작위청구소송**이란 행정청의 공권력 행사에 의해 국민의 권익이 침해될 것이 예상되는 경우에 미리 그 예상되는 침익적 처분을 저지하는 것을 목적으로 하여 제기되는 소송을 말한다. |
| 2 | **당사자소송**이라 함은 공법상 법률관계의 주체가 당사자가 되어 다투는 공법상 법률관계에 관한 소송을 말한다(보증금증감청구소송). |

| | |
|---|---|
| 2 | **형식적 당사자소송**은 형식적으로는 당사자소송이지만, 실질적으로는 행정청의 처분을 다투는 소송을 말한다고 정의하는 것이 일반적이다. |
| 2 | **실질적 당사자소송**이라 함은 형식적으로나 실질적으로나 공법상 법률관계에 관한 다툼만이 대상인 당사자소송을 말한다. |
| 2 | **민중소송**이라 함은 '국가 또는 공공단체의 기관이 법률에 위반되는 행위를 한 때에 직접 자기의 법률상 이익과 관계없이 그 시정을 구하기 위하여 제기하는 소송'을 말한다(행정소송법 제3조 제3호). |
| 2 | **기관소송**이라 함은 '국가 또는 공공단체의 기관 상호 간에 있어서의 권한의 존부 또는 그 행사에 관한 다툼이 있을 때에 이에 대하여 제기하는 소송'을 말한다(행정소송법 제3조 제4호). |
| 2 | **소송요건**이라 함은 본안심리를 하기 위하여 갖추어야 하는 요건을 말한다. |
| 2 | **적법한 소송**이라 함은 소송요건이 충족된 소송을 말한다. 이 경우 법원은 본안심리로 넘어간다. |
| 2 | **부적법한 소송**이라 함은 소송요건이 결여된 소송을 말한다. 이 경우 법원은 각하판결을 내린다. |
| 2 | **행정소송법상 처분**이라 함은 행정청이 행하는 구체적 사실에 관한 법집행으로서의 공권력의 행사 또는 그 거부와 이에 준하는 행정작용을 말한다(제2조 제1항 제1호). 행정소송법상의 처분 개념이 실체법적 개념인 학문상의 행정행위 개념과 동일한지에 관하여 이를 동일하다고 보는 실체법적 개념설(일원설)과 동일하지 않고 전자(처분)가 후자(행정행위)보다 넓다고 보는 견해(이원설)가 대립하고 있다. |
| 2 | **공권력 행사**란 행정청이 우월한 공권력의 주체로서 일방적으로 행하는 행위, 즉 권력적 행위를 의미한다. |
| 2 | **거부**라 함은 위에서 언급한 공권력 행사의 거부를 말한다. |
| 2 | **원처분주의**라 함은 행정심판의 재결의 당부를 다투는 취소소송의 대상을 원처분으로 하고 원처분의 취소소송에서는 원처분의 위법만을 다투고 재결에 고유한 위법은 재결취소소송에서 다투도록 하는 제도를 말한다. |
| 2 | **재결주의**라 함은 행정심판의 재결에 대하여 불복하는 경우 재결을 대상으로 취소소송을 제기하도록 하는 제도를 말한다. |
| 2 | **상당한 기간**이라 함은 사회통념상 행정청이 해당 신청에 대한 처분을 하는 데 필요한 합리적인 기간을 말한다. |
| 3 | **행정청의 처분 등을 원인으로 하는 법률관계**라 함은 행정청의 처분 등에 의하여 발생·변경·소멸된 공법상의 법률관계를 말한다. 예를 들면, 공무원의 지위확인을 구하는 소송 및 미지급퇴직연금지급청구 소송은 당사자소송으로 제기하여야 한다. |

| | |
|---|---|
| 3 | 그 밖에 공법상의 **법률관계**라 함은 처분 등을 원인으로 하지 않는 공법이 규율하는 법률관계를 말한다. |
| 2 | **원고적격(原告適格)**이란 구체적인 소송에서 원고로서 소송을 수행하여 본안판결을 받을 수 있는 자격을 말한다.<br>**당사자능력**이란 소송의 주체가 될 수 있는 일반적인 능력을 말한다. |
| 2 | **법률상 보호되는 이익**<br>헌법상 기본권이 원고적격의 요건인 법률상 이익이 될 수 있는지에 관하여 아직 이를 적극적으로 인정하고 있는 대법원 판례는 없고, 추상적 기본권의 침해만으로는 원고적격을 인정할 수 없다는 대법원 판례가 있을 뿐이다. 이에 반하여 헌법재판소는 기본권주체(구체적 기본권)의 원고적격을 인정하고 있다. |
| 2 | **경업자소송(競業者訴訟)**이라 함은 여러 영업자가 경쟁관계에 있는 경우에 경쟁관계에 있는 영업자에 대한 처분 또는 부작위를 경쟁관계에 있는 다른 영업자가 다투는 소송을 말한다. |
| 2 | **경원자소송(競願者訴訟)**이라 함은 수인의 신청을 받아 일부에 대하여만 인·허가 등의 수익적 행정처분을 할 수 있는 경우에 인·허가 등을 받지 못한 자가 인·허가처분에 대하여 제기하는 항고소송을 말한다. |
| 2 | **협의의 소(訴)의 이익(利益)**이라 함은 원고가 소송상 청구에 대하여 본안판결을 구하는 것을 정당화시킬 수 있는 현실적 이익 내지 필요성을 말한다. |
| 2 | **무효확인소송에서의 소의 이익**<br>긍정설(필요설, 즉시확정이익설) 확인소송은 보다 실효적인 구제수단(처분의 무효를 전제로 한 이행소송)이 가능하면 인정되지 않는다. 이를 확인소송의 보충성이라 한다 (확인소송이 가장 유효적절한 수단으로 인정될 것). |
| 2 | **처분 등을 행한 행정청**이라 함은 그의 이름으로 처분을 한 행정기관을 말한다. 정당한 권한을 가진 행정청인지 여부는 불문한다. 처분권한이 있는지 여부는 본안의 문제이다. |
| 2 | **항고소송의 제소기간**<br>항고소송에서 제소기간은 행정의 안정성과 국민의 권리구제를 조화하는 선에서 결정하여야 하며 기본적으로 입법정책에 속하는 문제이다(답안에 현출되는 내용). |
| 2 | **처분이 있음을 안 날**이라 함은 '당사자가 통지·공고 기타의 방법에 의하여 해당 처분이 있었다는 사실을 현실적으로 안 날'을 의미한다. |
| 2 | **불변기간(不變期間)**이라 함은 법정기간으로서 법원 등이 변경할 수 없는 기간을 말한다.<br>제소기간은 불변기간이다. |

| | |
|---|---|
| 5 | **처분이 있은 날**이란 처분이 통지에 의해 외부에 표시되어 효력이 발생한 날을 말한다 (대판 1990.7.13, 90누2284). |
| 3 | **집행부정지원칙**은 취소소송의 제기는 처분 등의 효력이나 그 집행 또는 절차의 속행에 영향을 주지 아니한다는 것을 말한다(행정소송법 제23조 제1항). 이와 같이 위법한 처분 등을 다투는 항고소송이 제기된 경우에도 처분 등의 효력을 잠정적으로나마 정지시키지 않고 처분 등의 후속적인 집행을 인정하는 것을 말한다. |
| 5 | **소송의 심리(審理)**라 함은 소에 대한 판결을 하기 위하여 그 기초가 될 소송자료를 수집하는 절차를 말한다. |
| 5 | **요건심리(要件審理)**라 함은 제기된 소가 소송요건을 갖춘 것인지의 여부를 심리하는 것을 말한다. |
| 5 | **본안심리(本案審理)**라 함은 요건심리의 결과 해당 소송이 소송요건을 갖춘 것으로 인정되는 경우 사건의 본안, 즉 청구의 이유 유무에 대하여 실체적 심사를 행하는 것을 말한다. |
| 5 | **불고불리의 원칙**이라 함은 법원은 소송의 제기가 없으면 재판할 수 없고, 소송의 제기가 있는 경우에도 당사자가 신청한 사항에 대하여 신청의 범위 내에서 심리·판단하여야 한다는 원칙이다(민사소송법 제203조). |
| 3 | **직권심리주의**라 함은 소송자료의 수집을 법원이 직권으로 할 수 있는 소송심리원칙을 말한다(사정판결에서 중요). |
| 5 | **직권탐지의 인정**<br>행정소송법 제26조는 당사자가 주장한 사실에 대하여 법원이 보충적으로 증거를 조사할 수 있을 뿐만 아니라, 더 나아가 당사자가 주장하지 않은 사실에 대하여도 직권으로 증거를 조사하여 이를 판단의 자료로 삼는 직권탐지주의까지를 인정하고 있다(인정할 수 있는 범위에 대해서 문제가 된다). |
| 3 | **관련청구소송의 병합**이라 함은 취소소송 또는 무효등확인소송(이하 '취소소송 등'이라 한다)에 해당 취소소송 등과 관련이 있는 청구소송(관련청구소송)을 병합하여 제기하는 것을 말한다.<br>(소송법 제10조, 제21조, 제22조 많이 읽어본다) |
| 3 | **제3자의 소송참가**라 함은 소송의 결과에 의하여 권리 또는 이익의 침해를 받을 제3자가 있는 경우에 당사자 또는 제3자의 신청 또는 직권에 의하여 그 제3자를 소송에 참가시키는 제도를 말한다(제16조). |
| 3 | **행정청의 소송참가**라 함은 관계행정청이 행정소송에 참가하는 것을 말한다. |
| 5 | **처분사유(處分事由)**라 함은 처분의 적법성을 유지하기 위하여 처분청에 의해 주장되는 처분의 사실적·법적 근거를 말한다. |

| | |
|---|---|
| 5 | **주장책임(主張責任)**이라 함은 당사자가 유리한 사실을 주장하지 않으면 그 사실이 없는 것으로 취급되어 불이익한 판단을 받게 되는데, 이 경우에 있어서의 해당 당사자의 불이익을 받는 지위를 말한다. |
| 3 | **입증책임(立證責任)**이라 함은 소송상 증명을 요하는 어느 사실의 존부가 확정되지 않은 경우 해당 사실이 존재하지 않는 것으로 취급되어 불리한 법률판단을 받게 되는 당사자 일방의 위험 또는 불이익을 말한다. |
| 3 | **입증책임의 분배**라 함은 어떤 사실의 존부가 확정되지 않은 경우에 당사자 중 누구에게 불이익을 돌릴 것인가의 문제이다. |
| 3 | 판례는 행정소송에서의 입증책임도 원칙적으로 민사소송의 일반원칙(법률요건분류설)에 따라 당사자 간에 분배되어야 한다고 하면서도 항고소송의 특성도 고려하여야 하는 것으로 본다(주장하는 자가 해라). |
| 3 | 무효원인에 대한 주장·입증책임은 취소소송의 경우와는 달리 원고가 부담한다(제소기간의 제한이 없기 때문이다). |
| 2 | **판결(判決)**이라 함은 구체적인 법률상 쟁송을 해결하기 위하여 법원이 소송절차를 거쳐 내리는 결정을 말한다. |
| 2 | **소송판결(訴訟判決)**이라 함은 소송요건 또는 상소요건에 흠결이 있는 경우에 소송이 부적법하다 하여 각하하는 판결을 말한다. |
| 2 | **본안판결(本案判決)**이라 함은 본안심리의 결과, 청구의 전부 또는 일부를 인용하거나 기각하는 종국판결을 말한다. |
| 2 | **기각판결(棄却判決)**이라 함은 본안심리의 결과, 원고의 주장이 이유 없다고 하여 그 청구를 배척하는 판결을 말한다. |
| 2 | **인용판결(引用判決)**이라 함은 본안심리의 결과, 원고의 주장이 이유 있다고 하여 그 청구의 전부 또는 일부를 인용하는 판결을 말한다. |
| 2 | **형성판결(形成判決)**이라 함은 일정한 법률관계를 형성·변경 또는 소멸시키는 것을 내용으로 하는 판결을 말한다(취소소송에서의 인용판결(취소판결)). |
| 2 | **확인판결(確認判決)**이라 함은 확인의 소에서 일정한 법률관계나 법률사실의 존부를 확인하는 판결을 말한다(무효등확인소송에서 인용판결, 부작위위법확인소송에서의 인용판결(부작위위법확인판결), 법률관계의 확인을 구하는 당사자소송에서 인용판결). |
| 2 | **이행판결(履行判決)**이라 함은 피고에 대하여 일정한 행위를 명하는 판결을 말한다. |
| 2 | 취소소송의 소송요건을 결여한 부적법한 소에 대하여는 본안심리를 거절하는 **각하판결(刻下判決)**을 내린다. |

| | |
|---|---|
| 2 | **사정판결(事情判決)**이라 함은 취소소송에 있어서 본안의 심리 결과, 원고의 청구가 이유 있다고 인정하는 경우(처분이 위법한 것으로 인정되는 경우)에도 공공복리를 위하여 원고의 청구를 기각하는 판결을 말한다. |
| 3 | **처분시설(處分施設)**이라 함은 처분의 위법 여부의 판단은 처분시의 사실 및 법률상태를 기준으로 하여 행하여야 한다는 견해를 말한다. |
| 3 | **판결시설(判決施設)**이라 함은 처분의 위법 여부의 판단은 판결시(구두변론종결시)의 사실 및 법률상태를 기준으로 행하여야 한다는 견해를 말한다. |
| 2 | 계쟁처분 또는 재결의 취소판결이 확정된 때에는 해당 처분 또는 재결은 처분청의 취소를 기다릴 것이 없이 당연히 효력을 상실하는데, 이를 **형성력**이라 한다. |
| 2 | **대세적 효력(대세효)**이라 함은 취소판결의 취소의 효력(형성효 및 소급효)은 소송에 관여하지 않은 제3자에 대하여도 미치는 것을 말한다. |
| 2 | **기속력(羈束力)**이라 함은 행정청에 대하여 판결의 취지에 따라 행동하도록 당사자인 행정청과 그 밖의 관계 행정청을 구속하는 효력을 말한다. |
| 2 | **저촉금지효(抵觸禁止效, 반복금지효)**는 동일한 행위의 반복을 금지하고, 판결의 취지에 반하는 행위(달리 말하면 동일한 과오를 반복하는 행위)를 금지하는 효력이다. |
| 2 | **기판력(旣判力)**은 일단 재판이 확정된 때에는 소송당사자는 동일한 소송물에 대하여는 다시 소를 제기할 수 없고 설령 제기되어도 상대방은 기판사항이라는 항변을 할 수 있으며 법원도 일사부재리의 원칙(一事不再理原則)에 따라 확정판결과 내용적으로 모순되는 판단을 하지 못하는 효력을 말한다.<br>일사부재리 원칙 : 일단 처리된 사건은 다시 다루지 않는다는 법의 일반원칙 |
| 4 | **헌법소원의 보충성의 원칙**이라 함은 행정구제수단으로서 헌법소원은 행정소송으로 구제될 수 없거나 현실적으로 구제되기 극히 곤란한 경우에 한하여 인정되며, 기존의 구제절차가 존재하는 경우에는 그 구제절차를 거친 후에 제기될 수 있다는 원칙을 말한다. |
| 5 | **행정행위의 부관(附款)**이라 함은 행정청에 의해 주된 행정행위에 부가된 종된 규율을 말한다. |
| 4 | **하자(위법성)의 승계**라 함은 행정이 여러 단계의 행정행위를 거쳐 행해지는 경우에 선행 행정행위의 위법을 이유로 적법한 후행 행정행위의 위법을 주장할 수 있는 것을 말한다. |
| 5 | **행정행위의 실효**라 함은 유효한 행정행위의 효력이 일정한 사실의 발생으로 장래에 향하여 소멸하는 것을 말한다. |

| | |
|---|---|
| 4 | **공법상 계약(公法上 契約)**이란 공법적 효과를 발생시키는(공법상의 법률관계의 변경을 가져오는), 행정주체를 적어도 한쪽 당사자로 하는 계약(양 당사자 사이의 반대 방향의 의사의 합치)을 말한다. |
| 4 | **행정상 사실행위(行政上 事實行爲)** – (권력적 사실행위에 대하여 항고소송이 인정될 수 있는가?)<br>행정목적을 달성하기 위하여 행해지는 물리력의 행사를 말한다. 사실행위의 예로는 폐기물 수거, 행정지도, 대집행의 실행, 행정상 즉시강제 등이 있다. 사실행위는 직접적인 법적 효과를 발생시키지 않는 행위이다. |
| 4 | **행정지도(行政指導)**라 함은 일정한 행정목적을 실현하기 위하여 상대방인 국민에게 임의적인 협력을 요청하는 비권력적 사실행위를 말한다.<br>(행정지도는 행정절차법 제48조를 잘 암기하면 된다) |
| 4 | **행정조사**라 함은 행정기관의 사인으로부터 행정상 필요한 자료나 정보를 수집하기 위하여 행하는 일체의 행정작용을 말한다.<br>(타인토지출입조사<토지보상법 제9조, 제27조>) |
| 순서 | **제5장 행정의 실효성 확보수단** |
| 5 | **행정강제(行政强制)**란 행정목적의 실현을 확보하기 위하여 사람의 신체 또는 재산에 실력을 가함으로써 행정상 필요한 상태를 실현하는 권력적 사실행위이다. |
| 5 | **행정상 강제집행(行政上 强制執行)**이란 행정법상의 의무불이행이 있는 경우에 행정청이 의무자의 신체 또는 재산에 실력을 가하여 그 의무를 이행시키거나 이행한 것과 동일한 상태를 실현시키는 작용을 말한다. |
| 5 | **행정법상의 대집행(代執行)**이란 대체적 작위의무(타인이 대신하여 이행할 수 있는 작위의무)의 불이행이 있는 경우에 해당 행정청이 스스로 의무자가 행할 행위를 하거나 제3자로 하여금 이를 행하게 하고 그 비용을 의무자로부터 징수하는 것을 말한다 (행정대집행법 제2조). |
| 5 | **집행벌(執行罰)**이란 작위의무 또는 부작위의무를 불이행한 경우에 그 의무를 간접적으로 강제이행시키기 위하여 일정한 기간 안에 의무이행이 없을 때에는 일정한 이행강제금을 부과할 것을 계고하고 그 기간 안에 이행이 없는 경우에는 이행강제금(履行強制金)을 부과하는 것을 말한다. |
| 5 | **직접강제(直接强制)**란 행정법상의 의무의 불이행이 있는 경우에 의무자의 신체나 재산 또는 양자에 실력을 가하여 의무의 이행이 있었던 것과 동일한 상태를 실현하는 작용을 말한다.<br>(신체에 대한 사항을 포함하고 있다는 것이 중요하다) |

| 5 | 행정상 강제징수(行政上 强制徵收)란 국민이 국가 등 행정주체에 대하여 부담하고 있는 공법상의 금전부과 의무를 이행하지 않은 경우에 행정청이 의무자의 재산에 실력을 가하여 의무가 이행된 것과 동일한 상태를 실현하는 행정상 강제집행수단을 말한다. 이 중 재산의 압류, 압류재산의 매각 및 청산을 체납처분이라 한다. |
|---|---|
| 5 | 행정상 즉시강제(行政上 卽時强制)란 급박한 행정상의 장해를 제거할 필요가 있지만 미리 의무를 명할 시간적 여유가 없을 때 또는 급박하지는 않지만 성질상 의무를 명하여 가지고는 목적달성이 곤란할 때에 즉시 국민의 신체 또는 재산에 실력을 가하여 행정상 필요한 상태를 실현하는 행정작용을 말한다. |
| 5 | 행정벌(行政罰)이란 행정법상의 의무위반행위에 대하여 제재로써 가하는 처벌을 말한다. |
| 5 | 행정형벌(行政刑罰)이란 형법상 형벌을 과하는 행정벌이다. |
| 5 | 양벌규정(兩罰規定)이란 범죄행위자와 함께 행위자 이외의 자를 함께 처벌하는 법규정을 말한다. |
| 5 | 행정질서벌(行政秩序罰)이란 행정법규 위반에 대하여 과태료가 과하여지는 행정벌이다. |
| 5 | 과징금(課徵金)이란 행정법규의 위반이나 행정법상의 의무 위반으로 경제상의 이익을 얻게 되는 경우에 해당 위반으로 인한 경제적 이익을 박탈하기 위하여 그 이익액에 따라 행정기관이 과하는 행정상 제재금을 말한다. |
| 순서 | 제6장 행정상 입법 |
| 1 | 행정상 입법이라 함은 행정권이 일반적·추상적 규범을 정립하는 작용을 말한다. 행정상 입법은 실정법상의 개념이 아니라 학문상의 개념으로 법규명령(法規命令)과 행정규칙(行政規則)을 포함한다. 그런데 법률에 대응하여 행정입법이라는 개념을 사용할 때에 행정입법은 법규명령을 의미한다. |
| 1 | 법규명령(法規命令)이라 함은 행정권이 제정하는 법규를 말한다. |
| 5 | 위임명령(委任命令)이라 함은 법률 또는 상위명령의 위임에 의해 제정되는 명령으로서 새로운 법규사항을 정할 수 있다. |
| 5 | 집행명령(執行命令)이라 함은 상위법령의 집행을 위하여 필요한 사항(신고서양식 등)을 법령의 위임 없이 직권으로 발하는 명령을 말한다. 집행명령에서는 새로운 법규사항을 정할 수 없다. |

| | |
|---|---|
| 1 | **제정권자에 따른 분류**<br>**대통령령(大統領令)**이라 함은 대통령이 제정하는 명령을 말한다.<br>**총리령(總理令)**이라 함은 총리가 발하는 명령을 말한다.<br>**부령(部令)**이라 함은 행정각부의 장이 발하는 명령을 말한다.<br>입법실제에 있어서 대통령령에는 통상 시행령(施行令)이라는 이름을 붙이고, 총리령과 부령에는 시행규칙(施行規則)이라는 이름을 붙인다. |
| 3 | **행정법에 대한 사법적 통제**라 함은 사법기관인 법원 및 헌법재판소에 의한 통제를 말한다. |
| 4 | **추상적 규범통제(抽象的 規範統制)**라 함은 행정입법의 위헌 또는 위법을 구체적·법적 분쟁을 전제로 하지 않고 공익적 견지에서 직접 다투도록 하는 행정입법통제를 말한다. |
| 4 | **구체적 규범통제(具體的 規範統制)**라 함은 행정입법의 위헌 또는 위법 여부가 구체적·법적 분쟁에 관한 소송에서 다투어지는 경우에 이를 심사하도록 하는 행정입법통제를 말한다. |
| 4 | **직접적 통제**라 함은 행정입법 자체가 직접 소송의 대상이 되어 위법한 경우 그 효력을 상실시키는 제도를 말한다. 법규명령에 대한 헌법소원 및 항고소송은 직접적 통제에 속한다. |
| 4 | **간접적 통제**라 함은 행정입법 자체를 직접 소송의 대상으로 하는 것이 아니라 다른 구체적인 사건에 관한 재판에서 해당 행정입법의 여부가 선결문제가 되는 경우 해당 행정입법의 위법 여부를 판단하는 제도이다. 간접적 통제를 **부수적 통제**라고도 한다. |
| 4 | **헌법재판소에 의한 통제**(권리구제형 헌법소원)<br>헌법소원은 공권력의 행사 또는 불행사로 인하여 헌법상 보장된 기본권을 침해받는 자가 헌법재판소에 해당 공권력의 헌법심사를 청구하는 제도이다(헌법재판소법 제68조). |

# 개별법 필수개념 암기

| 순서 | 개별법 |
|---|---|
| 1 | **공용부담(公用負擔)**이라 함은 국가, 지방자치단체 등 공익사업자가 일정한 공공복리를 적극적으로 증진하기 위하여 개인에게 부과하는 공법상의 경제적 부담을 말한다. |
| 1 | **물적 공용부담**은 권리(재산권)에 대하여 일정한 공공복리를 증진하기 위하여 일정한 제한, 수용 또는 교환의 제약을 가하는 것을 말한다. 물적 공용부담은 특정 권리에 대하여 부과되는 부담으로서 대물적 성질을 가지므로 권리의 이전과 함께 이전된다. |

| 순서 | 보상법 제1편 물적공용부담 제1장 공용수용 |
|---|---|
| 1 | **공용수용**이라 함은 공익사업을 시행하기 위하여 공익사업의 주체가 타인의 토지 등을 강제적으로 취득하고 그로 인한 손실을 보상하는 물적 공용부담제도를 말한다. |
| 4 | **공공적 사용수용**<br>도시화의 진전과 산업의 발전에 따라 사회간접자본시설의 설치를 비롯한 공익사업이 증대되면서 공공성 개념의 확대화가 이루어졌고, 사적 주체에게 수용권을 부여하는 공공적 사용수용의 법리가 인정되게 되었다.<br>사적 주체에게 수용권을 부여하는 사업에는 가스, 전기 등 생존배려사업과 경제적 이윤을 추구하면서 간접적으로 공익을 달성하는 사업이 있다. |
| | **부대사업**이란 사업시행자가 민간투자사업과 연계하여 시행하는 주택건설사업 및 택지개발사업을 말한다. |
| 1 | **공용수용의 당사자(當事者)**라 함은 공용수용의 주체인 수용권자와 수용권의 객체인 피수용자를 말한다. |
| 1 | **공용수용의 주체(主體)**라 함은 토지 등에 대하여 수용권을 가지는 자를 말한다. |
| 1 | **피수용자(被收容者)**라 함은 수용의 목적물인 재산권의 주체를 말한다. |
| 1 | **토지소유자**라 함은 공익사업에 필요한 토지, 즉 수용 또는 사용하려고 하는 토지에 대한 소유권을 지닌 자를 말한다. |
| 1 | **관계인**이란 사업시행자가 취득하거나 사용할 토지에 관하여 지상권·지역권·전세권·저당권·사용대차 또는 임대차에 따른 권리 또는 그 밖에 토지에 관한 소유권 외의 권리를 가진 자나 그 토지에 있는 물건에 관하여 소유권이나 그 밖의 권리를 가진 자를 말한다. |
| 1 | **수용목적물**이란 공용수용의 객체로서 수용의 대상이 되는 토지 및 물건 등을 말한다. |
| 1 | **확장수용**이란 특정한 공익사업을 위하여 필요한 범위를 넘어서 수용이 허용되는 경우를 말한다. |
| 1 | **잔여지수용**이란 동일한 토지소유자에 속하는 일단의 토지의 일부를 수용함으로 인하여 잔여지를 종전의 목적에 사용하는 것이 현저히 곤란할 때에, 토지소유자의 청구에 의하여 그 잔여지도 포함하여 전부를 수용하는 것을 말한다(토지보상법 제74조 잔여지 등의 매수 및 수용청구). |

| | |
|---|---|
| 2 | **완전수용**이란 토지를 사용함으로써 토지소유자가 받게 되는 토지이용의 현저한 장애 내지 제한을 완화하기 위하여 수용보상을 하는 것을 말한다. 완전수용은 '사용에 갈음하는 수용'이라고도 한다(토지보상법 제72조 사용하는 토지의 매수청구 등). |
| 2 | **이전수용**이란 수용·사용할 토지의 정착물 또는 사업시행자소유의 토지에 정착한 타인의 입목, 건축물, 물건 등이 성질상 이전이 불가능하거나, 이전비가 그 정착물의 가격을 초과하는 경우에 이전에 갈음하여 수용하는 것을 말한다(토지보상법 제75조 건축물 등 물건에 대한 보상). |
| 2 | **지대수용**이란 공익사업에 직접 필요한 토지 이외에 이와 관련한 ① 사업의 시행을 위한 건축, ② 토지의 조성 정리에 필요한 때에 인접한 부근일대를 수용하는 것을 말한다. 이는 개발이익을 흡수하고 지가를 억제하는 효과가 있다. |
| 1 | **공익사업의 준비**란 사업시행자가 공익사업의 시행을 위하여 행하는 준비행위로서 타인이 점유하는 토지에 출입하여 조사·측량을 하거나 장해물을 제거하는 등의 일련의 행위를 말한다. |
| 1 | **장해물의 제거**란 장해물을 제거하고 토지를 시굴하는 등의 행위를 말한다. 이는 공용제한 중 부담제한으로서 사업제한에 해당한다고 볼 수 있다. |
| 1 | **사업인정(事業認定)**이라 함은 특정사업이 그 사업에 필요한 토지를 수용하거나 사용할 수 있는 공익사업이라는 것을 인정하고 사업시행자에게 일정한 절차를 거쳐 그 사업에 필요한 토지를 수용 또는 사용하는 권리를 설정하여 주는 행위를 말한다. |
| 3 | **공익사업의 수행을 위하여 필요한 때**라 함은 장래에 시행할 공익사업을 위하여 필요한 때뿐만 아니라 이미 시행된 공익사업의 유지를 위하여 필요한 때를 포함한다고 보아야 한다. |
| 1 | **협의(協議)**라 함은 수용재결신청 전에 사업시행자로 하여금 수용대상 토지에 관하여 권리를 취득하거나 소멸시키기 위하여 토지소유자 및 관계인과 교섭하도록 하는 절차이다. |
| 1 | **협의성립확인**이란 협의가 성립한 경우 사업시행자가 수용재결의 신청기간 이내에 해당 토지소유자 및 관계인의 동의를 얻어 관할 토지수용위원회의 확인을 받는 것을 말한다. |
| 2 | **협의와 협의성립확인의 관계**<br>당사자 간의 계약을 공법상의 처분으로 전환시키는 관계에 있다고 볼 수 있다. 승계취득을 원시취득으로 전환함으로써 원활한 사업시행에 취지가 있다. |
| 1 | 토지수용위원회의 **재결(裁決)(수용재결)**은 사업시행자로 하여금 토지 또는 토지의 사용권을 취득하도록 하고 사업시행자가 지급하여야 하는 손실보상액을 정하는 결정을 말한다. |

| | |
|---|---|
| 1 | **재결신청청구권**이란 사업인정 후 협의가 성립되지 아니한 때 토지소유자 및 관계인이 사업시행자에게 서면으로 재결신청을 조속히 할 것을 청구할 수 있는 권리를 말한다. |
| | **화해**라 함은 토지수용위원회가 재결이 있기 전에 수용·사용에 관한 사업시행자·토지소유자 및 관계인의 주장을 서로 양보하도록 하여 수용에 대한 분쟁을 원만하게 해결하고자 하는 양 당사자의 의사의 합치인 공법 행위를 말한다. |
| 2 | **재결의 실효**란 유효하게 성립한 재결에 대해 행정청의 의사행위에 의하지 않고, 객관적 사실 발생에 의해 당연히 재결의 효력이 상실되는 것을 말한다. <br> 토지보상법 제62조에서는 사업시행자가 해당 공익사업을 위한 공사에 착수하기 이전에 토지소유자 및 관계인에 대하여 보상액의 전액을 지급하여야 한다는 사전보상원칙을 규정하고 있는데, 재결의 실효는 이를 이행하기 위한 규정이다. |
| 2 | **수용의 개시일**이라 함은 토지수용위원회가 재결로 정한 수용의 효과가 발생하는 날이다. <br> 수용의 개시일까지 보상을 지급하거나 공탁하지 않으면 재결은 실효되므로 보상금의 지급 또는 공탁이 있어야 한다. 수용에 의한 사업시행자의 권리취득은 토지소유자와 사업시행자 사이의 법률행위에 의한 승계취득이 아니라, **법률에 의한 원시취득**이다. |
| 1 | **공탁**이란 재결에서 정한 보상금을 일정한 요건(거/알/불/압)에 해당하는 경우 관할 공탁소에 보상금을 공탁함으로써 보상금 지급에 갈음하는 것을 말한다. |
| 3 | **대행**이라 함은 토지나 물건을 인도·이전하여야 할 자가 고의·과실 없이 그 의무를 수행할 수 없을 때, 또는 사업시행자가 과실 없이 토지나 건물의 인도·이전의무가 있는 자를 알 수 없는 때에는 사업시행자의 신청에 의하여 시장·군수·구청장이 해당 의무이행이 있는 것과 같이 이를 대행하는 것을 말한다. |
| 1 | **대집행**은 공법상 대체적 작위의무를 그 의무자가 이행하지 않는 경우에, 해당 행정청이 그 의무를 스스로 행하거나 제3자로 하여금 이를 행하게 하고, 그 비용을 의무자로부터 징수하는 행위를 말한다. |
| 2 | **인도**라 함은 물건의 점유를 타인에게 이전하는 것으로서, 토지나 건물로부터 존치물건을 반출하고 **사람을 퇴거하여** 그것을 타인에게 인도하는 명도의 개념도 포함하고 있다. |
| 1 | **이의신청**이란 토지수용위원회의 위법 또는 부당한 재결처분으로 인하여 권리 또는 이익을 침해당한 자가 중앙토지수용위원회에 그 처분의 취소·변경을 구하는 쟁송을 말한다. |
| 1 | **보증금증감청구소송**이라 함은 토지수용위원회의 보상재결에 대하여 토지소유자 및 관계인은 보상금의 증액을 청구하는 소송을, 사업시행자는 보상금의 감액을 청구하는 소송을 말한다. |

| | |
|---|---|
| 1 | **환매권(還買權)**이라 함은 공익사업을 위해 취득(협의취득 또는 수용)된 토지가 해당 사업에 필요 없게 되거나 일정기간 동안 해당 사업에 이용되지 않는 경우에 원소유자 등이 일정한 요건하에 해당 토지를 회복할 수 있는 권리이다. |
| 1 | **공익사업(公益事業)의 변환(變換)**이라 함은 공익사업을 위하여 토지를 협의취득 또는 수용한 후 토지를 협의취득 또는 수용한 공익사업이 다른 공익사업으로 변경된 경우 별도의 협의취득 또는 수용 없이 해당 협의취득 또는 수용된 토지를 변경된 다른 공익사업에 이용하도록 하는 제도를 말한다. |

| 순서 | 보상법 제1편 물적공용부담 제2장 공용사용 |
|---|---|
| 2 | **공용사용(公用使用)**이라 함은 공공필요를 위하여 특정인의 토지 등 재산을 강제로 사용하는 것을 말한다.<br>토지 등의 소유자는 공용사용을 수인할 의무를 진다. 공용사용에는 일시적 사용과 계속적 사용(전선설치를 위한 토지 위 공중의 사용)이 있다. |

| 순서 | 보상법 제1편 물적공용부담 제3장 공용제한 |
|---|---|
| 4 | **공용제한(公用制限)**이라 함은 공공필요를 위하여 재산권에 대하여 가해지는 공법상의 제한을 말한다. |
| 5 | **계획제한**<br>도시관리계획, 수도권정비계획 등 행정계획이 수립된 경우에 해당 행정계획에 배치되는 재산권 행사가 제한된다. 지역·지구 내에서 해당 지역·지구의 지정목적을 달성하기 위하여 재산권 행사에 가해지는 제한(주거지역에서의 일정한 건축의 제한, 개발제한구역 내에서의 건축 등 토지이용의 제한 등)이 대표적인 예이다. |
| 5 | **사업제한**이란 공익사업을 원활히 수행하기 위하여 사업지(산업단지), 사업인접지(접도구역 등) 또는 사업예정지(도로예정지 등) 내의 재산권에 가해지는 제한을 말한다. 사업제한은 그 내용에 따라 부작위의무(토지의 형질변경의 금지 등), 작위의무(시설설치의무 또는 공작물개축의무 등) 및 수인의무(형질변경, 공작물의 제거 등을 수인하여야 할 의무)로 나누어진다. |
| 5 | **보전제한**이란 환경, 문화재, 자원, 농지 등의 보전을 위하여 재산권에 가해지는 제한을 말한다. 공원 내에서의 토지 등의 사용 제한(자연공원법 제23조), 문화재 등 공적 보존물에 대한 제한(문화재보호법 제37조) 등이 이에 해당한다. |
| 5 | **공물제한**이란 사적 소유의 물건에 공물이 설정된 경우에 공물의 목적달성에 필요한 한도 내에서 해당 물건에 가해지는 제한을 말한다. |

| 순서 | 보상법 제1편 물적공용부담 제4장 공용환지 · 공용환권 |
|---|---|
| 5 | **공용환지(公用換地)**라 함은 일정한 지역 안에서 토지의 이용가치를 증진시키기 위한 사업을 실시하기 위하여 토지의 소유권 및 기타의 권리를 권리자의 의사와 관계없이 강제적으로 교환 · 분합하는 것을 말한다. |
| 5 | **공용환권(公用換權)**이라 함은 일정한 지역 안에서 토지와 건축물 등 도시공간의 효용을 증대시키기 위한 사업을 실시하기 위하여 토지 및 건축물의 소유권 및 기타의 권리를 권리자의 의사와 관계없이 강제적으로 교환 · 분합하는 것을 말한다. |

| 순서 | 손실보상(총론) |
|---|---|
| 1 | **손실보상이란** "적법한 공권력 행사에 의해 국민에게 가해진 특별한 손해를 공적 부담 앞의 평등의 원칙에 근거하여 국가나 지방자치단체 또는 공익사업의 주체가 그 손해를 보상하여 주는 것"을 말한다. |
| 1 | **존속보장**이라 함은 재산권자가 재산권을 보유하고 향유(사용, 수익, 처분)하는 것을 보장하는 것을 말한다. |
| 1 | **가치보장**이라 함은 공공필요에 의해 재산권에 대한 공권적 침해가 행해지는 경우에 재산권의 가치를 보장하기 위해 보상 등 가치보장조치를 취하는 것을 말한다. |
| 3 | **분리이론(分離理論)**은 입법자의 의사에 따라 재산권에 대한 제한의 문제를 헌법 제23조 제1항 및 제2항에 의한 재산권의 내용 및 한계의 문제와 헌법 제23조 제3항의 공용제한과 손실보상의 문제로 구분한다. |
| 3 | **경계이론(境界理論)**은 공공필요에 의한 재산권의 제한과 그에 대한 구제를 손실보상의 문제로 보는 견해이다. |
| 1 | **손실보상규정 흠결 시 권리구제**<br>**위헌무효설(違憲無效設)**은 헌법 제23조 제3항을 보상청구권의 직접적 근거규정으로 보지 않고, 입법자에 대한 구속규정으로 보는 견해이다. 헌법 제23조 제3항이 보상은 법률로 정하도록 위임하고 있다는 것과 보상은 재정 지출의 문제를 수반하므로 예산권을 갖고 있는 국회가 법률로 정하는 것이 타당하다는 데 근거하고 있다. |
| 1 | **직접효력설(直接效力設)**은 헌법 제23조 제3항을 국민에 대하여 직접적 효력이 있는 규정으로 보고, 만일에 공용침해의 근거가 되는 법률이 보상규정을 두지 않고 있는 경우에는 직접 헌법 제23조 제3항에 근거하여 보상을 청구할 수 있다고 본다. |
| 1 | **유추적용설**은 독일의 수용유사침해이론을 우리나라에서도 타당한 이론으로 주장하면서 수용유사침해보상의 법적 근거를 헌법 제23조 제1항(재산권보장규정) 및 헌법 제11조(평등원칙)에 근거지우는 견해이다. |

| | |
|---|---|
| 1 | **보상입법부작위위헌설(補償立法不作爲違憲設)**은 공공필요를 위하여 공용제한을 규정하면서 손실보상규정을 두지 않은 경우 그 공용제한규정 자체는 헌법에 위반되는 것은 아니라고 보고, 손실보상을 규정하지 않은 입법부작위가 위헌이라고 보는 견해이다. |
| 2 | **적법한 공용침해**라 함은 공공필요에 의하여 법률에 근거하여 가해진 국민의 권익에 대한 침해를 말한다. |
| 1 | **특별한 희생**<br>공용침해로 인하여 발생한 손해가 특별한 희생(손해)인가 아니면 재산권에 내재하는 사회적 제약에 불과한가의 판단기준에 관하여 다음과 같은 학설이 있다. |
| 1 | **형식적 기준설**은 침해행위가 일반적인 것이냐 아니면 개별적인 것이냐라는 형식적 기준에 의해 특별한 희생과 사회적 제약을 구별하려는 견해이다(인적범위를 특정할 수 있는지). |
| 1 | **실질적 기준설**은 공용침해의 실질적 내용, 즉 침해의 본질성 및 강도를 기준으로 하여 특별한 희생과 사회적 제약을 구별하려는 견해이다. 이에는 보호가치설, 수인한도설, 사적효용설, 목적위배설, 사회적 제약설, 상황 구속설 등이 있다(목 사 보 수 중 상 사). |
| 2 | **수용유사침해이론(收用類似侵害理論)**은 위법한 행위에 의해 재산권이 직접 침해된 경우에 수용에 준하여 손실보상을 하여야 한다는 법이론이다. |
| 2 | **희생보상청구제도(犧牲補償請求制度)**라 함은 행정기관의 적법한 공권력 행사에 의해 비재산적 법익(非財産的 法益)이 침해되어 발생한 손실(예방접종의 부작용으로 인한 손실)에 대한 보상제도이다. |
| **순서** | **손실보상의 일반법리** |
| 2 | **사업시행자보상원칙**이란 공익사업에 필요한 토지 등의 취득 또는 사용으로 인하여 토지소유자 또는 관계인이 입은 손실은 사업시행자가 이를 보상하여야 한다는 원칙이다. |
| 2 | **관계인**이란 사업시행자가 취득하거나 사용할 토지에 관하여 지상권·지역권·전세권·저당권·사용대차 또는 임대차에 따른 권리 또는 그 밖에 토지에 관한 소유권 외의 권리를 가진 자나 그 토지에 있는 물건에 관하여 소유권이나 그 밖의 권리를 가진 자를 말한다. |
| 1 | **완전보상설(完全補償設)**은 공용침해로 인하여 발생한 객관적 손실 전부를 보상하여야 한다는 견해이다. |
| 1 | **상당보상설(相當補償設)**은 정당한 보상이라 함은 피해이익의 성질 및 정도와 함께 침해행위의 공공성을 고려하여 보상이 행해질 당시의 사회통념에 비추어 사회적 정의의 관점에서 객관적으로 타당하다고 여겨지는 보상을 말한다고 보는 견해이다. |

| | |
|---|---|
| 1 | **개발이익**이란 공익사업 시행의 계획이나 시행이 공고 고시되어 토지소유자의 노력과 관계없이 지가가 상승하여 뚜렷하게 받은 이익으로 정상지가상승분을 초과하여 증가된 부분을 말한다(표준지 조사평가 기준 제3조 제2호). |
| 1 | **개발이익 배제**란 보상금액의 산정에 있어서 해당 공익사업으로 인하여 토지 등의 가격이 변동되었을 때에는 이를 고려하지 않는 것을 말한다(제67조 제2항). |
| 1 | **개발이익의 범위와 한계**<br>개발이익이 사회적으로 증가된 이익 전부인지, 해당 사업으로 인해서 증분된 부분인지가 문제가 되는데 대법원은 해당 사업과 관계없는 다른 사업의 시행으로 인한 개발이익은 이를 배제하지 않는 가격으로 평가해야 한다고 판시하고 있다. |
| 4 | **해당 공익사업의 계획 또는 시행의 공고 또는 고시**란 해당 공익사업의 사업인정고시일 전에 국가·지방자치단체 또는 사업시행자 등이 관계법령의 규정에 따라 해당 공익사업에 관한 계획 또는 시행을 일반 국민에게 공고 또는 고시한 것을 말한다. |
| 4 | **토지의 가격이 변동되었다고 인정되는 경우**는 도로, 철도 또는 하천 관련 사업을 제외한 사업으로서 ① 해당 공익사업의 면적이 20만 제곱미터 이상일 것, ② 해당 공익사업지구 안에 있는 표준지공시지가의 평균변동률과 평가대상토지가 소재하는 시 전체의 표준지공시지가 평균변동률과의 차이가 3퍼센트 포인트 이상일 것, ③ 해당 공익사업지구 안에 있는 표준지공시지가의 평균변동률이 평가대상토지가 속하는 시·군 또는 구 전체의 표준지공시지가 평균변동률보다 30퍼센트 이상 높거나 낮은 것에 해당되는 경우를 말한다. |
| 4 | **지역요인 비교**는 비교표준지가 있는 지역의 표준적인 획지의 최유효이용과 대상토지가 있는 지역의 표준적인 획지의 최유효이용을 판정·비교하여 산정한 격차율을 적용하되, 비교표준지가 있는 지역과 대상토지가 있는 지역의 표준적인 획지의 최유효이용상황은 모두 가격시점을 기준으로 한다. |
| 4 | **개별요인 비교**는 비교표준지의 최유효이용과 대상토지의 최유효이용을 판정·비교하여 산정한 격차율을 적용하되, 비교표준지는 공시기준일을 기준으로 하고, 대상토지는 가격시점을 기준으로 한다. 토지보상법 제70조 제1항에서 "그 밖에 해당 토지의 위치, 형성, 환경, 이용상황 등을 참작하여"라고 규정하여 개별요인을 종합적으로 고려하도록 하고 있다. |
| 4 | **일반적인 이용방법**이라 함은 토지가 속한 지역에서 인근 토지를 이용하는 사람들의 평균적인 이용방법을 말하며, **평균적인 이용**이라 함은 해당 토지가 통상적으로 이용할 것으로 기대되는 이용방법을 말한다. |
| 2 | **주관적 가치**라 함은 개인의 주관적 판단에 따라 재화의 효용을 측정한 가치를 말한다. 이에 반해 **객관적 가치**라 함은 사람의 주관적 의사와는 관계없이 결정되는 재화의 가치를 말한다. |

| | |
|---|---|
| 1 | **공법상 제한**이라 함은 공익목적을 위하여 공법상 토지 등 재산권에 대해 가해지는 토지 등 재산권의 사용·수익·처분에 대한 제한을 말한다. 그 제한사항은 일반적 제한과 개별적 제한이 있다. |
| 1 | **일반적 제한**이란 제한 그 자체로 목적이 완성되고 구체적 사업의 시행이 필요하지 않은 경우를 말한다. 그 예로는 『국토의 계획 및 이용에 관한 법률』에 의한 용도지역, 지구, 구역의 지정, 변경 기타 관계법령에 의한 토지이용계획 제한이 있다. |
| 1 | **개별적 제한**이란 그 제한이 구체적 사업의 시행을 필요로 하는 경우를 말한다. |
| 1 | **현황평가**란 취득하는 토지에 관한 평가는 가격시점에서의 현실적인 이용상황을 기준으로 하여야 한다는 것을 말한다. |
| 3 | **일시적 이용상황**이라 함은 관계법령에 의한 국가 또는 지방자치단체의 계획이나 명령 등에 의하여 해당 토지를 본래의 용도로 이용하는 것이 일시적으로 금지 또는 제한되어 그 본래의 용도 외의 다른 용도로 이용되고 있거나 해당 토지의 주위환경의 사정으로 보아 현재의 이용방법이 임시적인 것을 말한다(시행령 제38조). |
| 3 | **무허가건축물 등의 부지**라 함은 『건축법』 등 관계법령에 의하여 허가를 받거나 신고를 하고 건축 또는 용도변경을 하여야 하는 건축물을 허가를 받지 아니하거나 신고를 하지 아니하고 건축 또는 용도변경을 한 건축물의 부지를 말한다(시행규칙 제24조). |
| 3 | **토지의 형질변경**이란 절토·성토 또는 정지 등으로 토지의 형상을 변경하는 행위 (조성이 완료된 기존 대지 안에서 건축물과 그 밖에 공작물 설치를 위한 토지의 굴착행위는 제외한다)와 공유수면의 매립을 말한다. |
| 3 | **주거대책**이라 함은 피수용자가 종전과 같은 주거를 획득하는 것을 보장하는 보상을 말한다. 주거대책으로는 이주정착지의 조성과 분양, 이주정착금 지급, 주거이전비의 보상, 공영주택의 알선, 국민주택자금의 지원 등을 들 수 있다. |
| 3 | **이주대책**이란 공익사업의 시행으로 인하여 생활의 근거를 상실하게 되는 자(이하 '이주대책대상자'라 한다)를 종전과 같은 생활상태를 유지할 수 있도록 다른 지역으로 이주시키는 것을 말한다. 이주대책은 이주뿐만 아니라 생계대책이 포함되어야 한다. |
| 3 | **실시될 수 있는 이주대책**으로는 집단이주, 특별분양, 아파트수분양권의 부여, 개발제한구역 내 주택건축허가, 대체상가·점포·건축용지의 분양, 이주정착금 지급, 생활안정지원금 지급, 직업훈련 및 취업알선, 대토알선, 공장이전 알선 등이 있을 수 있다. |
| 3 | **생계대책**은 생활대책이라고도 하는데, 종전과 같은 경제수준을 유지할 수 있도록 하는 조치를 말한다. 생계대책으로는 생활비보상(이농비, 이어비 보상), 상업용지·농업용지 등 용지의 공급, 직업훈련, 고용 또는 고용 알선, 고용상담, 보상금에 대한 조세감면조치 등을 들 수 있다. |

| | |
|---|---|
| 4 | **정신적 손해의 의미**<br>민법에서는 불법행위에 의한 손해를 재산상·정신상 손해로 나누고 있다. 정신적 손해란 피해자가 느끼는 고통, 불쾌감 등 정신상태에 발생한 불이익이라고 한다. |
| 2 | **현금보상원칙**이란 손실보상은 현금으로 보상하여야 한다는 것으로, 그 취지는 현금의 자유로운 유통이 보장되고 객관적 가치의 변동이 적기 때문에 손실의 완전한 보상을 기하기 위함이다. |
| 2 | **채권보상**이라 함은 현금보상의 원칙에 대한 예외로서 채권(債券)으로 하는 손실보상을 말한다. 채권보상(債券補償)을 인정하게 된 것은 토지의 가격이 상당히 높기 때문에 보상을 위한 재정의 부족으로 인하여 공익사업을 수행하는 데 어려움이 있기 때문에 일정한 요건하에서 보상액을 채권으로 보상할 수 있도록 함으로써 공익사업의 원활한 수행을 도모하기 위함이다. |
| 2 | **대토보상(代土補償)**은 사업시행자의 손실보상금의 부담을 경감하고, 토지구입 수요를 줄임으로써 인근지역 부동산 가격의 상승을 억제할 수 있으며, 토지소유자가 개발혜택을 일정 부분 공유할 수 있도록 하는 기능을 갖는 제도이다. 대토보상은 현물보상의 하나로 유사토지 구입의 어려움을 해소해 주는 기능도 한다. |
| 2 | **개인별 보상원칙**이란 손실보상은 토지소유자나 관계인에게 개인별로 하여야 한다는 원칙을 말한다. 이 원칙은 개인의 권리보호에 있어서 대위주의보다 유용하기 때문에 인정되는 원칙이다.<br>대위 : 제삼자가 다른 사람의 법률적 지위를 대신하여 그가 가진 권리를 얻거나 행사하는 일 |
| 3 | **일괄보상**이란 사업시행자는 동일한 사업지역에 보상시기를 달리하는 동일인 소유의 토지 등이 여러 개 있는 경우 토지소유자 또는 관계인의 요구가 있는 때에는 한꺼번에 보상금을 지급하는 것을 말한다. 이는 보상액을 동시에 일괄지급함으로써 피보상자의 대토 구입을 용이하게 하기 위한 취지이다. |

| 순서 | 손실보상 특수문제 |
|---|---|
| 2 | **확장수용(擴張收用)**이라 함은 일정한 사유로 인하여 공익사업에 필요한 토지 이외의 토지를 수용하는 것을 말한다. 그리고 그에 따른 보상을 확장수용보상이라고 한다. |
| 2 | **종래목적**이라 함은 수용재결 당시에 해당 잔여지가 현실적으로 사용되고 있는 구체적인 용도를 의미한다. |

| | |
|---|---|
| 2 | **사용하는 것이 현저히 곤란한 때**라고 함은 물리적으로 사용하는 것이 곤란하게 된 경우는 물론 사회적·경제적으로 사용하는 것이 곤란하게 된 경우, 즉 절대적으로 이용 불가능한 경우만이 아니라 이용은 가능하나 많은 비용이 소요되는 경우를 포함한다. |
| 3 | **협의가 성립되지 아니한 경우**에 잔여지수용청구는 해당 사업의 공사완료일까지 하여야 한다. |
| 3 | **불법형질변경토지**란 관계법령에 의하여 허가나 승인을 받고 형질변경하여야 할 토지를 허가나 승인을 받지 아니하고 형질변경한 토지를 말한다. |
| 3 | **미지급용지**라 함은 공공사업용지로 이용 중에 있는 토지로서 보상이 완료되지 아니한 토지, 즉 종전에 시행된 공익사업의 부지로서 보상금이 지급되지 아니한 토지를 말한다. |
| 4 | **사도법상 사도**는 사도개설의 허가를 얻은 도로를 말한다. |
| 1 | **사실상 사도**는 사도법에 의한 사도 외의 도로로서 토지소유자가 자기 토지의 이익증진을 위하여 스스로 개설한 도로로서 도시계획으로 결정된 도로가 아닌 것을 말한다. 이때 자기 토지의 편익을 위하여 토지소유자가 스스로 설치하였는지의 여부는 인접 토지의 획지면적, 소유관계, 이용상태 등이나 개설경위, 목적 등에 의하여 객관적으로 판단하여야 한다(대판 1995.6.13, 94누14650). |
| 1 | **인근토지**라 함은 해당 도로부지가 도로로 이용되지 아니하였을 경우에 예상되는 표준적인 이용상황과 유사한 토지로서 해당 토지와 위치상으로 가까운 토지를 말한다. |
| 4 | **개간지**라 함은 임야, 하천부지, 도로부지, 공유수면 등의 토지에 대하여 형질변경, 토질, 토양의 증진, 시설, 공작물의 설치 등을 통하여 전, 답 또는 과수원 등의 농경지로 전환·이용되고 있는 토지를 말한다. 개간비 보상은 잔여지 공사비 등과 함께 실비변상적 보상으로 생활보상을 협의의 개념으로 파악할 때 재산권보상의 성격을 갖는다. |
| 5 | **송전선로**란 발전소 상호 간, 변전소 상호 간 또는 발전소와 변전소 간을 연결하는 전선로(통신용으로 전용하는 것은 제외한다)와 이에 속하는 전기설비를 말한다. |
| 5 | **지지물용지**는 철탑, 철주, 철근콘크리트주, 목주 또는 이와 유사한 시설물의 지지 또는 보호를 위하여 필요한 토지를 말한다. |
| 5 | **송전철탑**은 철골이나 철주를 소재로 한 탑으로서 송전선의 지지물로 사용되는 시설을 말한다. |
| 2 | **건축물**이라 함은 기둥과 벽, 지붕 등으로 이루어져 사람의 주거 및 기타 용도로 활용하는 건축물을 말하며 건축물의 부대시설 또는 건축설비 등도 건축물에 포함된다. |

| | |
|---|---|
| 2 | **무허가건축물**이라 함은 건축법 등 관계법령에 의하여 허가를 받거나 신고를 하고 건축 또는 용도변경을 하여야 하는 건축물을 허가나 신고 없이 건축 또는 용도변경한 건축물을 말한다(시행규칙 제24조). |
| 2 | **공작물**이란 손실보상과 관련하여서는 토지에 정착한 인위적인 힘이 가해진 구조물로서 건축물로 볼 수 없는 것으로 정의할 수 있다. |
| 4 | **표본추출방식**이란 입목의 수량이 방대하여 이를 낱낱이 세기가 곤란할 때 그 정도에 크게 차질이 없다고 인정되는 범위 안에서 표본을 선정하고, 그 단위면적에 의거하여 산출된 본수를 기준으로 산정하는 방식을 말한다. |
| 4 | **묘목**이란 모종으로 옮겨심기 위해 가꾼 어린 나무를 말한다. |
| 4 | **입목**은 '땅 위에 서 있는 산 나무'를 뜻한다. 입목의 평가에는 입목의 가치가 토지에 화체되어 일괄평가하는 경우와 별도로 평가하는 경우가 있다. 일반적으로 전자는 자연림의 경우에 해당하고, 후자는 조림된 용재림의 경우에 해당한다. |
| 4 | **농작물**이라 함은 농업생산에 의한 작물로서 벼, 보리, 배추, 무 등과 같은 1년생 작물 및 도라지, 작약, 인삼 등 다년생 작물을 포함한다. |
| 4 | **농작물보상**이란 농작물을 수확하기 전에 농경지를 수용 또는 사용함으로써 발생하는 손실을 보상하는 것이다. |
| 4 | **지하공간**이란 지표면을 경계로 하는 지표면 아래의 지중을 말하며, 그 깊이에 따라 천심도, 중심도, 대심도로 구분가능하다. 통상 지하공간에 대한 논의의 초점은 대심도에 두어져 있어 지하공간의 개념도 대심도를 의미하는 것으로 이해한다. |
| 3 | **보상협의회**는 보상업무에 관한 사항을 협의하기 위하여 시·군·구에 설치하는 합의제 행정기관을 말한다. |
| **순서** | **부동산가격공시법** |
| 3 | **부동산가격공시제도**라 함은 공시지가제도와 주택가격공시제도를 말한다. |
| 3 | **공시지가제(公示地價制)**라 함은 토지의 적정가격을 국가가 공시하고, 토지의 가격을 기초로 하여 행하는 행정에서 공시한 지가를 지가산정의 기준이 되도록 하는 제도를 말한다. |
| 2 | **공시지가**라 함은 국가에 의해 공시된 토지의 가격을 말한다. 공시지가를 넓은 의미로 사용할 때에는 표준지공시지가와 개별공시지가를 포함하지만, 좁은 의미로 사용할 때는 표준지공시지가를 의미한다. 통상 공시지가라 하면 표준지공시지가를 말한다. |
| 1 | **표준지공시지가(標準地公示地價)**라 함은 부공법의 규정에 의한 절차에 따라 국토교통부장관이 조사·평가하여 공시한 표준지의 단위면적당 가격을 말한다. |

| 2 | **적정가격**이라 함은 해당 토지에 대하여 통상적인 시장에서 정상적인 거래가 이루어지는 경우 성립될 가능성이 가장 높다고 인정되는 가격을 말한다. |
|---|---|
| 1 | **이의신청**이라 함은 위법·부당한 행정처분으로 인하여 그 권리·이익이 침해된 자의 청구에 의하여 처분청 자신이 이를 재심사하는 절차를 말한다. |
| 1 | **개별공시지가(個別公示地價)**라 함은 시장·군수 또는 구청장이 『개발이익환수에 관한 법률』에 의한 개발부담금의 부과 그 밖에 다른 법령이 정하는 목적을 위한 지가산정에 사용하도록 하기 위하여 매년 공시지가의 공시기준일 현재를 기준으로 결정·공시한 관할구역 안의 개별토지의 단위면적당 가격을 말한다(제11조 제1항). |
| 1 | **검증**이라 함은 시장·군수·구청장이 표준지공시지가를 기준으로 토지가격비준표를 사용하여 산정한 지가에 대하여 감정평가업자가 비교표준지의 선정, 토지특성조사의 내용 및 토지가격비준표의 적용 등의 타당성을 검토하여 산정지가의 적정성을 판별하고, 표준지공시지가, 인근 개별공시지가 및 전년도 개별공시지가와 균형 유지, 기타 지가변동률 등을 종합적으로 참작하여 적정한 가격을 제시하는 것을 말한다. |
| 2 | **정정제도**란 개별공시지가에 위산, 오기, 표준지의 선정착오 등 명백한 오류가 있는 경우에 이를 직권으로 정정해야 하는 제도를 말하며, 이는 정정에 대한 명시적 규정을 두어 책임문제로 인한 정정회피문제를 해소하고 불필요한 쟁송을 방지하여 행정의 능률화를 도모함에 취지가 있다. |
| 2 | **토지가격비준표**란 국토교통부장관이 행정목적상 지가산정을 위하여 필요하다고 인정하는 경우 작성하여 관계 행정기관에 제공하는 것으로서, 표준지와 지가산정대상 토지의 지가산정요인에 관한 표준적인 비교표이다. |
| 2 | **부동산가격공시위원회**란 부동산평가에 관한 사항 등을 심의하기 위한 필수기관으로서 국토교통부장관 소속하의 중앙부동산가격공시위원회와 시장·군수 또는 구청장 소속하의 시·군·구부동산가격공시위원회가 있다. |
| 4 | **표준주택가격**이라 함은 국토교통부장관이 공시법의 규정에 의한 절차에 따라 조사·평가하여 공시한 표준주택의 매년 공시기준일(원칙상 1월 1일) 현재의 적정가격을 말한다. |
| 4 | **표준주택**이라 함은 국토교통부장관이 용도지역, 건물구조 등이 일반적으로 유사하다고 인정되는 일단의 단독주택 중에서 선정하는 해당 일단의 단독주택을 대표할 수 있는 주택을 말한다. |
| 4 | **개별주택가격**이라 함은 시장·군수 또는 구청장이 매년 표준주택가격의 공시기준일 현재를 기준으로 결정·공시한 관할구역 안의 개별주택의 가격을 말한다. |

| | |
|---|---|
| 4 | **공동주택가격(표택, 개택과의 차이점 중심)**<br>**공동주택가격**이라 함은 국토교통부장관이 공동주택에 대하여 매년 공시기준일(원칙상 1월 1일) 현재의 적정가격(이하 '공동주택가격'이라 한다)을 조사·산정하고, 중앙부동산가격공시위원회의 심의를 거쳐 공시하는 가격을 말한다. 다만, 국세청장이 국토교통부장관과 협의하여 공동주택가격을 별도로 결정·고시하는 경우를 제외한다. |
| 4 | **비주거용 부동산가격**이라 함은 국토교통부장관이 공시법의 규정에 의한 절차에 따라 조사·평가하여 공시한 비주거용 부동산에 대한 매년 공시기준일(원칙상 1월 1일) 현재의 적정가격을 말한다. |
| 4 | **비주거용 표준부동산가격**이란 국토교통부장관이 용도지역, 이용상황, 건물구조 등이 일반적으로 유사하다고 인정되는 일단의 비주거용 일반부동산 중에서 선정한 비주거용 표준부동산에 대하여 매년 공시기준일 현재의 적정가격을 조사·산정하고, 중앙부동산가격공시위원회의 심의를 거쳐 이를 공시한 가격을 말한다. |
| 4 | **비주거용 개별부동산가격**이란 시장·군수 또는 구청장이 시·군·구부동산가격공시위원회의 심의를 거쳐 매년 비주거용 표준부동산가격의 공시기준일 현재 관할구역 안의 비주거용 개별부동산의 가격을 결정·공시하는 것을 말한다. |
| 4 | **비주거용 집합부동산가격**이란 국토교통부장관이 비주거용 집합부동산에 대하여 매년 공시기준일 현재의 적정가격을 조사·산정하여 중앙부동산가격공시위원회의 심의를 거쳐 공시하는 가격을 말한다. |
| 순서 | **감정평가 및 감정평가사에 관한 법률** |
| 5 | **토지평가사제도**는 기준지가의 조사·평가와 기준지가가 고시된 지역 안에서 매수 또는 수용할 토지 기타 권리를 평가하게 하기 위하여 건설부장관(현 국토교통부장관)의 면허를 받은 토지평가사 선발 자격제도를 말한다. |
| 5 | **공인감정사제도**는 감정의뢰인이나 일반 국민이 신뢰할 수 있는 감정평가제도 확립의 시대적 요청에 부응하기 위하여 재산의 감정평가에 필요한 사항을 규정하고, 그 경제적 가치를 정확하게 평가하며, 공정거래의 기초를 확립함으로써 국민경제의 발전에 기여함을 목적으로 1973년 제정되었다. |
| 1 | **감정평가사**란 타인의 의뢰에 의하여 토지 등의 경제적 가치를 판정하여 그 결과를 가액으로 나타내는 감정평가 업무를 직무로 하는 자를 말한다. |
| 1 | **토지 등**이라 함은 토지 및 그 정착물, 동산 그 밖에 대통령령이 정하는 재산과 이들에 관한 소유권 외의 권리를 말한다. |
| 1 | **감정평가사 자격등록**이란 감정평가사 자격이 있는 자가 감정평가업무를 하려는 경우에 국토교통부장관에게 등록하는 것을 말한다. |
| 2 | **갱신등록**이란 감정평가사자격의 갱신등록은 자격등록을 한 후, 종전 등록의 효과를 유지하기 위하여 5년에 한 번씩 등록을 갱신하는 것을 말한다. |

| | |
|---|---|
| 1 | **감정평가사에 대한 징계**란 감정평가사가 감평사법이 규정하는 징계사유 중 어느 하나의 사유에 해당하는 경우에 감정평가사징계위원회의 의결에 따라 국토교통부장관에 의해 과해지는 제재를 말한다. |
| 1 | **감정평가법인등**이라 함은 감정평가사무소 개설을 한 감정평가사와 인가를 받은 감정평가법인을 말한다. |
| 1 | **감정평가업**이라 함은 타인의 의뢰에 의하여 일정한 보수를 받고 토지 등의 감정평가를 업으로 행하는 것을 말한다. |
| 2 | **법적 지위**란 법률관계에서 주체 또는 객체로서 갖는 권리와 의무로 나타낸다. 감정평가법인등은 부동산의 감정평가와 관련하여 권리의무·책임의 주체 또는 객체가 된다고 할 것이다. |
| 2 | **감정평가권**이란 토지 등의 경제적 가치를 감정평가할 수 있는 권한을 말한다. |
| 2 | **손해배상책임**이라 함은 감정평가업자가 타인의 의뢰에 의하여 감정평가를 함에 있어서 고의 또는 과실로 감정평가 당시의 **적정가격**과 현저한 차이가 있게 감정평가하거나, 감정평가서류에 거짓의 기재를 함으로써 감정평가 의뢰인이나 선의의 제3자에게 손해를 발생하게 한 때에 감정평가법인등이 그 손해를 배상하는 것을 말한다. |
| 2 | **과징금**은 행정법상 의무위반 행위로 얻은 경제적 이익을 박탈하기 위한 금전상 재재금을 말한다. 과징금은 의무이행확보수단으로 가해지는 점에서 의무위반에 대한 벌인 과태료와 구별된다. |
| 2 | **감정평가사법상 과징금**은 계속적인 공적업무수행을 위하여 업무정지처분에 갈음하여 부과되는 것으로 변형된 과징금에 속한다. |

# 감정평가 및 보상법규
# 미니법전

# 제1장 총칙

## 제1조(목적)

공익사업 필요한 토지 등 → 협의 또는 수용 취득/사용 + 손실보상 규정
공익사업의 효율적인 수행 + 공공복리의 증진 + 재산권의 적정한 보호를 도모

## 제2조(정의)

1. "토지 등" : 토지·물건 및 권리
2. "공익사업" : 제4조 해당 사업
3. "사업시행자" : 공익사업 수행하는 자
4. "토지소유자" : 토지의 소유자
5. "관계인" : 토지에 관하여 지상권·지역권·전세권·저당권·사용대차 또는
   임대차에 따른 권리 또는 그 밖에 토지에 관한 소유권 외의 권리를 가진 자나
   그 토지에 있는 물건에 관하여 소유권이나 그 밖의 권리를 가진 자(다만, 사
   업인정의 고시 후 권리를 취득한 자는 기존 권리를 승계한 자)
6. "가격시점" : 보상액 산정의 기준일
7. "사업인정" : 공익사업을 토지 등을 수용하거나 사용할 사업으로 결정하는 것

> 시행규칙 제2조(정의)
> 1. "대상물건" : 평가대상인 토지·물건 및 권리
> 2. "지장물" : 토지에 정착한 건축물·작물·시설·입목·죽목 및 농작물 그 밖의
>    물건 중에서 해당 공익사업의 수행을 위하여 직접 필요하지 아니한 물건
> 3. "이전비" : 대상물건의 유용성을 동일하게 유지하면서 이를 해당 공익사업시행지구
>    밖의 지역으로 이전·이설 또는 이식하는 데 소요되는 비용(물건의 해체비, 건축허
>    가에 일반적으로 소요되는 경비를 포함한 건축비와 적정거리까지의 운반비를 포함
>    하며, 「건축법」 등 관계법령에 의하여 요구되는 시설의 개선에 필요한 비용을 제외
>    한다)

**관련판례**

1. 사인에게 사용수용이 인정될 수 있는가?
   사업주체가 아닌 사업의 공공성과 독점성을 인정할 수 있는가의 여부로써 정해야
   한다(대판 1971.10.22, 71다1716).

2. 토지에 정착한 물건에 대한 소유권 그 밖의 권리를 가지 관계인의 범위
   거래관념상 토지와 별도로 취득 또는 사용의 대상이 되는 정착물에 대한 소유권이나
   수거·철거권 등 실질적 처분권을 가진 자도 포함된다(대판 2009.2.12, 2008다76112).

3. 수용제도 본질상의 제한
   수용할 목적물의 범위는 원칙적으로 사업을 위하여 필요한 최소한도에 그쳐야 하므로
   그 한도를 넘는 부분은 수용대상이 아니므로 그 부분에 대한 수용은 위법하다(대판
   1994.1.11, 93누8108).


## 제3조(적용 대상) 토지·물건 및 권리

1. 토지 및 이에 관한 소유권 외의 권리
2. 토지와 함께 공익사업을 위하여 필요한 입목(立木), 건물, 그 밖에 토지에 정
   착된 물건 및 이에 관한 소유권 외의 권리
3. 광업권·어업권·양식업권 또는 물의 사용에 관한 권리
4. 토지에 속한 흙·돌·모래 또는 자갈에 관한 권리


## 제4조(공익사업)

1. 국방·군사에 관한 사업
2. 관계 법률에 따라 허가·인가·승인·지정 등을 받아 공익을 목적으로 시행
   하는 철도·도로사업 등
3. 국가나 지방자치단체가 설치하는 청사·공장·연구소 등 공공용 시설에 관
   한 사업
4. 관계 법률에 따라 허가·인가·승인·지정 등을 받아 공익을 목적으로 시행
   하는 학교·도서관·박물관 및 미술관 건립에 관한 사업
5. 국가, 지방자치단체, 공공기관, 국가나 지방자치단체가 지정한 자가 임대나 양
   도의 목적으로 시행하는 주택 건설 또는 택지 및 산업단지 조성에 관한 사업
6. 제1호부터 제5호까지의 사업을 시행하기 위하여 필요한 통로, 교량, 전선로,
   재료 적치장 또는 그 밖의 부속시설에 관한 사업

7. 제1호부터 제5호까지의 사업을 시행하기 위하여 필요한 주택, 공장 등의 이주단지 조성에 관한 사업
8. 별표에 규정된 사업

### 제4조의2(토지 등의 수용·사용에 관한 특례의 제한)

① 보상법에 따라서만 수용·사용 가능
② 별표는 다른 법률로 개정할 수 없다.
③ 국토교통부장관은 별표 규정사업의 공공성, 수용의 필요성 등을 5년마다 재검토하여 폐지, 변경 또는 유지 등을 위한 조치를 하여야 한다.

### 제4조의3(공익사업 신설 등에 대한 개선요구 등)

중앙중토위는 공익사업의 신설, 변경 및 폐지 등을 관계 중앙행정기관의 장에게 개선 요구 및 의견제출 가능(정당한 사유 없는 한 이를 반영해야 함)

### 제5조(권리·의무 등의 승계)

사업시행자, 토지소유자 및 관계인의 권리·의무 승계

### 제6조(기간의 계산방법 등)

기간의 계산방법은 「민법」에 따름
통지(서면원칙 단, 장해물제거 통지는 말로 할 수 있음) 및 서류의 송달(교부 및 특별송달(배달결과를 발송인에게 통지))

### 제7조(대리인)

사업인정의 신청, 재결(裁決)의 신청, 의견서 제출 시 변호사 등 대리인(대리인은 서면으로 그 권한을 증명) 선정 가능

### 제8조(서류의 발급신청)

사업시행자는 필요한 서류의 발급을 국가나 지방자치단체에 신청 – 국가, 지방자치단체는 해당 서류를 발급

# 제2장 공익사업의 준비

## 제9조(사업 준비를 위한 출입의 허가 등)

① 사업시행자는 공익사업 준비 위해 타인토지에 출입/측량/조사 가능

② 특별자치도지사, 시장·군수 또는 구청장(이하 '도시군구') 허가필요(국가, 지단은 허가불요)

③ 사업시행자, 사업의 종류와 출입할 토지의 구역 및 기간을 공고하고 토지점유자에게 통지

④ 사업시행자는 측량·조사함으로써 발생하는 손실을 보상

⑤ 손실이 있음을 안 날부터 1년/손실이 발생한 날부터 3년이 지난 후에는 청구 ×

⑥ 사업시행자와 손실을 입은 자가 협의/결정

⑦ 협의 불성립 시 사업시행자/손실을 입은 자는 토수위에 재결 신청 가능

## 제10조(출입의 통지)

① 출입하려는 날의 5일 전까지 그 일시 및 장소를 특별자치도지사, 시장·군수 또는 구청장에게 통지하면 도시군구는 출입내용을 공고하고 그 토지점유자에게 통지

③ 해가 뜨기 전/해가 진 후에는 토지점유자의 승낙 없이 그 주거(住居)나 경계표·담 등으로 둘러싸인 토지에 출입할 수 없다.

## 제11조(토지점유자의 인용의무)

정당한 사유 없이 출입·측량 또는 조사 방해 못한다.

## 제12조(장해물 제거 등)

①② 측량 또는 조사 시 + 장해물 제거필요 시 + 소유자 및 점유자 동의/미동의 시는 도시군구 허가받고(허가 시 소유자 및 점유자의 의견청취) 제거(도시군구는 허가불요)

③ 장해물 제거 등을 하려는 날의 3일 전까지 그 소유자 및 점유자에게 통지(구두로도 가능)

④ 장해물 제거함으로써 발생하는 손실 보상
⑤ 제9조 제5항부터 제7항까지 준용

### 제13조(증표 등의 휴대)

타인토지 출입 및 장해물 제거 시 허가증 휴대 + 소유자 및 점유자, 그 밖의 이해관계인에게 보여줘야 한다.

# 제3장 협의에 의한 취득 또는 사용

### 제14조(토지조서 및 물건조서의 작성)

사업시행자는 지적도 또는 임야도에 대상 물건인 토지를 표시한 용지도(用地圖)를 기본으로 하여 토지조서와 물건조서 작성하고 토지소유자 관계인의 서명/날인을 받아야 한다.
(정당한 사유 없이 서명 또는 날인을 거부, 토지소유자 및 관계인을 알 수 없거나 그 주소・거소를 알 수 없는 등의 사유로 서명 또는 날인을 받을 수 없는 경우에는 사유를 기재)

### 제15조(보상계획의 열람 등)

①② 보상계획(보상의 시기・방법 및 절차, 토지물건조서 등)을 일간신문에 공고(토지소유자와 관계인이 20인 이하인 경우에는 공고생략 가능) + 토지소유자 및 관계인에게 각각 통지 + 일반인이 14일 이상 열람할 수 있도록 함
③ 조서에 이의(異議)가 있는 토지소유자 또는 관계인은 열람기간 내에 사업시행자에게 이의제기 가능. 다만, 사업시행자가 고의 또는 과실로 소유자 등에게 미통지한 경우에는 제16조에 따른 협의 완료 전까지 이의제기 가능
④ 사업시행자는 이의를 부기(附記)하고 그 이의가 이유 있다고 인정할 때에는 적절한 조치를 하여야 함

## 제16조(협의)

성실하게 협의(특별한 사유가 없으면 30일 이상)

> **사업인정 전 협의의 법적성질 및 협의취득과 정당보상**
> 협의취득 또는 보상합의는 공공기관이 사경제주체로서 행하는 사법상 매매 내지 사법상
> 계약의 실질을 가지므로 당사자 간의 합의로 같은 법 소정의 손실보상의 기준에 의하지
> 아니한 매매대금을 정할 수도 있으며 …(대판 2000.8.22, 98다60422)

## 제17조(계약의 체결)

협의성립 시 계약 체결(계약의 해지 또는 변경에 관한 사항/보상액의 환수 및
원상복구 등에 관한 사항 포함)

## 제18조 삭제

# 제4장 수용에 의한 취득 또는 사용

## 제1절 수용 또는 사용의 절차

### 제19조(토지 등의 수용 또는 사용)

① 이 법에서 정하는 바에 따라 토지 등을 수용/사용
② 공익사업에 수용되거나 사용되고 있는 토지 등은 특별히 필요한 경우가 아니
　면 다른 공익사업을 위하여 수용하거나 사용할 수 없다.

> **공물의 수용가능성**
> ① 지방문화재로 지정된 토지가 수용의 대상이 될 수 없다고 볼 수는 없다(대판 1996.4.26,
> 95누13241). ② 공익사업의 시행자가 구 국유림의 경영 및 관리에 관한 법률이 정한
> 요존국유림을 철도사업 등 공익사업을 위한 토지 등의 취득 및 보상에 관한 법률에 의한
> 공익사업에 사용할 필요가 있는 경우, 구 국유림의 경영 및 관리에 관한 법률에서 정하는
> 절차와 방법에 따르지 아니한 채, 공익사업을 위한 토지 등의 취득 및 보상에 관한 법률에
> 따른 재결을 통해 요존국유림의 소유권이나 사용권을 취득할 수 없다(대판 2018.11.29,
> 2018두51904).

## 제20조(사업인정)

사업시행자는 토지 등을 수용/사용하려면 국토교통부장관으로부터 사업인정 받아야 한다.

**관련판례**

1. 사업인정의 법적성질
   (1) 처분성(형성처분)
   사업인정은 <u>수용권을 설정해 주는 행정처분</u>으로서, 이에 따라 <u>수용할 목적물의 범위가 확정</u>되고, 수용권자가 목적물에 대한 현재 및 장래의 권리자에게 대항할 수 있는 공법상 권한이 생긴다(대판 2019.12.12, 2019두47629).

   (2) 재량행위성
   해당 사업이 비록 토지를 수용할 수 있는 사업에 해당된다 하더라도 행정청으로서는 그 사업이 공용수용을 할 만한 <u>공익성이 있는지의 여부를 모든 사정을 참작하여 구체적으로 판단하여야</u> 하는 것이므로 사업인정의 여부는 <u>행정청의 재량</u>에 속한다(대판 1992.11.13, 92누596).

2. 사업인정의 요건(공공성(사업자 입증책임) 및 사업자의 의사와 능력)
   ① 해당 사업이 외형상 토지 등을 수용 또는 사용할 수 있는 사업에 해당한다고 하더라도 사업인정기관으로서는 그 사업이 공용수용을 할 만한 공익성이 있는지의 여부와 공익성이 있는 경우에도 그 사업의 내용과 방법에 관하여 <u>사업인정에 관련된 자들의 이익을 공익과 사익 사이에서는 물론, 공익 상호간 및 사익 상호간에도 정당하게 비교·교량하여야</u> 하고, 그 비교·교량은 비례의 원칙에 적합하도록 하여야 한다.
   ② 그뿐만 아니라 해당 공익사업을 수행하여 공익을 실현할 의사나 능력이 없는 자에게 타인의 재산권을 공권력적·강제적으로 박탈할 수 있는 수용권을 설정하여 줄 수는 없으므로, 사업시행자에게 해당 <u>공익사업을 수행할 의사와 능력이 있어야 한다</u>는 것도 사업인정의 한 요건이라고 보아야 한다(대판 2019.2.28, 2017두71031; 대판 2011.1.27, 2009두1051).
   ③ 공공필요성은 수용에 따른 상대방의 재산권침해를 정당화할 만한 공익의 존재가 쌍방의 이익의 비교형량의 결과로 입증되어야 하며, 그 <u>입증책임은 사업시행자</u>에게 있다(대판 2005.11.10, 2003두7507).

3. 사업인정의 효력
   사업인정은 <u>수용권을 설정해 주는 행정처분</u>으로서, 이에 따라 <u>수용할 목적물의 범위가 확정</u>되고, <u>수용권자가 목적물에 대한 현재 및 장래의 권리자에게 대항할 수 있는 공법상 권한</u>이 생긴다(대판 2019.12.12, 2019두47629).

4. 사업인정과 재결의 하자승계
① 사업인정에 있어서 이해관계자의 의견을 듣지 아니하였거나, 토지소유자에 대한 통지를 하지 아니하였거나 토지세목의 고시를 누락한 절차상의 위법은 취소사유에 불과하고 사업인정 자체가 당연무효라고 할 수 없고, 이러한 하자는 수용재결의 선행처분인 사업인정단계에서 다투어야 할 것이므로 쟁송기간이 도과한 이후에 위와 같은 하자를 이유로 수용재결의 취소를 구할 수 없다(대판 2000.10.13, 2000두 5142; 대판 1988.12.27, 87누1141; 대판 1993.6.29, 91누2342).
② 실시계획의 인가 요건을 갖추지 못한 인가처분은 공공성을 가지는 도시계획시설사업의 시행을 위하여 필요한 수용 등의 특별한 권한을 부여하는 데 정당성을 갖추지 못한 것으로서 법규의 중요한 부분을 위반한 중대한 하자가 있다(대판 2015.3.20, 2011두3746). 이에 기초한 재결의 무효를 주장할 수 있다.

## 제21조(협의 및 의견청취 등)

① 국토교통부장관은 관계 중앙행정기관의 장 및 시·도지사 및 중토위와 협의 + 사업인정에 이해관계가 있는 자의 의견청취
② 의제사업도 중토위와 협의 + 이해관계가 있는 자의 의견청취
③ 중토위는 사업인정에 이해관계가 있는 자에 대한 의견 수렴 절차 이행 여부, 허가·인가·승인대상 사업의 공공성, 수용의 필요성, 해당 공익사업이 근거 법률의 목적, 상위 계획 및 시행 절차 등에 부합하는지 여부와 사업시행자의 재원 및 해당 공익사업의 근거 법률에 따른 법적 지위 확보 등 사업수행능력 여부를 검토
⑤ 중토위는 30일 이내에 의견제시(한 차례 30일 범위에서 그 기간 연장 가능)
⑦ 중토위가 제5항에서 정한 기간 내에 의견을 제시하지 아니하는 경우에는 협의가 완료된 것으로 본다.

## 제22조(사업인정의 고시)

사업인정 시 토지소유자 및 관계인, 관계 시·도지사에게 통지 + 사업시행자의 성명이나 명칭, 사업의 종류, 사업지역 및 수용하거나 사용할 토지의 세목을 관보에 고시(고시한 날부터 효력 발생)

## 제23조(사업인정의 실효)

사업인정의 고시일부터 1년 이내에 재결 미신청 시 사업인정고시일부터 1년이

되는 날의 다음 날에 사업인정은 그 효력을 상실 + 실효로 인한 손실보상에 관하여는 제9조 제5항부터 제7항까지의 규정 준용

## 제24조(사업의 폐지 및 변경)

① 사업인정고시가 된 후 사업의 전부 또는 일부 폐지/변경함으로 토지 등의 전부 또는 일부를 수용하거나 사용할 필요가 없게 되었을 때에는 시·도지사에게 신고하고, 토지소유자 및 관계인에게 이를 통지하여야 한다.

② 시·도지사는 폐지되거나 변경된 내용을 관보 고시(고시일부터 효력 상실) + 국토교통부장관에게 보고

⑦ 사업의 전부 또는 일부를 폐지·변경함으로 인하여 토지소유자 또는 관계인이 입은 손실을 보상

⑧ 제9조 제5항부터 제7항까지의 규정 준용

## 제24조의2(사업의 완료)

① 사업이 완료 시 지체없이 사업시행자의 성명이나 명칭, 사업의 종류, 사업지역, 사업인정고시일 및 취득한 토지의 세목을 사업지역을 관할하는 시·도지사에게 신고 + 시·도지사는 관보에 고시하여야 한다.

## 제25조(토지 등의 보전)

사업인정고시가 된 후에는 누구든지 형질 변경 × + 물건을 손괴/수거 ×
건축물의 건축·대수선, 공작물(工作物)의 설치 또는 물건의 부가(附加)·증치(增置)는 도시군구 허가 필요/허가없이 하는 경우 원상회복해야 하고 손실보상 ×

## 제26조(협의 등 절차의 준용)

사업인정 이전에 협의성립되지 않고 사업인정을 받은 사업으로서 토지/물건조서의 내용에 변동이 없을 때에는 협의생략 가능(다만, 사업시행자나 토지소유자 및 관계인이 제16조에 따른 협의를 요구할 때에는 협의하여야 한다)

## 제27조(토지 및 물건에 관한 조사권 등)

① 사업인정 후에는 허가 없이 타인토지나 물건에 출입하여 측량 조사 가능(출입하려는 날의 5일 전까지 그 일시 및 장소를 토지점유자에게 통지)

③ 토지조서 및 물건조서의 내용에 대하여 이의를 제기할 수 없다(조서의 내용이 진실과 다른 경우는 가능).
④⑤ 측량·조사함으로써 발생하는 손실보상에 관하여는 제9조 제5항부터 제7항까지의 규정 준용

## 제28조(재결의 신청)

협의불성립 시 사업시행자는 사업인정고시가 된 날부터 1년 이내에 토수위에 재결 신청

## 제29조(협의성립의 확인)

① 협의성립 시 사업시행자는 재결 신청기간 이내에 해당 토지소유자 및 관계인의 동의를 받아 토수위에 협의성립의 확인을 신청 가능
③ 「공증인법」에 따른 공증을 받아 제1항에 따른 협의성립의 확인을 신청하였을 때에는 관할 토수위가 이를 수리함으로써 협의성립이 확인된 것으로 본다.
④ 확인은 이 법에 따른 재결로 보며, 사업시행자, 토지소유자 및 관계인은 그 확인된 협의의 성립이나 내용을 다툴 수 없다.

> **관련판례**
>
> 협의성립확인 시 진정한 소유자의 동의
> 공익사업을 위한 토지 등의 취득 및 보상에 관한 법률 제29조 제3항에 따른 협의성립의 확인 신청에 필요한 동의의 주체인 토지소유자는 협의 대상이 되는 '토지의 진정한 소유자'를 의미한다(대판 2018.12.13, 2016두51719).

## 제30조(재결 신청의 청구)

① 협의불성립 시 서면으로 사업시행자에게 재결을 신청할 것을 청구(직접 제출 또는 등기우편)
② 사업시행자는 청구를 받은 날부터 60일 이내에 관할 토수위에 재결을 신청하여야 한다.
③ 60일을 넘겨서 재결을 신청하였을 때에는 그 지연된 기간에 대하여 「소송촉진 등에 관한 특례법」 제3조에 따른 법정이율을 적용하여 산정한 금액을 관할 토수위에서 재결한 보상금에 가산(加算)하여 지급하여야 한다.

관련판례

1. 재결신청청구권의 취지 및 사업시행자에게만 재결신청권을 부여한 타당성

    토지수용법이 제25조의3의 각 항으로 토지소유자 및 관계인에게 재결 신청의 청구권을 부여한 이유는, 시행자는 사업인정의 고시 후 1년 이내(재개발사업은 그 사업의 시행기간 내)에는 언제든지 재결을 신청할 수 있는 반면에 토지소유자 및 관계인은 재결신청권이 없으므로, 수용을 둘러싼 법률관계의 조속한 확정을 바라는 토지소유자 및 관계인의 이익을 보호하고 수용 당사자 간의 공평을 기하기 위한 것이다(대판 1997.10.24, 97다31175). 같은 법 제25조의3 제3항의 가산금 제도의 취지는 위 청구권의 실효를 확보하자는 것이다(대판 1993.8.27, 93누9064). ·

2. 재결신청청구 기간

    ① 수용에 관한 협의기간이 정하여져 있더라도 협의의 성립가능성 없음이 명백해졌을 때와 같은 경우에는 굳이 협의기간이 종료될 때까지 기다리게 하여야 할 필요성도 없는 것이므로 협의기간 종료 전이라도 기업자나 그 업무대행자에 대하여 재결신청의 청구를 할 수 있는 것으로 보아야 하며, 다만 그와 같은 경우 토지수용법 제25조의3 제2항에 의한 2월의 기간은 협의기간 만료일로부터 기산하여야 한다(대판 1993.7.13, 93누2902).

    ② 도시계획사업 시행자가 사업실시계획인가 고시 후 상당기간이 경과하도록 협의대상 토지소유자에게 협의기간을 통지하지 않았다면 토지소유자로서는 토지수용법 제25조의3 제1항에 따라 재결신청의 청구를 할 수 있다고 판시한 바 있다(대판 1993.8.27, 93누9064).

    ③ 사업시행자가 보상협의요청서에 기재한 협의기간이 종료하기 전에 토지소유자 및 관계인이 재결신청의 청구를 하였으나 사업시행자가 협의기간이 종료하기 전에 협의기간을 연장한 경우, 구 공익사업을 위한 토지 등의 취득 및 보상에 관한 법률 제30조 제2항에서 정한 60일 기간의 기산 시기는 당초의 협의기간 만료일이다(대판 2012.12.27, 2010두9457).

3. 재결신청청구 거부 및 부작위에 대한 권리구제

    (1) 사업시행자가 재결신청을 거부하거나 부작위 시 소송을 통한 이행가능성(적극)

    토지의 소유자가 토지상의 지장물에 대하여 재결신청을 청구하였으나, 그중 일부에 대해서는 사업시행자가 손실보상대상에 해당하지 않아 재결신청대상이 아니라는 이유로 수용재결신청을 거부하면서 보상협의를 하지 않은 사안에서, 사업시행자가 수용재결신청을 거부하거나 보상협의를 하지 않으면서도 아무런 조치를 취하지 않은 것은 공익사업을 위한 토지 등의 취득 및 보상에 관한 법률에서 정한 재결신청청구 제도의 취지에 반하여 위법하다(대판 2011.7.14, 2011두2309 [보상제외처분취소등]).

(2) 재결신청청구 거부처분의 처분성 부정(대판 2014.7.10, 2012두22966)

문화재청장이 토지조서 및 물건조서를 작성하는 등 위 토지에 대하여 구 공익사업법에 따른 <u>수용절차를 개시한 바 없으므로</u>, 갑에게 문화재청장으로 하여금 관할 토지수용위원회에 <u>재결을 신청할 것을 청구할 법규상의 신청권이 인정된다고 할 수 없어</u>, 위 회신은 항고소송의 대상이 되는 거부처분에 해당하지 않는다.

(3) 재결신청청구 신청기한(대판 2019.8.29, 2018두57865)

한국수자원공사가 한국수자원공사법에 따른 사업을 수행하기 위하여 토지 등을 수용 또는 사용하고자 하는 경우에 <u>재결신청은 실시계획을 승인할 때 정한 사업의 시행기간 내에 하여야</u> 하므로, 토지소유자나 관계인이 토지보상법 제30조에 의하여 한국수자원공사에 하는 재결신청의 청구도 위 사업시행기간 내에 하여야 한다고 봄이 타당하다(대판 1996.4.23, 95누15551 참조).

## 4. 재결신청 지연가산금 다툼

(1) 지연가산금에 대한 다툼 수단

토지보상법에서는 지연가산금은 토지수용위원회가 재결서에 기재하여야 하며 수용보상금과 함께 수용재결로 정하도록 규정하고 있으므로, <u>지연가산금에 대한 불복은 수용보상금의 증액에 관한 소에 의하여야 한다</u>(대판 1997.10.24, 97다31175).

(2) 가산금 산정 기산일(지연가산금과 구별해야 함, 소송지연에 따른 법정 가산금임)

수용재결에서 인정된 가산금에 관하여 <u>재결서 정본을 받은 날부터 판결일까지의 기간에 대하여</u> 소송촉진 등에 관한 특례법 제3조에 따른 <u>법정이율을 적용하여 산정한 가산금을 지급할</u> 의무가 있다고 본 원심판단을 수긍한 사례(대판 2019.1.17, 2018두54675)

(3) 재결실효 후 재신청의 경우

재결실효 후 60일 내에 재결신청을 하지 않았으나 <u>재결신청을 지연하였다고 볼 수 없는 특별한 사정이 있는 경우에는 해당 기간 지연가산금이 발생하지 않는다.</u> 재결실효 후 토지소유자 등과 사업시행자가 보상협의절차를 다시 하기로 합의한 데 따라 협의가 진행된 기간이 그와 같은 경우에 속한다(대판 2017.4.7, 2016두63361).

## 제31조(열람)

토수위는 재결신청서를 접수하였을 때에는 지체 없이 이를 공고하고, 공고한 날부터 14일 이상 관계 서류의 사본을 일반인이 열람할 수 있도록 하여야 한다.
+ 열람기간 중에 토지소유자 또는 관계인은 의견을 제시 가능

## 제32조(심리)

열람기간 후 지체 없이 심리 + 필요시 사업시행자, 토지소유자 및 관계인을 출석시켜 그 의견 진술 가능

## 제33조(화해의 권고)

① 재결 전에 화해 권고 가능
②③ 화해 성립 시 화해조서 작성 + 서명/날인(서명 또는 날인이 된 경우에는 당사자 간에 화해조서와 동일한 내용의 합의가 성립된 것으로 본다)

## 제34조(재결)

재결서에는 주문 및 그 이유와 재결일을 적고, 위원장 및 회의 참석 위원 기명날인 후 그 정본을 사업시행자, 토지소유자 및 관계인에게 송달

**관련판례**

1. 재결의 법적 성질(형성행위 및 기속행위)
   ① 수용재결은 일정한 법률효과의 발생을 목적으로 하는 행정처분이므로 수용재결처분이 무효인 경우에는 재결 자체에 대한 무효확인을 소구할 수 있다(대판 1993.4.27, 92누15789).
   ② 토지수용위원회는 행정쟁송에 의하여 사업인정이 취소되지 않는 한 그 기능상 사업인정 자체를 무의미하게 하는, 즉 사업의 시행이 불가능하게 되는 것과 같은 재결을 행할 수는 없다(대판 1994.11.11, 93누19375).

2. 재결신청의 요건
   ① 사업시행자와 토지소유자 및 관계인 사이의 협의 불성립은 재결신청의 요건이다. 사업시행자와 토지소유자 및 관계인과 적극적으로 협의가 이루어지지 아니한 경우는 물론이고, 사업시행자의 과실없이 토지소유자 등을 알 수 없는 때, 또는 토지소유자 등은 알더라도 주소를 알 수 없는 때에는 그들과 협의를 하지 아니하고 재결을 신청할 수 있다(대판 1971.5.24, 70다1459).
   ② 또한, 토지소유자 등이 손실보상대상에 해당한다고 주장하며 보상을 요구하는데도 사업시행자가 손실보상대상에 해당하지 아니한다며 보상대상에서 이를 제외한 채 협의를 하지 않아 결국 협의가 성립하지 않은 경우도 포함된다고 보아야 한다(대판 2011.7.14, 2011두2309).

### 3. 재결의 효력

수용의 효과는 수용목적물의 소유자가 누구임을 막론하고 이미 가졌던 소유권이 소멸함과 동시에 기업자가 완전하고 확실하게 그 권리를 취득한다(대판 1971.6.22, 71다873).

### 4. 재결서의 구체성

관할 토지수용위원회가 토지에 관하여 사용재결을 하는 경우, 재결서에 사용할 토지의 위치와 면적, 권리자, 손실보상액, 사용 개시일 외에 사용방법, 사용기간을 구체적으로 특정하여야 하는지 여부(적극)

공익사업을 위한 토지 등의 취득 및 보상에 관한 법령이 재결을 서면으로 하도록 하고, '사용할 토지의 구역, 사용의 방법과 기간'을 재결사항의 하나로 규정한 취지는, 재결에 의하여 설정되는 사용권의 내용을 구체적으로 특정함으로써 재결 내용의 명확성을 확보하고 재결로 인하여 제한받는 권리의 구체적인 내용이나 범위 등에 관한 다툼을 방지하기 위한 것이다. 따라서 관할 토지수용위원회가 토지에 관하여 사용재결을 하는 경우에는 재결서에 사용할 토지의 위치와 면적, 권리자, 손실보상액, 사용 개시일 외에도 사용방법, 사용기간을 구체적으로 특정하여야 한다(대판 2019.6.13, 2018두42641).

### 5. 수용권 남용

공용수용은 헌법상의 재산권 보장의 요청상 불가피한 최소한에 그쳐야 한다는 헌법 제23조의 근본취지에 비추어 볼 때, 사업시행자가 사업인정을 받은 후 그 사업이 공용수용을 할 만한 공익성을 상실하거나 사업인정에 관련된 자들의 이익이 현저히 비례의 원칙에 어긋나게 된 경우 또는 사업시행자가 해당 공익사업을 수행할 의사나 능력을 상실하였음에도 여전히 그 사업인정에 기하여 수용권을 행사하는 것은 수용권의 공익목적에 반하는 수용권의 남용에 해당하여 허용되지 않는다(대판 2011.1.27, 2009두1051).

### 6. 권한남용금지의 원칙

사업시행자가 사업인정을 받은 후 그 사업이 공용수용을 할 만한 공익성을 상실하거나 사업인정에 관련된 자들의 이익이 현저히 비례의 원칙에 어긋나게 된 경우 또는 사업시행자가 해당 공익사업을 수행할 의사나 능력을 상실하였음에도 여전히 그 사업인정에 기하여 수용권을 행사하는 것은 수용권의 공익목적에 반하는 수용권의 남용에 해당하여 허용되지 않는다(대판 2011.1.27, 2009두1051).

### 7. 하자있는 조서가 재결에 미치는 효력(=조서의 하자가 재결의 독자적 위법사유인지)

토지수용을 함에 있어 토지소유자 등에게 입회를 요구하지 아니하고 작성한 토지조서는 절차상의 하자를 지니게 되는 것으로서 토지조서로서의 효력이 부인되어 조서의 기재에 대한 증명력에 관하여 추정력이 인정되지 아니하는 것일 뿐, 토지조서의 작성에 하자가 있다 하여 그것이 곧 수용재결이나 그에 대한 이의재결의 효력에 영향을 미치는 것은 아니라 할 것이므로 토지조서에 실제 현황에 관한 기재가 되어 있지 아니하다거나 실측평면도가 첨부되어 있지 아니하다거나 토지소유자의 입회나 서명 날인이 없었다든지 하는 사유만으로는 이의재결이 위법하다 하여 그 취소를 구할 사유로 삼을 수 없다(대판 1993.9.10, 93누5543; 대판 1993.8.13, 93누2148).

8. 수용재결 후 임의계약(협의)이 가능한지 여부

사업자가 수용재결에 따른 보상금을 지급 공탁하지 않아서 실효되었더라도 재결신청 기간 내라면 다시 재결신청을 할 수 있고, 보상금에 대한 <u>이의신청이나 소송 절차에서 사업시행자와 보상금액에 관하여 임의로 합의할 수 있는 점</u>, 공익사업의 효율적인 수행을 통하여 공공복리를 증진시키고, 재산권을 적정하게 보호하려는 <u>토지보상법의 입법 목적</u>(제1조)에 비추어 보면 토지수용위원회의 <u>수용재결이 있은 후</u>라고 하더라도 토지소유자 등과 사업시행자가 <u>다시 협의</u>하여 토지 등의 취득이나 사용 및 그에 대한 보상에 관하여 <u>임의로 계약을 체결할 수 있다</u>고 보아야 한다(대판 2017.4.13, 2016두64241).

## 제35조(재결기간)

심리개시일부터 14일 이내(14일의 범위에서 한 차례만 연장)

## 제36조(재결의 경정)

계산상/기재상의 잘못이 명백 시 토수위는 직권으로 또는 당사자의 신청에 의하여 경정재결

## 제37조(재결의 유탈)

토수위가 신청의 일부에 대한 재결을 빠뜨린 경우에 그 빠뜨린 부분의 신청은 계속하여 그 토수위에 계속(係屬)된다.

## 제38조(천재지변 시의 토지의 사용)

천재지변/사변(事變)/공공의 안전 유지 위한 공익사업의 긴급한 시행 필요시 시군구청장의 허가를 받아(사용구역, 방법 및 기간) 즉시 타인토지 사용 가능(사용기간 6개월 한도) + 토지소유자 및 점유자에게 통지 + 토지 사용함으로써 발생하는 손실보상에 관하여는 제9조 제5항부터 제7항까지의 규정 준용

## 제39조(시급한 토지 사용에 대한 허가)

① 재결신청을 받은 토수위는 그 재결을 기다려서는 재해방지 곤란 + 그 밖에

공공의 이익 현저한 지장을 줄 우려가 있다고 인정할 때 + 사업시행자의 신청을 받아 담보(금전 또는 유가증권)를 제공하게 한 후 즉시 해당 토지의 사용을 허가 가능(다만, 국가나 지방자치단체가 사업시행인 경우에는 담보를 제공하지 아니할 수 있다)

②③ 토지의 사용기간은 6개월 한도 + 토지소유자 및 점유자에게 통지


## 제2절 수용 또는 사용의 효과

### 제40조(보상금의 지급 또는 공탁)

① 수용/사용 개시일까지 보상금을 지급하여야 한다.

② 토지소재지 공탁소에 공탁 가능

  1. 보상금을 받을 자가 그 수령을 거부하거나 보상금을 수령할 수 없을 때

  2. 사업시행자의 과실 없이 보상금을 받을 자를 알 수 없을 때

  3. 관할 토수위가 재결한 보상금에 대하여 사업시행자가 불복할 때(보상금을 받을 자에게 자기가 산정한 보상금을 지급하고 그 금액과 토수위가 재결한 보상금과의 차액(差額)을 공탁하여야 한다. 이 경우 보상금을 받을 자는 그 불복의 절차가 종결될 때까지 공탁된 보상금을 수령할 수 없다)

  4. 압류나 가압류에 의하여 보상금의 지급이 금지되었을 때 토지 등의 소재지의 공탁소에 보상금을 공탁

> **관련판례**
>
> 1. 보상금 공탁의 성질
>    "기업자가 토지수용법 제61조 제2항 제1호에 따라서 토지수용위원회가 재결한 토지수용보상금을 공탁하는 경우, 그 공탁금은 기업자가 토지의 수용에 따라 토지소유자에 대하여 부담하게 되는 보상금의 지급의무를 이행하기 위한 것으로서 민법 제487조에 의한 변제공탁과 다를 바 없다."
>
> 2. 공탁(이의유보)
>    (1) 쟁송제기를 묵시적 이의유보로 보지 않은 경우
>    기업자가 토지수용위원회가 재결한 토지수용보상금을 공탁한 경우에 토지소유자가 그 공탁에 대하여 아무런 이의를 유보하지 아니한 채 이를 수령한 때에는 종전의 수령거절의사를 철회하고 재결에 승복하여 공탁의 취지에 따라 보상금 전액을 수령한 것으로 볼 것이고 공탁금 수령당시 단순히 그 공탁의 취지에 반하는

> 소송이나 이의신청을 하고 있다는 사실만으로는 그 공탁물수령에 관한 이의를 유보한 것과 같이 볼 수 없다(대판 1990.10.23, 90누6125).
>
> **(2) 쟁송제기를 묵시적 이의유보로 본 경우**(대판 2009.11.12, 2006두15462)
> 甲이 이의재결에 따라 증액된 보상금을 수령할 당시
> ① 보상액수를 다투어 행정소송을 제기하고 상당한 감정비용을 예납하여 시가감정을 신청한 점
> ② 甲이 수령한 증액보상금은 청구금액의 1/4에도 미치지 못하는 금액인 점에 비추어
> ③ 甲이 소장에 기재한 청구금액에도 훨씬 못 미치는 이의재결의 증액분을 수령한 것이 보상금액에 대한 다툼을 종결하려는 의사가 아니라는 점을 사업시행자도 충분히 인식하였거나 인식할 수 있었다고 봄이 상당하다.
> ④ 따라서 이의재결의 증액보상액에 대하여는 소송을 통해 확정될 정당한 수용보상금의 일부로 수령한다는 묵시적인 의사표시의 유보가 있었다고 볼 수 있다.

## 제41조(시급한 토지 사용에 대한 보상)

① 재결 전에 토지소유자나 관계인이 청구할 때에는 사업시행자는 자기가 산정한 보상금을 토지소유자나 관계인에게 지급하여야 한다.

② 토지소유자나 관계인은 사업시행자가 토수위의 재결에 따른 보상금의 지급시기까지 보상금을 지급하지 아니하면 제39조에 따라 제공된 담보의 전부 또는 일부를 취득한다.

## 제42조(재결의 실효)

수용/사용 개시일까지 보상금 미지급/미공탁 시 재결 효력 상실 + 손실보상에 관하여는 제9조 제5항부터 제7항까지의 규정 준용

**관련판례**

**재결의 실효**(보상금 지급, 공탁을 안한 경우)
① 수용시기까지 보상금의 지급이나 적법한 공탁이 없었다면 수용재결은 토지수용법 제65조에서 말하는 기업자가 수용시기까지 재결보상금을 지급 또는 공탁하지 아니한 때에 해당하여 그 효력을 상실하였다고 할 것이고, 실효된 수용재결을 유효한 것으로 보고서 한 이의재결 또한 위법하여 당연무효라고 할 것이다(대판 1993.8.24, 92누9548).
② 토지수용법상의 이의재결절차는 수용재결에 대한 불복절차이면서 수용재결과는 확정의 효력 등을 달리하는 별개의 절차이므로 기업자가 이의재결에서 증액된 보상금을

일정한 기한 내에 지급 또는 공탁하지 아니하였다 하더라도 그 때문에 이의재결 자체가 당연히 실효된다고는 할 수 없다(대판 2017.3.30, 2014두43387; 대판 1992.3.10, 91누8081; 대판 1989.6.27, 88누3956).

## 제43조(토지 또는 물건의 인도 등)

수용/사용 개시일까지 사업시행자에게 인도/이전해야 함

## 제44조(인도 또는 이전의 대행)

시군구청장은 다음의 경우 사업시행자의 청구에 의하여 토지나 물건의 인도 또는 이전을 대행하여야 한다(비용은 그 의무자가 부담한다).
1. 토지나 물건을 인도하거나 이전하여야 할 자가 고의나 과실 없이 그 의무를 이행할 수 없을 때
2. 사업시행자가 과실 없이 토지나 물건을 인도하거나 이전하여야 할 의무가 있는 자를 알 수 없을 때

## 제45조(권리의 취득·소멸 및 제한)

① 수용 개시일에 토지나 물건 소유권 취득 + 토지나 물건에 관한 다른 권리는 소멸
② 사용 개시일에 토지나 물건의 사용권 취득 + 그 토지나 물건에 관한 다른 권리는 사용 기간 중에 행사 불가
③ 재결로 인정된 권리는 소멸되거나 그 행사가 정지되지 아니한다.

## 제46조(위험부담)

재결 후 수용/사용 대상 토지나 물건이 토지소유자 등의 고의나 과실 없이 멸실되거나 훼손된 경우 그로 인한 손실은 사업시행자가 부담

## 제47조(담보물권과 보상금)

담보물권의 목적물이 수용/사용된 경우 그 담보물권은 그 목적물의 수용 또는 사용으로 인하여 채무자가 받을 보상금에 대하여 행사 가능(지급 전 압류 필수)

### 제48조(반환 및 원상회복의 의무)

사용기간이 끝났을 때/사업의 폐지·변경 또는 그 밖의 사유로 사용할 필요가 없게 되었을 때에는 토지소유자가 원상회복을 청구하면 미리 그 손실을 보상한 경우를 제외하고는 그 토지를 원상으로 회복하여 반환하여야 한다.

# 제5장 토지수용위원회

### 제49조(설치)

국토교통부에 중토위를,
시·도에 지토위를 둔다.

### 제50조(재결사항)

토지수용위원회는 사업시행자, 토지소유자 또는 관계인이 신청한 범위에서 재결하여야 한다.
1. 수용하거나 사용할 토지의 구역 및 사용방법
2. 손실보상(증액재결 가능)
3. 수용 또는 사용의 개시일과 기간
4. 그 밖에 이 법 및 다른 법률에서 규정한 사항

### 제51조(관할)

① 중토위는 다음 각 호의 사업의 재결에 관한 사항을 관장한다.
    1. 국가 또는 시·도가 사업시행자인 사업
    2. 수용하거나 사용할 토지가 둘 이상의 시·도에 걸쳐 있는 사업
② 지토위는 제1항 각 호 외의 사업의 재결에 관한 사항을 관장한다.

### 제52조(중앙토지수용위원회)

중토위는 위원장(국토교통부장관) 1명을 포함한 20명 이내의 위원으로 구성되며, 회의는 구성원 과반수의 출석과 출석위원 과반수의 찬성으로 의결한다.

## 제53조(지방토지수용위원회)

지토위는 위원장(시·도지사) 1명을 포함한 20명 이내의 위원으로 구성되고 회의는 구성원 과반수의 출석과 출석위원 과반수의 찬성으로 의결한다.

## 제54조(위원의 결격사유)

1. 피성년후견인, 피한정후견인 또는 파산선고를 받고 복권되지 아니한 사람
2. 금고 이상의 실형을 선고받고 그 집행이 끝나거나(집행이 끝난 것으로 보는 경우를 포함한다) 집행이 면제된 날부터 2년이 지나지 아니한 사람
3. 금고 이상의 형의 집행유예를 선고받고 그 유예기간 중에 있는 사람
4. 벌금형을 선고받고 2년이 지나지 아니한 사람

## 제55조(임기)

3년(연임)

## 제56조(신분 보장)

신체상 또는 정신상의 장해로 그 직무를 수행할 수 없을 때 + 직무상의 의무를 위반하였을 때를 제외하고 재임 중 그 의사에 반하여 해임 ×

## 제57조(위원의 제척·기피·회피)

① 다음 각 호의 어느 하나 해당 시 회의 참석 불가
   1. 사업시행자, 토지소유자 또는 관계인
   2. 사업시행자, 토지소유자 또는 관계인의 배우자·친족 또는 대리인
   3. 사업시행자, 토지소유자 및 관계인이 법인인 경우에는 그 법인의 임원 또는 그 직무를 수행하는 사람
② 공정한 심리·의결을 기대하기 어려운 사정이 있는 경우에는 그 사유를 적어 기피(忌避) 신청을 할 수 있다. 위원장은 기피 여부를 결정한다.
③ 위원이 제1항 또는 제2항의 사유에 해당할 때에는 스스로 그 사건의 심리·의결에서 회피할 수 있다.

## 제57조의2(벌칙 적용에서 공무원 의제)

위원 중 공무원이 아닌 자는 「형법」이나 그 밖의 법률에 따른 벌칙을 적용 시 공무원 의제

## 제58조(심리조사상의 권한)

사업시행자, 토지소유자, 관계인 또는 참고인, 감정인의 출석/진술요구 + 실지조사

## 제59조(위원 등의 수당 및 여비)

위원에게 수당 + 여비 지급

## 제60조(운영세칙)

토수위의 운영 등에 필요한 사항은 대통령령으로 정한다.
(간사 1명 및 서기 몇 명을 둔다. 위원장은 특히 필요하다고 인정하는 심의안건에 대해서는 위원 중에서 전담위원을 지정하여 예비심사를 하게 가능. 토수위의 운영·문서처리·심의방법 및 기준 등에 관하여는 토수위가 따로 정할 수 있다)

## 제60조의2(재결정보체계의 구축·운영 등)

국토교통부장관은 시·도지사와 협의하여 재결정보체계를 구축·운영 가능

# 제6장 손실보상 등

**관련판례**

1. 손실보상청구권 법적성질
   ① 하천법상 손실보상청구권
      그 법적성질은 하천법 본칙(本則)이 원래부터 규정하고 있던 하천구역에의 편입에 의한 손실보상청구권과 하등 다를 바가 없는 것이어서 공법상의 권리임이 분명하므로 그에 관한 쟁송도 행정소송절차에 의하여야 한다(대판 2006.5.18, 2004다6207 춘合).
   ② 주거이전비
      세입자의 주거이전비 보상청구권은 공법상 권리이고, 따라서 그 보상을 둘러싼 쟁송은 민사소송이 아니라 공법상의 법률관계를 대상으로 하는 행정소송에 의하여야 한다. 세입자의 주거이전비 보상청구권은 그 요건을 충족하는 경우에 당연히 발생하는 것이므로, 주거이전비 보상청구소송은 행정소송법 제3조 제2호에 규정

된 당사자소송에 의하여야 한다. 세입자의 주거이전비 보상에 관하여 재결이 이루어진 다음 세입자가 보상금의 증감을 다투는 경우에는 법 제85조 제2항에 규정된 행정소송에 따라, 보상금 증감 이외의 부분을 다투는 경우에는 같은 조 제1항에 규정된 행정소송에 따라 권리구제를 받을 수 있다(대판 2008.5.29, 2007다8129).

③ 사업의 폐지 등에 대한 보상청구권 및 보상청구절차

　시행규칙 제57조에 따른 사업폐지 등에 대한 보상청구권은 공익사업의 시행 등 적법한 공권력의 행사에 의한 재산상 특별한 희생에 대하여 전체적인 공평부담의 견지에서 공익사업의 주체가 손해를 보상하여 주는 손실보상의 일종으로 공법상 권리임이 분명하므로 그에 관한 쟁송은 민사소송이 아닌 행정소송절차에 의하여야 한다. 또한 위 규정들과 구 공익사업법 제26조, 제28조, 제30조, 제34조, 제50조, 제61조, 제83조 내지 제85조의 규정 내용·체계 및 입법 취지 등을 종합하여 보면, 공익사업으로 인한 사업폐지 등으로 손실을 입게 된 자는 구 공익사업법 제34조, 제50조 등에 규정된 재결절차를 거친 다음 재결에 대하여 불복이 있는 때에 비로소 구 공익사업법 제83조 내지 제85조에 따라 권리구제를 받을 수 있다고 보아야 한다(대판 2012.10.11, 2010다23210).

## 2. 특별한 희생

① 개발제한 구역의 지정이 사회적 제약인지

　도시계획법 제21조 제1항, 제2항의 규정에 의하여 개발제한구역 안에 있는 토지의 소유자는 재산상의 권리행사에 많은 제한을 받게 되고 그 한도 내에서 일반 토지소유자에 비하여 불이익을 받게 되었음은 명백하지만 "도시의 무질서한 확산을 방지하고 도시주변의 자연환경을 보전하여 건전한 생활환경을 확보하기 위하여, 또는 국방부장관의 요청이 있어 보안상 도시의 개발을 제한할 필요가 있다고 인정되는 때"에 한하여 가하여지는 위와 같은 제한은 공공복리에 적합한 합리적인 제한이라고 볼 것이고, 그 제한으로 인한 토지소유자의 불이익은 공공의 복리를 위하여 감수하지 아니하면 안 될 정도의 것이라고 인정되므로 이에 대하여 손실보상의 규정을 하지 아니하였다 하여 도시계획법 제21조 제1항, 제2항의 규정을 헌법 제23조 제3항이나 제37조 제2항에 위배되는 것이라고 할 수 없다(대결 1990.5.8, 89부2).

② 국토이용계획의 변경신청에 대한 제한이 헌법상 재산권 보장의 규정을 침해하는 것인지 여부

　국토이용관리법은 국토건설종합계획의 효율적인 추진과 국토이용질서를 확립하기 위하여 제정된 것으로 국토이용계획의 결정과 그 변경은 건설부장관이 관계행정기관의 장으로부터 그 의견을 듣거나 그 지정 또는 변경요청을 받아 이를 입안 또는 변경하여 국토이용계획심의회의 심의를 거쳐 고시하도록 규정하고 있고 토지소유자에게 국토이용계획의 변경신청에 대하여 일정한 제한을 가하고 있다 하

여도 이와 같은 제한은 공공복리에 적합한 합리적인 제한이라고 볼 것이고, 그 제한으로 인한 토지소유자의 불이익은 공공의 복리를 위하여 감수하지 아니하면 안 될 정도의 것이라고 인정되며 이러한 제한을 가지고 헌법상 보장되어 있는 국민의 재산권보장의 규정을 침해하는 것이라고 볼 수 없다(대판 1995.4.28, 95누627).

③ 사업인정 고시 전 지장물의 보상평가 대상 여부

손실보상은 공공필요에 의한 행정작용에 의하여 사인에게 발생한 특별한 희생에 대한 전보라는 점을 고려할 때, 구 공익사업법 제15조 제1항에 따른 사업시행자의 보상계획공고 등으로 공익사업의 시행과 보상 대상 토지의 범위 등이 객관적으로 확정된 후 해당 토지에 지장물을 설치하는 경우에 그 공익사업의 내용, 해당 토지의 성질, 규모 및 보상계획공고 등 이전의 이용실태, 설치되는 지장물의 종류, 용도, 규모 및 그 설치시기 등에 비추어 그 지장물이 해당 토지의 통상의 이용과 관계없거나 이용 범위를 벗어나는 것으로 손실보상만을 목적으로 설치되었음이 명백하다면, 그 지장물은 예외적으로 손실보상의 대상에 해당하지 아니한다고 보아야 한다(대판 2013.2.15, 2012두22096[보상금증액][미간행]).

④ 토지수용법상의 사업인정 고시 이전에 건축되고 공공사업용지 내의 토지에 정착한 지장물인 건물은 통상 적법한 건축허가를 받았는지 여부에 관계없이 손실보상의 대상이 되나, 주거용 건물이 아닌 위법 건축물의 경우에는 관계 법령의 입법 취지와 그 법령에 위반된 행위에 대한 비난가능성과 위법성의 정도, 합법화될 가능성, 사회통념상 거래 객체가 되는지 여부 등을 종합하여 구체적·개별적으로 판단한 결과 그 위법의 정도가 관계 법령의 규정이나 사회통념상 용인할 수 없을 정도로 크고 객관적으로도 합법화될 가능성이 거의 없어 거래의 객체도 되지 아니하는 경우에는 예외적으로 수용보상 대상이 되지 아니한다고 본 사례(대판 2001.4.13, 2000두6411)

⑤ 토지를 종래의 목적으로 사용할 수 없거나 더 이상 법적으로 허용된 토지이용방법이 없어서 실질적으로 사용·수익을 할 수 없는 경우에 해당하지 않는 제약은 토지소유자가 수인하여야 하는 사회적 제약의 범주 내에 있는 것이고, 그러하지 아니한 제약은 손실을 완화하는 보상적 조치가 있어야 비로소 허용되는 범주 내에 있다(헌재 2005.9.29, 2002헌바84).

3. 정당보상

① 보상의 시기, 방법 등에 제한이 없을 것

구 헌법 제20조 제3항에서 말하는 정당한 보상이라는 취지는 그 손실보상액의 결정에 있어서 객관적인 가치를 충분하게 보상하여야 된다는 취지이고 나아가 그 보상의 시기, 방법 등에 있어서 어떠한 제한을 받아서는 아니 된다는 것을 의미한다(대판 1967.11.2, 67다1334 全合).

② 재산권의 객관적 가치

정당한 보상이라 함은 원칙적으로 피수용재산의 객관적인 재산가치를 완전하게 보상하여야 한다는 완전보상을 뜻하는 것이라 할 것이나, 투기적인 거래에 의하여 형성되는 가격은 정상적인 객관적 재산가치로는 볼 수 없으므로 이를 배제한다고 하여 완전보상의 원칙에 어긋나는 것은 아니며, 공익사업의 시행으로 지가가 상승하여 발생하는 개발이익은 궁극적으로는 국민 모두에게 귀속되어야 할 성질의 것이므로 이는 완전보상의 범위에 포함되는 피수용토지의 객관적 가치 내지 피수용자의 손실이라고는 볼 수 없다(대판 1993.7.13, 93누2131).

# 제1절 손실보상의 원칙

## 제61조(사업시행자 보상)

## 제62조(사전보상)

공사 착수 전에 토지소유자와 관계인에게 보상액 전액 지급

## 제63조(현금보상 등)

① 현금보상 및 대토보상

특별한 규정이 있는 경우를 제외하고는 현금으로 지급(다만, 토지소유자가 원하는 경우로서 + 사업시행자가 토지로 보상이 가능한 경우 = 현금/채권 보상 금액 외에 조성한 토지로 보상 가능)

대토보상 가능한 경우(토지로 보상받을 수 있는 자)
- 건축법상 대지의 분할 제한 면적 이상의 토지소유자(공익사업을 위한 관계 법령에 따른 고시 등이 있은 날 당시 국토교통부, 사업시행자 및 해당 사업 관련기관에 종사하는 자 및 종사하였던 날부터 10년이 경과하지 아니한 자는 제외한다) : 대상자가 경합 시 부재부동산 소유자가 아닌 자 중 해당 공익사업지구 내 거주하는 자로서 토지 보유기간이 오래된 자 순으로 토지로 보상
- 일반 분양가격으로 분양 : 보상계획을 공고할 때에 토지로 보상하는 기준을 포함하여 공고하거나 토지로 보상하는 기준을 따로 일간신문에 공고할 것이라는 내용을 포함하여 공고

- 주택용지는 990제곱미터, 상업용지는 1천100제곱미터를 초과할 수 없다.
- 대토보상계약의 체결일부터 소유권이전등기를 마칠 때까지 전매제한(단, 상속 및 개발전문 부동산투자회사에 현물출자는 허용), 위반 시 현금으로 보상
- 대토보상계약 체결일부터 1년이 지나면 이를 현금으로 전환하여 보상하여 줄 것을 요청 가능
- 사업시행자는 계획 변경 등 사유로 대토보상 불가 시 현금으로 보상 가능
- 토지소유자가 국세 및 지방세의 체납처분 또는 강제집행을 받는 경우, 세대원 전원이 해외로 이주하거나 2년 이상 해외에 체류하려는 경우, 채무변제를 위해 현금보상이 부득이한 경우, 부상이나 질병의 치료 등을 위하여 현금보상이 부득이하다고 명백히 인정되는 경우에 현금보상요청 시 현금보상을 해야 한다.

⑦ 채권보상
1. 임의보상 : 토지소유자나 관계인이 원하는 경우, 부재부동산/일정 금액(1억) 초과하는 경우 그 초과금액에 대하여 채권보상 가능(채권보상채권의 상환 기한은 5년 이내(이자율은 정기예금이자율/국고채금리 고려))
2. 의무보상 : 토지투기 우려지역(택지/산업단지 등 대규모개발사업)으로서 "부재부동산 – 1억원" 이상의 일정 금액을 초과하는 부분에 대하여는 해당 사업시행자가 발행하는 채권으로 지급해야 함

(부재부동산 소유자의 토지)
- 사업인정고시일 1년 전부터 계속하여 (동일/연접 시구읍면 + 해당 토지 직선거리 30킬로미터 이내 지역에) 주민등록을 하지 아니한 사람이 소유하는 토지
- 주민등록을 하였으나 해당 지역에 사실상 거주하고 있지 아니한 사람이 소유하는 토지(질병 요양, 징집 입영, 공무(公務), 취학(就學) 제외)
- 주민등록을 하지 않은 경우에도 상속받은 날부터 1년이 지나지 아니한 토지, 사업인정고시일 1년 전부터 사실상 거주입증, 사업인정고시일 1년 전부터 계속하여 사실상 영업하고 있음을 입증한 경우에는 부재부동산 소유자의 토지로 보지 아니한다.

## 제64조(개인별 보상)

개인별 보상(개인별로 보상액을 산정할 수 없을 때에는 그러하지 아니하다)

## 제65조(일괄보상)

동일 사업지역 내 보상시기를 달리하는 동일인 소유 토지 등이 여러 개 있는 경우 + 토지소유자 등 요구 시 일괄보상

## 제66조(사업시행 이익과의 상계금지)

동일 소유자 일단(一團)의 토지의 일부를 취득하거나 사용하는 경우 + 잔여지(殘餘地)의 가격이 증가하거나 그 밖의 이익이 발생한 경우에도 그 이익을 그 취득 또는 사용으로 인한 손실과 상계(相計)할 수 없다.

## 제67조(보상액의 가격시점 등)

① 협의성립 당시의 가격, 재결 당시의 가격을 기준
② 해당 공익사업으로 인하여 토지 등의 가격이 변동되었을 때에는 이를 고려하지 아니한다.

### 관련판례

1. 개발이익 배제 정당성
   해당 수용사업의 시행으로 인한 개발이익은 수용대상토지의 수용 당시의 객관적 가치에 포함되지 아니하는 것이므로 개발이익을 배제한 다음 이를 기준으로 하여 손실보상액을 평가하고(대판 1993.7.27, 92누11084), 개발이익은 궁극적으로는 모든 국민에게 귀속되어야 할 성질의 것이므로 이는 피수용자의 토지의 객관적 가치 내지 피수용자의 손실이라고는 볼 수 없다(헌재 1990.6.25, 89헌마107). 따라서 개발이익은 그 성질상 완전보상의 범위에 포함되는 피수용자의 손실이라고 볼 수 없으므로, 이러한 개발이익을 배제하고 손실보상액을 산정한다 하여 헌법이 규정한 정당한 보상의 원칙에 위반되지 않는다(헌재 2009.12.29, 2009헌바142).

2. 개발이익의 범위 및 사업인정 고시 후 개발이익 반영
   토지수용으로 인한 손실보상액을 산정함에 있어서 해당 공공사업의 시행을 직접 목적으로 하는 계획의 승인, 고시로 당시의 가격을 기준으로 하여 적정가격을 정하여야 하나, 해당 공공사업과는 관계없는 다른 사업의 시행으로 인한 개발이익은 이를 배제하지 아니한 가격으로 평가하여야 한다(대판 1999.1.15, 98두8896).

해당 공익사업과는 관계없는 다른 사업의 시행으로 인한 개발이익은 이를 포함한 가격으로 평가하여야 하고, 개발이익이 해당 공익사업의 사업인정고시일 후에 발생한 경우에도 마찬가지이다(대판 2014.2.27, 2013두21182).

3. 개발이익 배제의 문제점과 개선안(인근 토지소유자와의 형평성 문제)

개발이익을 환수할 수 있는 제도적 장치가 마련되지 않은 상황에서 개발이익환수제도는 점진적인 제도적 개선을 통해 이루어져야 하며 그 과정에서 형평의 원리가 장애가 될 수 없다. 헌법 제11조가 규정하는 평등의 원칙은 결코 일체의 차별적 대우를 부정하는 절대적 평등을 의미하는 것이 아니라 법의 적용이나 입법에 있어서 불합리한 조건에 의한 차별을 하여서는 안 된다는 것을 뜻한다(헌재 1990.6.25, 89헌마107). 일체의 개발이익을 환수할 수 있는 제도적 장치가 마련되지 아니한 제도적 상황에서 피수용자에게만 개발이익을 배제하는 것이 헌법의 평등원칙에 위배되는 것은 아니라고 하였다(헌재 1990.6.25, 89헌마107).

## 제68조(보상액의 산정)

감정평가법인등 3인(사업자, 시·도지사, 소유자 추천) 평가(산술평균). 다만, 사업시행자가 직접 보상액을 산정할 수 있을 때에는 평가 ×

사업시행자는 필요시 해당 평가가 위법 또는 부당하게 이루어졌는지에 대한 검토를 보상검토전문기관에 의뢰할 수 있다.

---

**✓ 재평가**

1. 해당 법인등에게 재평가 : 관계법령 위반 평가/부당하게 평가된 경우에는 해당 감정평가법인등에게 다시 평가
2. 다른 법인등에게 재평가 : 해당 감정평가법인등에게 평가를 요구할 수 없는 특별한 사유가 있는 경우, 대상물건의 평가액 중 최고평가액이 최저평가액의 110퍼센트를 초과하는 경우(지장물인 경우 소유자별로 지장물 전체 평가 합계액을 기준함), 평가를 한 후 1년이 경과할 때까지 보상계약이 체결되지 아니한 경우

---

## 제69조(보상채권의 발행)

– 일반회계, 교통시설특별회계의 부담으로 기획재정부장관이 회계별로 국회 의결을 받아 발급

– 보상채권은 양도하거나 담보로 제공 가능

- 무기명증권(無記名證券) 액면금액(최소 10만원)으로 발행하되, 멸실 또는 도난 등의 사유로 분실한 경우에도 재발행 ×
- 원리금(복리계산)은 상환일(상환기간은 5년 이내)에 일시상환

## 제2절 손실보상의 종류와 기준 등

### 제70조(취득하는 토지의 보상)

- 협의/재결에 의하여 취득하는 토지
- 공시지가 기준으로 보상 + 가격시점에서의 현실적인 이용상황과 일반적인 이용방법에 의한 객관적 상황 고려
- **사업인정 전 협의취득** : 가격시점 당시 공시된 공시지가 기준
- **사업인정 후의 취득** : 사업인정고시일 전의 시점을 공시기준일로 하는 공시지가 기준
- 토지 가격 변동 시 해당 사업의 공고일 또는 고시일 전의 시점을 공시기준일로 하는 공시지가로서 그 토지의 가격시점 당시 공시된 공시지가 중 그 공익사업의 공고일 또는 고시일과 가장 가까운 시점에 공시된 공시지가를 기준
- 구체적인 보상액 산정 및 평가방법은 투자비용, 예상수익 및 거래가격 등을 고려하여 국토교통부령으로 정함

**관련판례**

1. 공시지가기준보상
   ① 표준지의 선정기준(거리적 기준)
      표준지 수용대상토지로부터 상당히 떨어져 있다는 것만으로는 표준지 선정이 위법하다고 말할 수 없다(대판 1997.4.8, 96누11396).
   ② 용도지역 선정기준
      비교표준지는 특별한 사정이 없는 한 도시지역 내에서는 용도지역을 우선으로 하고, 도시지역 외에서는 현실적 이용상황에 따른 실제 지목을 우선으로 하여 선정해야 한다(대판 2011.9.8, 2009두4340).
   ③ 공시지가평가기준법 정당보상
      구 공익사업법 제70조 제1항, 제4항이, 공시지가를 기준으로 수용된 토지에 대한 보상액을 산정하는 것은 정당하고, 사업인정고시일 전의 시점을 공시기준일로 하는 공시지가를 손실보상액 산정의 기준이 되는 공시지가로 규정한 것은 개발이

익이 배제된 손실보상액을 산정하는 적정한 수단으로서 헌법상 정당보상의 원칙
에 위배되지 않는다(헌재 2020.2.27, 2017헌바246; 헌재 2012.3.29, 2010헌바370).

## 2. 지가변동률 적용관련 판례

수용대상토지가 도시계획구역 내에 있는 경우에는 원칙적으로 용도지역별 지가변동
률에 의하여 보상금을 산정하는 것이 더 타당하나 개발제한구역으로 지정되어 있는
경우에는 일반적으로 지목에 따라 지가변동률이 영향을 받으므로, 특별한 사정이 없
는 한, 지목별 지가변동률을 적용하는 것이 상당하다(대판 1994.12.27, 94누1807).

## 제71조(사용하는 토지의 보상 등)

- 협의/재결 사용하는 토지
- 인근 유사토지의 지료, 임대료, 사용방법, 사용기간 및 그 토지의 가격 등을
  고려하여 평가
- 구체적인 보상액 산정 및 평가방법은 투자비용, 예상수익 및 거래가격 등을
  고려하여 국토교통부령으로 정함

## 제72조(사용하는 토지의 매수청구 등)

1. 토지를 사용하는 기간이 3년 이상인 경우
2. 토지의 사용으로 인하여 토지의 형질이 변경되는 경우
3. 사용하려는 토지에 그 토지소유자의 건축물이 있는 경우

## 제73조(잔여지의 손실과 공사비 보상)

① '잔여지 가격 감소/그 밖의 손실이 있을 때' 또는 '잔여지에 통로·도랑·담
   장 등의 신설이나 그 밖의 공사가 필요할 때'에는 그 손실이나 공사의 비용을
   보상(다만, 잔여지의 가격 감소분과 잔여지에 대한 공사의 비용을 합한 금액
   이 잔여지의 가격보다 큰 경우에는 사업시행자는 그 잔여지를 매수 가능)
② 잔여지 손실 및 공사비 보상은 해당 사업의 공사완료일부터 1년이 지난 후에
   는 청구할 수 없다.
③ 사업인정고시 후 잔여지 매수하는 경우 그 잔여지에 대하여는 제20조에 따
   른 사업인정 및 제22조에 따른 사업인정고시가 된 것으로 봄
④ 손실 또는 비용의 보상이나 토지의 취득에 관하여는 제9조 제6항 및 제7항
   준용

1. **보상청구 방법 및 절차 _ 재결전치주의**
   토지소유자가 보상법 제34조, 제50조 등에 정한 <u>재결절차를 거치지 않고 곧바로 사업시행자를 상대로 같은 법 제73조에 따른 잔여지 가격감소 등으로 인한 손실보상을 청구할 수 없다</u>(대판 2008.7.10, 2006두19495; 대판 2012.11.29, 2011두22587; 대판 2014.9.25, 2012두24092).

2. **잔여지의 가치손실보상 범위**
   보상하여야 할 손실에는 토지 일부의 취득 또는 사용으로 인하여 그 <u>획지조건이나 접근조건 등의 가격형성요인이 변동됨</u>에 따라 발생하는 손실뿐만 아니라 그 취득 또는 사용 목적 사업의 시행으로 <u>설치되는 시설의 형태·구조·사용 등에 기인하여 발생하는 손실</u>과 수용재결 당시의 현실적 이용상황의 변경 외 <u>장래의 이용가능성이나 거래의 용이성 등에 의한 사용가치 및 교환가치상의 하락 모두가 포함</u>된다(대판 2011.2.24, 2010두23149).

3. **잔여지 손실보상금에 대한 지연손해금 지급의무의 발생시기**
   ① 공익사업을 위한 토지 등의 취득 및 보상에 관한 법률이 잔여지 손실보상금 <u>지급의무의 이행기를 정하지 않았고</u>, ② 그 이행기를 편입토지의 권리변동일이라고 해석하여야 할 체계적, 목적론적 근거를 찾기도 어려우므로, ③ 잔여지 손실보상금 지급의무는 <u>이행기의 정함이 없는 채무로 보는 것이 타당</u>하다. 따라서 잔여지 손실보상금 지급의무의 경우 잔여지의 손실이 현실적으로 발생한 이후로서 잔여지 소유자가 사업시행자에게 <u>이행청구를 한 다음 날부터 그 지연손해금 지급의무가 발생</u>한다(민법 제387조 제2항 참조)(대판 2018.3.13, 2017두68370).

## 제74조(잔여지 등의 매수 및 수용 청구)

① 잔여지를 종래의 목적에 사용하는 것이 현저히 곤란할 때 토지소유자는 사업시행자에게 잔여지를 매수하여 줄 것을 청구할 수 있으며, 사업인정 이후에는 관할 토수위에 수용을 청구 가능(이 경우 수용의 청구는 매수에 관한 협의가 성립되지 아니한 경우에만 할 수 있으며, 그 사업의 공사완료일까지 하여야 한다)

② 매수 또는 수용의 청구가 있는 잔여지 및 잔여지에 있는 물건에 관하여 권리를 가진 자는 사업시행자나 관할 토수위에 그 권리의 존속을 청구 가능

③ 토지취득에 관하여는 제20조에 따른 사업인정 및 제22조에 따른 사업인정고시가 된 것으로 봄

시행령 제39조(잔여지의 판단)
1. 대지로서 면적이 너무 작거나 부정형(不定形) 등의 사유로 건축물을 건축할 수 없거나 건축물의 건축이 현저히 곤란한 경우
2. 농지로서 농기계의 진입과 회전이 곤란할 정도로 폭이 좁고 길게 남거나 부정형 등의 사유로 영농이 현저히 곤란한 경우
3. 공익사업의 시행으로 교통이 두절되어 사용이나 경작이 불가능하게 된 경우
4. 제1호부터 제3호까지에서 규정한 사항과 유사한 정도로 잔여지를 종래의 목적대로 사용하는 것이 현저히 곤란하다고 인정되는 경우

상기사항은 다음 각 호의 사항을 종합적으로 고려하여야 한다.
1. 잔여지의 위치·형상·이용상황 및 용도지역
2. 공익사업 편입토지의 면적 및 잔여지의 면적

### 관련판례

1. 일단의 토지의 의미
   1필지의 토지만을 가리키는 것이 아니라 일반적인 이용 방법에 의한 객관적인 상황이 동일한 수필지의 토지를 포함한다(대판 2017.9.21, 2017두30252).

2. 용도상 불가분의 의미
   일단의 토지로 이용되고 있는 상황이 사회적·경제적·행정적 측면에서 합리적이고 해당 토지의 가치형성적 측면에서도 타당하다고 인정되는 관계에 있는 경우를 말한다 (대판 2005.5.26, 2005두1428).

3. 잔여지 수용청구권 행사기간의 법적성질 및 잔여지 수용청구 의사표시의 상대방
   잔여지 수용청구권의 행사기간은 제척기간이다. 잔여지 수용청구의 의사표시를 수령할 권한을 부여하였다고 인정할 만한 사정이 없는 한, 사업시행자에게 한 잔여지 매수청구의 의사표시를 관할 토지수용위원회에 한 잔여지 수용청구의 의사표시로 볼 수는 없다(대판 2010.8.19, 2008두822).

4. 종래목적 및 사용하는 것이 현저히 곤란한 때
   '종래의 목적'이라 함은 수용재결 당시에 해당 잔여지가 현실적으로 사용되고 있는 구체적인 용도를 의미하고, '사용하는 것이 현저히 곤란한 때'라고 함은 물리적으로 사용하는 것이 곤란하게 된 경우는 물론 사회적, 경제적으로 사용하는 것이 곤란하게 된 경우, 즉 절대적으로 이용 불가능한 경우만이 아니라 이용은 가능하나 많은 비용이 소요되는 경우를 포함한다고 할 것이다(대판 2017.9.21, 2017두30252; 대판 2012.9.13, 2010두29277; 대판 2005.1.28, 2002두4679).

## 5. 행정소송형태 및 보상금증감청구소송의 피고

제74조 제1항에 규정되어 있는 잔여지 수용청구권은 손실보상의 일환으로 토지소유자에게 부여되는 권리로서 그 요건을 구비한 때에는 잔여지를 수용하는 토지수용위원회의 재결이 없더라도 그 청구에 의하여 수용의 효과가 발생하는 <u>형성권적 성질</u>을 가지므로, 잔여지 수용청구를 받아들이지 않은 토지수용위원회의 재결에 대하여 토지소유자가 불복하여 제기하는 소송은 위 법 제85조 제2항에 규정되어 있는 '<u>보상금의 증감에 관한 소송</u>'에 해당하여 <u>사업시행자를 피고로</u> 하여야 한다(대판 2010.8.29, 2008두822; 대판 2015.4.9, 2014두46669).

## 제75조(건축물 등 물건에 대한 보상)

① 건축물·입목·공작물과 그 밖에 토지에 정착한 물건(건축물 등)은 이전비 원칙이나 건축물 등을 이전하기 어렵거나 그 이전으로 인하여 건축물 등을 종래의 목적대로 사용할 수 없게 된 경우(사업자는 재결신청 가능), 건축물 등의 이전비가 그 물건의 가격을 넘는 경우(사업자는 재결신청 가능), 사업시행자가 공익사업에 직접 사용할 목적으로 취득하는 경우에는 가격으로 보상
② 농작물에 대한 손실은 그 종류와 성장의 정도 등을 종합적으로 고려하여 보상
③ 토지에 속한 흙·돌·모래 또는 자갈(토지와 별도로 취득 또는 사용의 대상이 되는 경우만)은 거래가격 등을 고려하여 평가한 적정가격으로 보상
④ 분묘에 대하여는 이장(移葬)에 드는 비용 등을 산정하여 보상

**관련판례**

물건 가격으로 보상한 경우 지장물 소유권을 취득하는지 여부(소극) 및 이 경우 지장물 소유자는 사업시행자의 지장물 제거와 그 과정에서 발생하는 물건의 가치 상실을 수인하여야 할 지위에 있는지 여부(원칙적 적극)

제75조 제1항 단서 제2호에 따라 이전에 소요되는 실제 비용에 못 미치는 물건의 가격으로 보상한 경우, 사업시행자가 물건을 취득하는 제3호와 달리 수용 절차를 거치지 아니한 이상 사업시행자가 보상만으로 물건의 소유권까지 취득한다고 보기는 어렵겠으나, 다른 한편으로 사업시행자는 지장물의 소유자가 시행규칙 제33조 제4항 단서에 따라 스스로의 비용으로 철거하겠다고 하는 등 특별한 사정이 없는 한 지장물의 소유자에 대하여 철거 및 토지의 인도를 요구할 수 없고 자신의 비용으로 직접 이를 제거할 수 있을 뿐이며, 이러한 경우 지장물의 소유자로서도 사업시행에 방해가 되지 않는 상당한 기한 내에 시행규칙 제33조 제4항 단서에 따라 스스로 지장물 또는 그 구성부분을 이전해 가지 않은 이상 사업시행자의 지장물 제거와 그 과정에서 발생하는 물건의 가치 상실을 수인(受忍)하여야 할 지위에 있다고 보아야 한다(대판 2012.4.13, 2010다94960).

### 제75조의2(잔여 건축물의 손실에 대한 보상 등)

① 잔여 건축물 가격 감소/그 밖의 손실이 있을 때에는 그 손실을 보상(다만, 잔여 건축물의 가격 감소분과 보수비(시설개선비 제외)를 합한 금액이 잔여 건축물의 가격보다 큰 경우에는 사업시행자는 그 잔여 건축물 매수 가능)

② 잔여 건축물을 종래의 목적에 사용하는 것이 현저히 곤란할 때에는 그 건축물소유자는 사업시행자에게 잔여 건축물을 매수하여 줄 것을 청구할 수 있으며, 사업인정 이후에는 관할 토수위에 수용을 청구 가능(수용청구는 매수에 관한 협의불성립 시만 하되, 그 사업의 공사완료일까지만 청구 가능)

③ 보상 및 잔여 건축물의 취득에 관하여는 제9조 제6항 및 제7항 준용

④ 손실 또는 비용의 보상은 공사완료일부터 1년 이내에만 청구 가능/잔여 건축물 매수 시 사업인정 및 사업인정고시가 있는 것으로 본다.

### 제76조(권리의 보상)

① 광업권·어업권·양식업권 및 물(용수시설을 포함한다) 등의 사용에 관한 권리에 대하여는 투자비용, 예상 수익 및 거래가격 등을 고려하여 평가한 적정가격으로 보상

### 제77조(영업의 손실 등에 대한 보상)

① 영업 폐업, 휴업 영업손실은 영업이익 + 시설의 이전비용 등을 고려하여 보상

② 농업 손실은 실제 경작자에게 보상하여야 한다. 다만, 농지소유자가 해당 지역에 거주하는 농민인 경우에는 농지소유자와 실제 경작자가 협의하는 바에 따라 보상 가능

③ 휴직하거나 실직하는 근로자의 임금손실에 대하여는 「근로기준법」에 따른 평균임금 등을 고려하여 보상하여야 한다.

### 제78조(이주대책의 수립 등)

① 주거용 건축물 제공 + 생활 근거 상실 시에는 이주대책(생활기본시설 포함/사업자 비용부담) 수립·실시 또는 이주정착금 지급(이주대책 미실시 시 + 다른 지역으로 이주하려는 경우 + 관계법령고시일부터 계약체결/수용재결일까지 계속거주 못한 경우 + 관계법령 공시 등이 있은 날 당시 국토교통부, 사업시행자 및 관련기관에 소속되어(다른 기관 및 업체 파견자 포함) 있거나

퇴직한 날부터 3년이 경과하지 않은 경우)(주거용 건물 평가액의 30% 적용
(1천2백만원 미만인 경우에는 1천2백만원으로 하고, 2천4백만원을 초과하
는 경우에는 2천4백만원))

부득이한 사유(적합한 조성부지 없는 경우, 과다비용으로 사업시행 곤란한
경우)가 있는 경우 제외하고 이주희망 가구 수가 10호(戶) 이상인 경우 수립·
실시(「택지개발촉진법」 또는 「주택법」 등 관계 법령에 따라 택지 또는 주택
을 공급한 경우(사업시행자의 알선에 의하여 공급한 경우 포함)에는 이주대
책을 수립·실시한 것으로 본다)

---

**\* 이주대책대상자 제외자**
1. 허가를 받거나 신고를 하고 건축 또는 용도변경을 하여야 하는 건축물을 허가를
   받지 아니하거나 신고를 하지 아니하고 건축 또는 용도변경을 한 건축물의 소유자
2. 해당 건축물에 공익사업을 위한 관계 법령에 따른 고시 등이 있은 날부터 계약체결
   일 또는 수용·재결일까지 계속하여 거주하고 있지 아니한 건축물의 소유자(질병으
   로 인한 요양, 징집으로 인한 입영, 공무, 취학, 해당 공익사업지구 내 타인이 소유
   하고 있는 건축물에의 거주, 그 밖에 이에 준하는 부득이한 사유있는 경우는 예외)
3. 타인이 소유하고 있는 건축물에 거주하는 세입자. 다만, 해당 공익사업지구에
   주거용 건축물을 소유한 자로서 타인이 소유하고 있는 건축물에 거주하는 세입자
   는 제외한다.

---

⑤ 제1항에 따라 이주대책의 실시에 따른 주택지 또는 주택을 공급받기로 결정
   된 권리는 소유권이전등기를 마칠 때까지 전매(매매, 증여, 그 밖에 권리의
   변동을 수반하는 모든 행위를 포함하되, 상속은 제외한다)할 수 없으며, 이
   를 위반하거나 해당 공익사업과 관련하여 다음 각 호의 어느 하나에 해당하
   는 경우에 사업시행자는 이주대책의 실시가 아닌 이주정착금으로 지급하여
   야 한다.
   1. 제93조, 제96조 및 제97조 제2호의 어느 하나에 해당하는 위반행위를
      한 경우
   2. 「공공주택 특별법」 제57조 제1항 및 제58조 제1항 제1호의 어느 하나에
      해당하는 위반행위를 한 경우
   3. 「한국토지주택공사법」 제28조의 위반행위를 한 경우
⑥ 주거 이전에 필요한 비용 + 가재도구 등 동산의 운반에 필요한 비용을 산정
   하여 보상

⑦ 공익사업의 시행으로 인하여 영위하던 농업·어업을 계속할 수 없게 되어 다른 지역으로 이주하는 농민·어민이 받을 보상금이 없거나 그 총액이 국토교통부령으로 정하는 금액에 미치지 못하는 경우에는 그 금액 또는 그 차액을 보상하여야 한다.

⑧ 사업시행자는 해당 공익사업이 시행되는 지역에 거주하고 있는 「국민기초생활 보장법」 제2조 제1호·제11호에 따른 수급권자 및 차상위계층이 취업을 희망하는 경우에는 그 공익사업과 관련된 업무에 우선적으로 고용할 수 있으며, 이들의 취업 알선을 위하여 노력하여야 한다.

---

**＊ 생활기본시설**

통상적인 수준의 생활기본시설은 다음 각 호의 시설로 한다.

1. 도로(가로등·교통신호기를 포함한다)
2. 상수도 및 하수처리시설
3. 전기시설
4. 통신시설
5. 가스시설

---

**＊ 주거이전비의 보상**

① 주거용 건축물 소유자 : 가구원수에 따라 2개월분의 주거이전비(도시근로자가구의 가구원수별 월평균 명목 가계지출비 기준) 보상(소유자가 해당 건축물 또는 공익사업시행지구 내 타인의 건축물에 실제 거주하고 있지 아니하거나 해당 건축물이 무허가건축물 등인 경우에는 보상 ×)

② 세입자(무상 사용 포함/이주대책대상자인 세입자는 제외) + 사업인정고시일 등 당시 또는 공익사업을 위한 관계 법령에 따른 고시 등이 있은 당시 해당 공익사업시행지구 안에서 3개월 이상 거주한 자에 대해서는 가구원수에 따라 4개월분의 주거이전비 보상(무허가건축물 등에 입주한 세입자로서 사업인정고시일 등 당시 또는 공익사업을 위한 관계 법령에 따른 고시 등이 있은 당시 그 공익사업지구 안에서 1년 이상 거주한 세입자에 대해서는 본문에 따라 주거이전비 보상)

---

1. 이주대책
   (1) 법적성질(대판 1994.5.24, 92다35783 全合)
   ① 다수의견
   공공용지의 취득 및 손실보상에 관한 특례법상의 이주대책은 공공사업의 시행에 필요한 토지 등을 제공함으로 인하여 생활의 근거를 상실하게 되는 이주민들을 위하여 사업시행자가 기본적인 생활시설이 포함된 택지를 조성하거나 그 지상에 주택을 건설하여 이주자들에게 이를 그 투입비용 원가만의 부담하에 개별 공급하는 것으로서, 그 본래의 취지에 있어 이주자들에 대하여 종전의 생활상태를 원상으로 회복시키면서 동시에 인간다운 생활을 보장하여 주기 위한 이른바 생활보상의 일환으로 국가의 적극적이고 정책적인 배려에 의하여 마련된 제도이다.
   ② 반대의견
   공공용지의 취득 및 손실보상에 관한 특례법에 의한 이주대책은 학설상 이른바 생활보상으로서 실체적 권리인 손실보상의 한 형태로 파악되고 있으며 대법원 판례도 이를 실체법상의 권리로 인정하여, 민사소송으로 이주대책에 의한 주택수분양권의 확인소송을 허용하였다. 이주대책은 경우에 따라 택지 또는 주택의 분양이나 이주정착금으로 보상되는바, 이주정착금이 손실보상금의 일종이므로 통상의 각종 보상금처럼 실체적 권리가 되는 것을 부정할 수 없을 것이고, 이주대책에 의한 주택분양을 구 주택건설촉진법 제32조(1994.1.7. 법률 제4724호로 개정되기 전의 것), 주택공급에 관한 규칙 제15조에 의하여 공급주택의 10% 범위 내에서 위 규칙 소정의 특별공급 대상자에게 그 절차적 신청권만을 부여하는 주택공급(특별공급)과 구별을 하지 않고 있는 것이다.
   ③ 반대보충의견
   공공용지의 취득 및 손실보상에 관한 특례법 제8조 제1항의 이주대책은 사업시행자가 이주자에 대한 은혜적인 배려에서 임의적으로 수립 시행해 주는 것이 아니라 이주자에 대하여 종전의 재산상태가 아닌 생활상태로 원상회복시켜 주기 위한 생활보상의 일환으로 마련된 제도로서, 헌법 제23조 제3항이 규정하는 손실보상의 한 형태라고 보아야 한다.

> 종전 판례는 수분양권지위확인소송을 인정하고 있었으나, 해당 판례 이후로 수분양권자지위확인소송이 아닌 이주대책 대상자 확인·결정거부처분에 대한 항고소송을 제기해야 한다. 다수견해는 수분양권을 절차적 권리로 보았으나, 토지보상법상 수분양권은 실체적 권리임을 밝히는 것이 반대의견 및 보충의견이다.
> 토지보상법상 이주대책의 대상자는 어느 견해에 따르든 수분양권을 취득

> 할 것이므로 이에 대한 취득가부는 문제되지 않는다. 다만, 무허가건축물 소유자 등으로서 토지보상법상 당연 대상자가 아닌 자의 경우가 문제될 것이다.

### (2) 법적 성격

이주자들에 대하여 종전의 생활상태를 원상으로 회복시키면서 동시에 인간다운 생활을 보장하여 주기 위한 이른바 생활보상의 일환으로 국가의 적극적이고 정책적인 배려에 의하여 마련된 제도라 할 것이다(대판 2003.7.25, 2001다57778; 대판 2002.3.15, 2001다67126).

### (3) 확인·결정행위의 법적 성질

이주자가 수분양권을 취득하기를 희망하여 이주대책에 정한 절차에 따라 사업시행자에게 이주대책대상자 선정신청을 하고 사업시행자가 이를 받아들여 이주대책대상자로 확인·결정하여야만 비로소 구체적인 수분양권이 발생하게 되는 것이며, 이러한 사업시행자가 하는 확인·결정은 행정작용으로서의 공법상의 처분이다. 수분양권의 취득을 희망하는 이주자가 소정의 절차에 따라 이주대책대상자 선정신청을 한 데 대하여 사업시행자가 이주대책대상자가 아니라고 하여 '가' 항의 확인·결정 등의 처분을 하지 않고 이를 제외시키거나 또는 거부조치한 경우에는 이주자로서는 사업시행자를 상대로 항고소송에 의하여 그 제외처분 또는 거부처분의 취소를 구하면 될 것이고, 사업시행자가 그 확인·결정 등의 처분 이후 이를 다시 취소한 경우에도 역시 항고소송에 의하여 확인·결정 등의 취소처분의 취소를 구하면 될 것이며, 곧바로 민사소송으로 이주대책상의 수분양권의 확인 등을 구하는 것은 허용될 수 없다(대판 1994.10.25, 93다46919).

### (4) 주택의 수량, 대상자 선정의 재량성

사업시행자는 이주대책기준을 정하여 이주대책대상자 중에서 이주대책을 수립·실시하여야 할 자를 선정하여 그들에게 공급할 택지 또는 주택의 내용이나 수량을 정할 수 있고 이를 정하는 데 재량을 가지므로, 이를 위해 사업시행자가 설정한 기준은 그것이 객관적으로 합리적이 아니라거나 타당하지 않다고 볼 만한 다른 특별한 사정이 없는 한 존중되어야 한다(대판 2010.3.25, 2009두23709).

### (5) 이주대책 수립의무 및 생활기본시설이 강행규정인지(대판 2011.7.28, 2009다16834)

① 사업시행자가 직접 택지 또는 주택을 특별공급한 경우에는 특별공급계약 중 분양대금에 생활기본시설 설치비용을 포함시킨 부분이 강행법규인 구 공익사업법 제78조 제4항에 위배되어 무효이고, 사업시행자의 알선에 의하여 다른 공급자가 택지 또는 주택을 공급한 경우에는 사업시행자가 위 규정에 따라 부담하여야 할 생활기본시설 설치비용에 해당하는 금액의 지출을 면하게 되어,

결국 사업시행자는 법률상 원인 없이 생활기본시설 설치비용 상당의 이익을 얻고 그로 인하여 이주대책대상자들이 같은 금액 상당의 손해를 입게 된 것이므로, 사업시행자는 그 금액을 부당이득으로 이주대책대상자들에게 반환할 의무가 있다 할 것이다[대판 2011.6.23, 2007다63089·63096(병합) 全合 참조].
한편 사업시행자의 알선에 의하여 이주대책대상자에게 택지 또는 주택을 공급한 자는 사업시행자가 아니므로, 설령 그 공급자가 이주대책대상자와 사이에 생활기본시설 설치비용 상당액이 포함된 가격으로 공급계약을 체결하였다고 하더라도 이 부분 공급계약이 구 공익사업법 제78조 제4항에 위배되어 무효로 된다거나 그 공급자가 생활기본시설 설치비용 상당의 부당이득을 얻게 된다고 할 수는 없다.
② 공익사업의 사업주체가 이주대책대상자들에게 생활기본시설로 제공하여야 하는 도로는 길이나 폭에 관계없이 '주택단지 안의 도로를 해당 주택단지 밖에 있는 동종의 도로에 연결시키는 도로'를 모두 포함하는지 여부(적극)

(6) 이주대책대상자 요건에 사용승인이 포함되는지 여부
무허가건축물 또는 무신고건축물의 경우를 이주대책대상에서 제외하고 있을 뿐 사용승인을 받지 않은 건축물에 대하여는 아무런 규정을 두고 있지 않은 점, 건축법은 무허가건축물 또는 무신고건축물과 사용승인을 받지 않은 건축물을 요건과 효과 등에서 구별하고 있고, 허가와 사용승인은 법적 성질이 다른 점 등의 사정을 고려하여 볼 때, 건축허가를 받아 건축되었으나 사용승인을 받지 못한 건축물의 소유자는 그 건축물이 건축허가와 전혀 다르게 건축되어 실질적으로는 건축허가를 받은 것으로 볼 수 없는 경우가 아니라면 구 공익사업법 시행령 제40조 제3항 제1호에서 정한 무허가건축물의 소유자에 해당하지 않는다는 이유로 갑을 이주대책대상자에서 제외한 위 처분이 위법하다고 본 원심판단을 정당하다고 한 사례(대판 2013.8.23, 2012두24900[이주자택지공급대상제외처분취소])

(7) 이주대책대상자 부적격처분 무효등확인의소(대판 2016.7.14, 2014두43592)
① 공익사업을 위한 토지 등의 취득 및 보상에 관한 법률 시행령 부칙(2002.12.30.) 제6조의 규정 취지 및 무허가 건축물의 건축시점뿐만 아니라 소유권 또는 실질적 처분권의 취득시점까지 1989.1.24. 이전이어야 이주대책대상자의 범위에 포함되는지 여부(소극)
② 공익사업 시행자가 구체적인 이주대책을 수립하면서 법령이 정한 것 외의 추가적인 요건을 두는 방법으로 법이 정한 이주대책대상자를 배제할 수 있는지 여부(소극)

(8) 2차거부처분과 소의 대상
수익적 행정처분을 구하는 신청에 대한 거부처분은 당사자의 신청에 대하여 관할 행정청이 이를 거절하는 의사를 대외적으로 명백히 표시함으로써 성립된다. 거부

처분이 있은 후 당사자가 다시 신청을 한 경우에는 신청의 제목 여하에 불구하고 그 내용이 새로운 신청을 하는 취지라면 관할 행정청이 이를 다시 거절하는 것은 새로운 거부처분이라고 보아야 한다(대판 2021.1.14, 2020두50324).

## 2. 상가용지 공급 관련 판례

공익사업을 위한 토지 등의 취득 및 보상에 관한 법률은 제78조 제1항에서 "사업시행자는 공익사업의 시행으로 인하여 주거용 건축물을 제공함에 따라 생활의 근거를 상실하게 되는 자(이하 '이주대책대상자'라 한다)를 위하여 대통령령으로 정하는 바에 따라 이주대책을 수립·실시하거나 이주정착금을 지급하여야 한다."고 규정하고 있을 뿐, 생활대책용지의 공급과 같이 공익사업 시행 이전과 같은 경제수준을 유지할 수 있도록 하는 내용의 생활대책에 관한 분명한 근거 규정을 두고 있지는 않으나, 사업시행자 스스로 공익사업의 원활한 시행을 위하여 필요하다고 인정함으로써 생활대책을 수립·실시할 수 있도록 하는 내부규정을 두고 있고 내부규정에 따라 생활대책대상자 선정기준을 마련하여 생활대책을 수립·실시하는 경우에는, 이러한 생활대책 역시 "공공필요에 의한 재산권의 수용·사용 또는 제한 및 그에 대한 보상은 법률로써 하되, 정당한 보상을 지급하여야 한다."고 규정하고 있는 헌법 제23조 제3항에 따른 정당한 보상에 포함되는 것으로 보아야 한다. 따라서 이러한 생활대책대상자 선정기준에 해당하는 자는 사업시행자에게 생활대책대상자 선정 여부의 확인·결정을 신청할 수 있는 권리를 가지는 것이어서, 만일 사업시행자가 그러한 자를 생활대책대상자에서 제외하거나 선정을 거부하면, 이러한 생활대책대상자 선정기준에 해당하는 자는 사업시행자를 상대로 항고소송을 제기할 수 있다고 보는 것이 타당하다(대판 2011.10.13, 2008두17905).

## 3. 이사비와 주거이전비

① 이사비의 보상대상자

이사비 보상대상자는 공익사업시행지구에 편입되는 주거용 건축물의 거주자로서 공익사업의 시행으로 인하여 이주하게 되는 자로 보는 것이 타당하다(대판 2010.11.11, 2010두5332).

② 주거이전비와 이사비의 성격

공익사업의 시행에 따라 이주하는 주거용 건축물의 세입자에게 지급하는 주거이전비와 이사비는 해당 공익사업시행지구 안에 거주하는 세입자들의 조기이주를 장려하여 사업추진을 원활하게 하려는 정책적 목적과 주거이전으로 인하여 특별한 어려움을 겪게 될 세입자들을 대상으로 하는 사회보장적인 차원에서 지급하는 금원의 성격을 갖는다 할 것이다(대판 2006.4.27, 2006두2435).

③ 주거이전비 및 이사비 지급의무의 이행지체 책임 기산시점(= 채무자가 이행청구를 받은 다음날)

주거이전비 및 이사비의 지급의무는 사업인정고시일 등 당시 또는 공익사업을 위한 관계 법령에 의한 고시 등이 있은 당시에 바로 발생한다. 그러나 그 지급의무의 이행기에 관하여는 관계 법령에 특별한 규정이 없으므로, 위 주거이전비 및 이사비의 지급의무는 이행기의 정함이 없는 채무로서 채무자는 이행청구를 받은 다음날부터 이행지체 책임이 있다(대판 2012.4.26, 2010두7475).

④ 공익사업시행지구에 편입되는 주거용 건축물의 소유자 또는 세입자가 아닌 가구원이 사업시행자를 상대로 직접 주거이전비지급을 구할 수 있는지 여부

주거이전비는 가구원 수에 따라 소유자 또는 세입자에게 지급되는 것으로서 소유자와 세입자가 지급청구권을 가지는 것으로 보아야 하므로, 소유자 또는 세입자가 아닌 가구원은 사업시행자를 상대로 직접 주거이전비 지급을 구할 수 없다(대판 2011.8.25, 2010두4131).

⑤ 구 공익사업을 위한 토지 등의 취득 및 보상에 관한 법률 시행규칙 제54조 제2항 단서에서 주거이전비 보상 대상자로 정한 '무허가건축물 등에 입주한 세입자'에 공부상 주거용 용도가 아닌 건축물을 임차한 후 임의로 주거용으로 용도를 변경하여 거주한 세입자가 해당하는지 여부(소극)(대판 2013.5.23, 2012두11072)

⑥ 주거이전비 소송형식

세입자의 주거이전비 보상청구권은 공법상 권리이고, 따라서 그 보상을 둘러싼 쟁송은 민사소송이 아니라 공법상의 법률관계를 대상으로 하는 행정소송에 의하여야 한다. 세입자의 주거이전비 보상청구권은 그 요건을 충족하는 경우에 당연히 발생하는 것이므로, 주거이전비 보상청구소송은 행정소송법 제3조 제2호에 규정된 당사자소송에 의하여야 한다. 세입자의 주거이전비 보상에 관하여 재결이 이루어진 다음 세입자가 보상금의 증감을 다투는 경우에는 법 제85조 제2항에 규정된 행정소송에 따라, 보상금 증감 이외의 부분을 다투는 경우에는 같은 조 제1항에 규정된 행정소송에 따라 권리구제를 받을 수 있다(대판 2008.5.29, 2007다8129).

## 제78조의2(공장의 이주대책 수립 등)

공장부지 협의 양도/수용 + 더 이상 해당 지역에서 공장을 가동할 수 없게 된 자가 희망하는 경우 「산업입지 및 개발에 관한 법률」에 따라 지정·개발된 인근 산업단지에 입주하게 하는 등 대통령령으로 정하는 이주대책에 관한 계획을 수립하여야 한다.

## 제79조(그 밖의 토지에 관한 비용보상 등)

① 사업시행자는 공익사업의 시행으로 인하여 취득하거나 사용하는 토지(잔여지를 포함한다) 외의 토지에 통로·도랑·담장 등의 신설이나 그 밖의 공사가 필요할 때에는 그 비용의 전부 또는 일부를 보상하여야 한다. 다만, 그

토지에 대한 공사의 비용이 그 토지의 가격보다 큰 경우에는 사업시행자는 그 토지를 매수 가능

② 공익사업이 시행되는 지역 밖에 있는 토지 등이 공익사업의 시행으로 인하여 본래의 기능을 다할 수 없게 되는 경우에는 국토교통부령으로 정하는 바에 따라 그 손실을 보상하여야 한다.

③ 사업시행자는 제2항에 따른 보상이 필요하다고 인정하는 경우에는 제15조에 따라 보상계획을 공고할 때에 보상을 청구할 수 있다는 내용을 포함하여 공고하거나 대통령령으로 정하는 바에 따라 제2항에 따른 보상에 관한 계획을 공고하여야 한다.

④ 제1항 내지 제3항까지 외에 공익사업의 시행으로 인하여 발생하는 손실의 보상 등에 대하여는 국토교통부령으로 정하는 기준에 따른다.

⑤ 공사완료일로부터 1년 이내에 청구 가능

⑥ 제1항 단서에 따른 토지의 취득 시 사업인정 및 사업인정고시가 된 것으로 본다.

### 관련판례

1. 간접손실보상의 법적 근거

수산업협동조합이 수산물 위탁판매장을 운영하면서 위탁판매수수료를 지급받아왔고, 그 운영에 대하여는 구 수산자원보호령 제21조 제1항에 의하여 그 대상지역에서의 독점적 지위가 부여되어 있었는데, 공유수면매립사업의 시행으로 그 사업대상지역에서 어업활동을 하던 조합원들의 조업이 불가능하게 되어 일부 위탁판매장에서의 위탁판매사업을 중단하게 된 경우, 그로 인해 수산업협동조합이 상실하게 된 위탁판매수수료 수입은 사업시행자의 매립사업으로 인한 직접적인 영업손실이 아니고 간접적인 영업손실이라고 하더라도 피침해자인 수산업협동조합이 공공의 이익을 위하여 당연히 수인하여야 할 재산권에 대한 제한의 범위를 넘어 수산업협동조합의 위탁판매사업으로 얻고 있는 영업상의 재산이익을 본질적으로 침해하는 특별한 희생에 해당하고, 사업시행자는 공유수면매립면허 고시 당시 그 매립사업으로 인하여 위와 같은 영업손실이 발생한다는 것을 상당히 확실하게 예측할 수 있었고 그 손실의 범위도 구체적으로 확정할 수 있으므로, 위 위탁판매수수료 수입손실은 헌법 제23조 제3항에 규정한 손실보상의 대상이 되고, 그 손실에 관하여 구 공유수면매립법 또는 그 밖의 법령에 직접적인 보상규정이 없더라도 공공용지의 취득 및 손실보상에 관한 특례법 시행규칙상의 각 규정을 유추적용하여 그에 관한 보상을 인정하는 것이 타당하다(대판 1999.10.8, 99다27231).

## 2. 간접손실보상의 요건(관련규정 유추적용 가능요건)

공공사업의 시행으로 인하여 그러한 손실이 발생하리라는 것을 쉽게 예견할 수 있고 그 손실의 범위도 구체적으로 특정할 수 있는 경우라면 그 손실의 보상에 관하여 공공용지의 취득 및 손실보상에 관한 특례법 시행규칙의 관련 규정 등을 유추적용할 수 있다고 해석함이 상당하다(대판 1999.6.11, 97다56150; 대판 2004.9.23, 2004다25581).

## 3. 간접침해

환경정책기본법 제31조 제1항 및 제3조 제1호, 제3호, 제4호에 의하면, 사업장 등에서 발생되는 환경오염으로 인하여 피해가 발생한 경우에는 해당 사업자는 귀책사유가 없더라도 그 피해를 배상하여야 하고, 위 환경오염에는 소음·진동으로 사람의 건강이나 환경에 피해를 주는 것도 포함되므로, 피해자들의 손해에 대하여 사업자는 그 귀책사유가 없더라도 특별한 사정이 없는 한 이를 배상할 의무가 있다(대판 2001.2.9, 99다55434).

## 4. 간접손실과 손해배상 경합(철도시설 운영으로 인한 소음, 진동 등에 의한 잠업사 피해)(대판 2019.11.28, 2018두227)

① **휴업이 불가피한 경우의 의미**(시행규칙 제64조 제1항 제2호)

공익사업의 시행 또는 시행 당시 발생한 사유로 휴업이 불가피한 경우만을 의미하는 것이 아니라 공익사업의 시행 결과, 즉 그 공익사업의 시행으로 설치되는 시설의 형태·구조·사용 등에 기인하여 휴업이 불가피한 경우도 포함된다고 해석함이 타당하다.

② **손실보상청구권과 손해배상청구권 병합**

토지보상법상 손실보상과 환경정책기본법상 손해배상은 근거 규정과 요건·효과를 달리하는 것으로서, 각 요건이 충족되면 성립하는 별개의 청구권이다. 양자의 청구권이 동시에 성립하더라도 영업자는 어느 하나만을 선택적으로 행사할 수 있을 뿐이고, 양자의 청구권을 동시에 행사할 수는 없다. 또한 '해당 사업의 공사완료일로부터 1년'이라는 손실보상 청구기간이 도과하여 손실보상청구권을 더 이상 행사할 수 없는 경우에도 손해배상의 요건이 충족되는 이상 여전히 손해배상청구는 가능하다.

③ **재결전치주의**

토지보상법 제34조, 제50조 등에 규정된 재결절차를 거친 다음 그 재결에 대하여 불복이 있는 때에 비로소 토지보상법 제83조 내지 제85조에 따라 권리구제를 받을 수 있을 뿐이다. 이러한 재결절차를 거치지 않은 채 곧바로 사업시행자를 상대로 손실보상을 청구하는 것은 허용되지 않는다.

④ 보상금증감청구소송 상대방(보상대상 거부재결)
　　피보상자는 관할 토지수용위원회를 상대로 그 재결에 대한 취소소송을 제기할
　　것이 아니라, 사업시행자를 상대로 공익사업을 위한 토지 등의 취득 및 보상에
　　관한 법률 제85조 제2항에 따른 보상금증감소송을 제기하여야 한다.

## 제80조(손실보상의 협의 · 재결)

① 제79조 제1항 및 제2항에 따른 비용 또는 손실이나 토지의 취득에 대한 보상
　은 사업시행자와 손실을 입은 자가 협의하여 결정
② 협의불성립 시 사업시행자나 손실을 입은 자는 관할 토수위에 재결을 신청 가능

## 제81조(보상업무 등의 위탁)

1. 지방자치단체
2. 보상실적이 있거나 보상업무에 관한 전문성이 있는 공공기관 또는 지방공사
　로서 대통령령으로 정하는 기관

## 제82조(보상협의회)

지방자치단체의 장은 필요한 경우 보상협의회 둘 수 있다(다만, 공익사업지구
면적이 10만제곱미터 이상이고, 토지 등의 소유자가 50인 이상인 경우에는 보
상협의회를 두어야 한다).
1. 보상액 평가를 위한 사전 의견수렴에 관한 사항
2. 잔여지의 범위 및 이주대책 수립에 관한 사항
3. 해당 사업지역 내 공공시설의 이전 등에 관한 사항
4. 토지소유자나 관계인 등이 요구하는 사항 중 지방자치단체의 장이 필요하다
　고 인정하는 사항
5. 그 밖에 지방자치단체의 장이 회의에 부치는 사항

# 제7장 이의신청 등

## 제83조(이의의 신청)

제34조 재결서 정본을 받은 날부터 30일 이내에 중토위에 이의신청(지토위는 지토위를 거쳐 중토위에 이의신청)

## 제84조(이의신청에 대한 재결)

① 중토위는 제34조 재결이 위법/부당한 경우 전부 또는 일부를 취소/보상액 변경

② 보상금이 늘어난 경우 사업시행자는 재결의 취소 또는 변경의 재결서 정본을 받은 날부터 30일 이내에 보상금을 받을 자에게 그 늘어난 보상금을 지급하여야 한다(제40조 제2항 제1호·제2호 또는 제4호에 해당할 때에는 그 금액을 공탁 가능).

## 제85조(행정소송의 제기)

① 사업시행자, 토지소유자 또는 관계인은 제34조 재결서 받은 날부터 90일 이내에, 이의신청에 대한 재결서를 받은 날부터 60일 이내에 소송 가능. 사업시행자는 행정소송을 제기하기 전에 제84조에 따라 늘어난 보상금을 공탁하여야 하며, 보상금을 받을 자는 공탁된 보상금을 소송이 종결될 때까지 수령할 수 없다.

② 보상금의 증감(增減)에 관한 소송인 경우, 사업자와 토지소유자 등은 각각 피고

관련판례

1. 재결의 불복(원처분주의)

   공익사업을 위한 토지 등의 취득 및 보상에 관한 법률 제85조 제1항 전문의 문언 내용과 같은 법 제83조, 제85조가 중앙토지수용위원회에 대한 이의신청을 임의적 절차로 규정하고 있는 점, 행정소송법 제19조 단서가 행정심판에 대한 재결은 재결 자체에 고유한 위법이 있음을 이유로 하는 경우에 한하여 취소소송의 대상으로 삼을 수 있도록 규정하고 있는 점 등을 종합하여 보면, 수용재결에 불복하여 취소소송을 제기하는 때에는 이의신청을 거친 경우에도 수용재결을 한 중앙토지수용위원회 또는 지방토지수용위원회를 피고로 하여 수용재결의 취소를 구하여야 하고, 다만 이의신청

에 대한 재결 자체에 고유한 위법이 있음을 이유로 하는 경우에는 그 이의재결을 한 중앙토지수용위원회를 피고로 하여 이의재결의 취소를 구할 수 있다고 보아야 한다(대판 2010.1.28, 2008두1504).

## 2. 이의재결을 거친 경우의 제소기간

이의신청에 대한 재결서의 정본이 송달되지 아니하였어도, 이의신청에 대한 재결이 있은 사실과 재결의 내용을 알 수 있었다면 행정소송의 제소기간이 진행되는지 여부(소극)(대판 1992.7.28, 91누12905)

## 3. 보상금증감청구소송의 심리범위(보상항목 간 유용)(대판 2018.5.15, 2017두41221)

[1] 공익사업을 위한 토지 등의 취득 및 보상에 관한 법률상 피보상자 또는 사업시행자가 여러 보상항목들 중 일부에 대해서만 개별적으로 불복의 사유를 주장하여 행정소송을 제기할 수 있는지 여부(적극) 및 이러한 보상금 증감 소송에서 법원의 심판 범위/법원이 구체적인 불복신청이 있는 보상항목들에 관해서 감정을 실시하는 등 심리한 결과, 재결에서 정한 보상금액이 일부 보상항목의 경우 과소하고 다른 보상항목의 경우 과다한 것으로 판명된 경우, 보상항목 상호 간의 유용을 허용하여 정당한 보상금을 결정할 수 있는지 여부(적극)

[2] 피보상자가 여러 보상항목들에 관해 불복하여 보상금증액청구소송을 제기하였으나, 그중 일부 보상항목에 관해 법원감정액이 재결감정액보다 적게 나온 경우, 피보상자는 해당 보상항목에 관해 불복신청이 이유 없음을 자인하는 진술을 하거나 불복신청을 철회함으로써 해당 보상항목을 법원의 심판범위에서 제외하여 달라는 소송상 의사표시를 할 수 있는지 여부(적극) / 사업시행자가 피보상자의 보상금증액청구소송을 통해 감액청구권을 실현하려는 기대에서 제소기간 내에 별도의 보상금감액청구소송을 제기하지 않았는데 피보상자가 위와 같은 의사표시를 하는 경우, 사업시행자는 법원 감정 결과를 적용하여 과다 부분과 과소 부분을 합산하여 처음 불복신청된 보상항목들 전부에 관하여 정당한 보상금액을 산정하여 달라는 소송상 의사표시를 할 수 있는지 여부(적극) / 이러한 법리는 정반대 상황의 경우에도 마찬가지로 적용되는지 여부(적극)

## 4. 토지수용위원회가 보상대상에 해당하지 않는다고 잘못된 내용을 재결한 경우

관할 토지수용위원회를 상대로 그 재결에 대한 취소소송을 제기할 것이 아니라, 사업시행자를 상대로 공익사업을 위한 토지 등의 취득 및 보상에 관한 법률 제85조 제2항에 따른 보상금증감소송을 제기하여야 한다(대판 2019.11.28, 2018두227; 대판 2018.7.20, 2015두4044).

5. 지연이자

손실보상금지급의무는 그 수용시기로부터 발생하고, 재결절차에서 정한 보상액과 행정소송절차에서 정한 보상액과의 차액 역시 수용과 대가관계에 있는 손실보상의 일부이므로 위 차액이 수용의 시기에 지급되지 않은 이상, 이에 대하여는 지연손해금이 발생한다(대판 1992.9.14, 91누11254).

## 제86조(이의신청에 대한 재결의 효력)

제85조 제1항에 따른 기간 이내에 소송이 제기되지 아니하거나 그 밖의 사유로 이의신청에 대한 재결 확정 시「민사소송법」상의 확정판결이 있는 것으로 봄 + 재결서 정본은 집행력 있는 판결의 정본과 동일한 효력 + 재결확정증명서의 발급을 청구할 수 있음

## 제87조(법정이율에 따른 가산지급)

사업시행자가 제기한 행정소송이 각하·기각 또는 취하된 경우 다음 각 호의 어느 하나에 해당하는 날부터 판결일 또는 취하일까지의 기간에 대하여「소송촉진 등에 관한 특례법」제3조에 따른 법정이율을 적용하여 산정한 금액을 보상금에 가산하여 지급하여야 한다.
1. 재결이 있은 후 소송을 제기하였을 때에는 재결서 정본을 받은 날
2. 이의신청에 대한 재결이 있은 후 소송을 제기하였을 때에는 그 재결서 정본을 받은 날

## 제88조(처분효력의 부정지)

이의신청/행정소송의 제기는 사업의 진행 및 토지의 수용 또는 사용을 정지시키지 아니함

## 제89조(대집행)

이 법 또는 이 법에 따른 처분으로 인한 의무를 이행하여야 할 자가 그 정하여진 기간 이내에 의무를 불이행/완료하기 어려운 경우/의무자가 이행 시 현저히 공익 저해 시 시도시군구에게 대집행신청(정당한 사유 없으면 실행해야 함)(국가 지단은 직접 실행) + 국가 지단은 의무이행자 보호노력 촉구

**관련판례**

## 1. 인도, 이전의무가 대집행의 대상인지

① 도시공원시설인 매점의 관리청이 그 공동점유자 중의 1인에 대하여 소정의 기간
내에 위 매점으로부터 퇴거하고 이에 부수하여 그 판매 시설물 및 상품을 반출하지
아니할 때에는 이를 대집행하겠다는 내용의 계고처분은 그 주된 목적이 매점의
원형을 보존하기 위하여 점유자가 설치한 불법 시설물을 철거하고자 하는 것이
아니라, 매점에 대한 점유자의 점유를 배제하고 그 점유이전을 받는 데 있다고
할 것인데, 이러한 의무는 그것을 강제적으로 실현함에 있어 직접적인 실력행사가
필요한 것이지 대체적 작위의무에 해당하는 것은 아니어서 직접강제의 방법에
의하는 것은 별론으로 하고 행정대집행법에 의한 대집행의 대상이 되는 것은 아니
다(대판 1998.10.23, 97누157).

② 피수용자 등이 기업자에 대하여 부담하는 수용대상토지의 인도의무에 관한 구 토지
수용법 제63조, 제77조 규정에서의 '인도'에는 명도도 포함되는 것으로 보아야 하고,
이러한 명도의무는 그것을 강제적으로 실현하면서 직접적인 실력행사가 필요한
것이지 대체적 작위의무라고 볼 수 없으므로 특별한 사정이 없는 한 행정대집행법에
의한 대집행의 대상이 될 수 있는 것이 아니다(대판 2005.8.19, 2004다2809).

③ 피수용자 등이 기업자에 대하여 부담하는 수용대상토지의 인도 또는 그 지장물의
명도의무 등이 비록 공법상의 법률관계라고 하더라도, 그 권리를 피보전권리로
하는 명도단행가처분은 그 권리에 끼칠 현저한 손해를 피하거나 급박한 위험을
방지하기 위하여 또는 그 밖의 필요한 이유가 있을 경우에는 허용될 수 있다(대판
2005.8.19, 2004다2809).

## 2. 철거의무 약정이 공법상 의무가 되는지 여부

행정대집행법상 대집행의 대상이 되는 대체적 작위의무는 공법상 의무이어야 할 것인
데, 토지 등의 협의취득은 공공사업에 필요한 토지 등을 그 소유자와의 협의에 의하여
취득하는 것으로서 공공기관이 사경제주체로서 행하는 사법상 매매 내지 사법상 계약
의 실질을 가지는 것이므로, 그 협의취득 시 건물소유자가 매매대상 건물에 대한
철거의무를 부담하겠다는 취지의 약정을 하였다고 하더라도 이러한 철거의무는 공법
상의 의무가 될 수 없고, 이 경우에도 행정대집행법을 준용하여 대집행을 허용하는
별도의 규정이 없는 한 위와 같은 철거의무는 행정대집행법에 의한 대집행의 대상이
되지 않는다.

협의취득 시 건물소유자가 협의취득대상 건물에 대하여 약정한 철거의무는 공법상
의무가 아닐 뿐만 아니라, 공익사업을 위한 토지 등의 취득 및 보상에 관한 법률
제89조에서 정한 행정대집행법의 대상이 되는 '이 법 또는 이 법에 의한 처분으로
인한 의무'에도 해당하지 아니하므로 위 철거의무에 대한 강제적 이행은 행정대집행법
상 대집행의 방법으로 실현할 수 없다(대판 2006.10.13, 2006두7096).

3. 토지보상법 제88조 '기간 내에 완료할 가망이 없는 경우' 의미

"기간 내에 완료할 가망이 없는 경우"라고 함은 그 의무의 내용과 이미 이루어진 이행의 정도 및 이행의 의사 등에 비추어 해당 의무자가 그 기한 내에 의무이행을 완료하지 못할 것이 명백하다고 인정되는 경우를 말한다(대판 2002.11.13, 2002도4582).

4. 1장의 문서로 철거명령과 계고처분이 이루어진 경우

계고서라는 명칭의 1장의 문서로서 일정 기간 내에 철거할 것을 명함과 동시에 소정기간 내에 철거하지 않는 경우 대집행을 할 뜻을 계고한 경우 철거명령과 계고처분은 독립하여 있는 것으로서 각 그 요건이 충족되었다고 볼 것이다. 이에 대해 다수견해는 대집행법 제3조가 상대방에게 부여한 상당한 기간의 이익을 박탈하는 것이므로 위법하다고 보아야 한다고 한다.

5. 공작물철거 후 토지인도명령의 처분성 여부

수용재결이 있는 경우 제43조는 인도, 이전의무를 부과하고 있는데, 공작물이전명령 및 토지인도명령은 이에 근거하거나 위 법령상의 의무를 확인시켜주는 행위로 볼 수 있다.

6. 협의 내용 미이행 시 대행, 대집행 준용 여부

행정대집행법상 대집행의 대상이 되는 대체적 작위의무는 공법상 의무이어야 할 것인데, 협의취득은 공공사업에 필요한 토지 등을 그 소유자와의 협의에 의하여 취득하는 것으로서 공공기관이 사경제주체로서 행하는 사법상 매매 내지 사법상 계약의 실질을 가지는 것이므로, 그 협의취득 시 건물소유자가 매매대상 건물에 대한 철거의무를 부담하겠다는 취지의 약정을 하였다고 하더라도 이러한 철거의무는 공법상의 의무가 될 수 없고, 이 경우에도 행정대집행법을 준용하여 대집행을 허용하는 별도의 규정이 없는 한 위와 같은 철거의무는 행정대집행법에 의한 대집행의 대상이 되지 않는다(대판 2006.10.13, 2006두7096).

제90조(강제징수)

대행비용은 지방세 체납처분의 예에 따라 징수 가능

# 제8장 환매권

## 제91조(환매권)

① 공익사업의 폐지·변경 또는 그 밖의 사유로 취득한 토지의 전부 또는 일부가 필요 없게 된 경우 토지의 협의취득일 또는 수용의 개시일 당시의 토지소유자 또는 그 포괄승계인은 다음 각 호의 구분에 따른 날부터 10년 이내에 그 토지에 대하여 받은 보상금에 상당하는 금액을 사업시행자에게 지급하고 그 토지를 환매할 수 있다(잔여지만의 환매신청은 불가).

　1. 사업의 폐지·변경으로 취득한 토지의 전부 또는 일부가 필요 없게 된 경우 : 관계 법률에 따라 사업이 폐지·변경된 날 또는 제24조에 따른 사업의 폐지·변경 고시가 있는 날

　2. 그 밖의 사유로 취득한 토지의 전부 또는 일부가 필요 없게 된 경우 : 사업완료일

② 취득일부터 5년 이내에 취득한 토지의 전부를 해당 사업에 이용하지 아니하였을 때에는 환매권은 취득일부터 6년 이내에 행사하여야 한다.

④ 토지의 가격이 취득일 당시에 비하여 현저히 변동된 경우 사업시행자와 환매권자는 환매금액에 대하여 서로 협의하되, 협의가 성립되지 아니하면 그 금액의 증감을 법원에 청구 가능

⑤ 협의취득 또는 수용의 등기가 되었을 때에는 제3자에게 대항 가능

⑥ 국지공이 사업인정을 받아 공익사업에 필요한 토지를 협의취득하거나 수용한 후 해당 공익사업이 제4조 제1호부터 제5호까지에 규정된 다른 공익사업으로 변경된 경우 제1항 및 제2항에 따른 환매권 행사기간은 관보에 해당 공익사업의 변경을 고시한 날부터 기산(起算)한다. + 공익사업이 변경된 사실을 환매권자에게 통지하여야 한다.

### 관련판례

1. **환매권의 근거**(토지소유자의 감정의 존중, 공평의 원칙 및 재산권 존속보장)
　① 환매권을 인정하고 있는 입법이유는, 완전보상 이후에도 피수용자의 감정상의 손실이 남아 있으므로 그 감정상의 손실을 수인할 공익상의 필요가 소멸된 때에는 원소유자의 의사에 따라 그 토지 등의 소유권을 회복시켜 주는 것이 공평의 원칙에 부합한다는 데에 있다(대판 1992.4.28, 91다29927).
　② 환매권은 헌법이 보장하는 재산권의 내용에 포함되는 권리라고 보는 것이 상당하다(헌재 1998.12.24, 97헌마87).

## 2. 법적 근거(법률상 권리설)

환매권은 공공의 목적을 위하여 수용 또는 협의취득된 토지의 원소유자 또는 그 포괄 승계인에게 재산권보장과 관련하여 공평의 원칙상 인정하고 있는 권리로서 민법상의 환매권과는 달리 법률의 규정에 의하여서만 인정된다(대판 1993.6.29, 91다43480).

## 3. 해당 사업의 폐지변경 기타의 사유로 필요 없게 된 때

'해당 사업'이란 토지의 협의취득 또는 수용의 목적이 된 구체적인 특정 공익사업을 가리키는 것이고, 취득한 토지의 전부 또는 일부가 '필요 없게 된 때'란 사업시행자가 취득한 토지의 전부 또는 일부가 취득 목적사업을 위하여 사용할 필요 자체가 없어진 경우를 말하며, 협의취득 또는 수용된 토지가 필요 없게 되었는지는 사업시행자의 주관적인 의사를 표준으로 할 것이 아니라 해당 사업의 목적과 내용, 협의취득의 경위와 범위, 해당 토지와 사업의 관계, 용도 등 제반 사정에 비추어 객관적·합리적으로 판단하여야 한다(대판 2019.10.31, 2018다233242).

## 4. 취득한 토지의 전부를 사업에 이용하지 아니한 때

"취득한 토지 전부"가 공공사업에 이용되지 아니한 경우에 한하여 환매권을 행사할 수 있고 그중 일부라도 공공사업에 이용되고 있으면 나머지 부분에 대하여도 장차 공공사업이 시행될 가능성이 있는 것으로 보아 환매권의 행사를 허용하지 않는다는 취지이므로, 이용하지 아니하였는지 여부도 그 취득한 토지 전부를 기준으로 판단할 것이고, 필지별로 판단할 것은 아니라 할 것이다(대판 1995.2.10, 94다31310).

## 5. 환매권 행사요건(사업인정 무효인 경우)

도시계획시설사업의 시행자로 지정되어 그 도시계획시설사업의 수행을 위하여 필요한 토지를 협의취득하였다고 하더라도, 시행자 지정이 처음부터 효력이 없거나 토지의 취득 당시 해당 도시계획시설사업의 법적 근거가 없었던 것으로 볼 수 있는 등 협의취득이 당연무효인 경우, 협의취득일 당시의 토지소유자가 소유권에 근거하여 등기 명의를 회복하는 방식 등으로 권리를 구제받는 것은 별론으로 하더라도 토지보상법 제91조 제1항에서 정하고 있는 환매권을 행사할 수는 없다고 봄이 타당하다(대판 2021.4.29, 2020다280890).

## 6. 환매절차

환매는 환매기간 내에 환매의 요건이 발생하면 환매권자가 환매대금을 지급하고 일방적으로 환매의 의사표시를 함으로써 사업시행자의 의사여하에 관계없이 그 환매가 성립되는 것이다(대판 1987.4.14, 86다324).

7. 환매금액

환매는 환매기간 내에 환매의 요건이 발생하면 환매권자가 수령한 보상금의 상당금액을 사업시행자에게 미리 지급하고 일방적으로 매수의 의사표시를 함으로써 사업시행자의 의사와 관계없이 환매가 성립되는 것이고, 토지 등의 가격이 취득 당시에 비하여 현저히 변경되었더라도 같은 법 제9조 제3항에 의하여 당사자 간에 금액에 대하여 협의가 성립되거나 토지수용위원회의 재결에 의하여 그 금액이 결정되지 않는 한 그 가격이 현저히 등귀된 경우이거나 하락한 경우이거나를 묻지 않고 환매권을 행사하기 위하여는 수령한 보상금의 상당금액을 미리 지급하여야 하고 또한 이로써 족하다(대판 1994.5.24, 93누17225).

8. 공익사업변환과 환매권(환매권 행사의 제한)

(1) 공익사업변환의 위헌성

공익사업의 원활한 시행을 확보하기 위한 목적에서 신설된 것으로 우선 그 입법목적에 있어서 정당하고 나아가 변경사용이 허용되는 사업시행자의 범위를 국가·지방자치단체 또는 공공기관으로 한정하고 사업목적 또는 상대적으로 공익성이 높은 (구)토지수용법 제3조 제1호 내지 제4호의 공익사업으로 한정하여 규정하고 있어서 그 입법목적 달성을 위한 수단으로서의 적정성이 인정될 뿐 아니라 피해최소성의 원칙 및 법익균형의 원칙에도 부합된다 할 것이므로 위 법률조항은 헌법 제37조 제2항이 규정하는 기본권 제한에 관한 과잉금지의 원칙에 위배되지 아니한다(헌재 1997.6.26, 96헌바94).

(2) 공익사업변환취지 및 주체가 국가 등이어야 하는지

토지보상법 제91조 제6항의 입법 취지와 문언, 1981.12.31. 구 토지수용법(2002.2.4. 법률 제6656호로 제정된 토지보상법 부칙 제2조에 의하여 폐지)의 개정을 통해 처음 마련된 공익사업변환 제도는 기존에 공익사업을 위해 수용된 토지를 그 후의 사정변경으로 다른 공익사업을 위해 전용할 필요가 있는 경우에는 환매권을 제한함으로써 무용한 수용절차의 반복을 피하자는 데 주안점을 두었을 뿐 변경된 공익사업의 사업주체에 관하여는 큰 의미를 두지 않았던 점, 민간기업이 관계 법률에 따라 허가·인가·승인·지정 등을 받아 시행하는 도로, 철도, 항만, 공항 등의 건설사업의 경우 공익성이 매우 높은 사업임에도 사업시행자가 민간기업이라는 이유만으로 공익사업의 변환을 인정하지 않는다면 공익사업변환 제도를 마련한 취지가 무색해지는 점, 공익사업의 변환이 일단 토지보상법 제91조 제6항에 정한 '국가·지방자치단체 또는 공공기관의 운영에 관한 법률 제4조에 따른 공공기관 중 대통령령으로 정하는 공공기관'(이하 '국가·지방자치단체 또는 일정한 공공기관이라고 한다)이 협의취득 또는 수용한 토지를 대상으로 하고, 변경된 공익사업이 공익성이 높은 토지보상법 제4조 제1~5호에 규정된 사업인 경우에 한하여 허용되므로 공익사업변환 제도의 남용을 막을 수 있는 점을 종합해 보면, 변경된 공익사업이 토지보상법 제4조 제1~5호에 정한 공익사업에 해당하면 공익사업

의 변환이 인정되는 것이지, 변경된 공익사업의 시행자가 국가·지방자치단체 또는 일정한 공공기관일 필요까지는 없다(대판 2015.8.19, 2014다201391).

(3) **변환사업의 사업인정 및 토지의 계속소유**(대판 2010.9.30, 2010다30782)
  ① 새로운 공익사업에 관해서도 같은 법 제20조 제1항의 규정에 의해 사업인정을 받거나 또는 위 규정에 따른 사업인정을 받은 것으로 의제하는 다른 법률의 규정에 의해 사업인정을 받은 것으로 볼 수 있는 경우에만 공익사업의 변환에 의한 환매권 행사의 제한을 인정할 수 있다.
  ② 공익사업의 원활한 시행을 위한 무익한 절차의 반복 방지라는 '공익사업의 변환을 인정한 입법 취지에 비추어 볼 때, 만약 사업시행자가 협의취득하거나 수용한 해당 토지를 제3자에게 처분해 버린 경우에는 어차피 변경된 사업시행 자는 그 사업의 시행을 위하여 제3자로부터 토지를 재취득해야 하는 절차를 새로 거쳐야 하는 관계로 위와 같은 공익사업의 변환을 인정할 필요성도 없게 되므로, 공익사업의 변환을 인정하기 위해서는 적어도 변경된 사업의 사업시 행자가 해당 토지를 소유하고 있어야 한다. 나아가 공익사업을 위해 협의취득 하거나 수용한 토지가 제3자에게 처분된 경우에는 특별한 사정이 없는 한 그 토지는 해당 공익사업에는 필요 없게 된 것이라고 보아야 하고, 변경된 공익사업에 관해서도 마찬가지이므로, 그 토지가 변경된 사업의 사업시행자 아닌 제3자에게 처분된 경우에는 공익사업의 변환을 인정할 여지도 없다.

## 9. 환매금액 증감소송
구 공익사업을 위한 토지 등의 취득 및 보상에 관한 법률 제91조에 규정된 환매권의 존부에 관한 확인을 구하는 소송 및 같은 조 제4항에 따라 환매금액의 증감을 구하는 소송이 민사소송에 해당하는지 여부(적극)(대판 2013.2.28, 2010두22368[환매대금증 감][미간행])

## 10. 동시이행항변주장 가능성
공익사업을 위한 토지 등의 취득 및 보상에 관한 법률 제91조에 의한 환매는 환매기간 내에 환매의 요건이 발생하면 환매권자가 지급받은 보상금에 상당한 금액을 사업시행 자에게 미리 지급하고 일방적으로 의사표시를 함으로써 사업시행자의 의사와 관계없 이 환매가 성립하고, 토지 등의 가격이 취득 당시에 비하여 현저히 변경되었더라도 같은 법 제91조 제4항에 의하여 당사자 간에 금액에 관하여 협의가 성립하거나 사업시 행자 또는 환매권자가 그 금액의 증감을 법원에 청구하여 법원에서 그 금액이 확정되 지 않는 한, 그 가격이 현저히 등귀한 경우이거나 하락한 경우이거나를 묻지 않고 환매권을 행사하기 위하여는 지급받은 보상금 상당액을 미리 지급하여야 하고 또한 이로써 족한 것이며, 사업시행자는 소로써 법원에 환매대금의 증액을 청구할 수 있을 뿐 환매권 행사로 인한 소유권이전등기 청구소송에서 환매대금 증액청구권을 내세워 증액된 환매대금과 보상금 상당액의 차액을 지급할 것을 선이행 또는 동시이행의 항변으로 주장할 수 없다(대판 2006.12.21, 2006다49277).

### 11. 건물에 대한 환매권 인정 여부

건물은 그 경우 통상 철거되거나 그렇지 않더라도 형상의 변경이 있게 되며, 토지에 대해서는 보상이 이루어지더라도 수용당한 소유자에게 감정상의 손실 등이 남아있게 되나, 건물의 경우 정당한 보상이 주어졌다면 그러한 손실이 남아있는 경우는 드물다. 따라서 건물에 대한 환매권을 인정하지 않는 입법이 자의적인 것이라거나 정당한 입법목적을 벗어난 것이라 할 수 없고, 이미 정당한 보상을 받은 건물소유자의 입장에서는 해당 건물을 반드시 환매받아야 할 만한 중요한 사익이 있다고 보기 어려우며, 건물에 대한 환매권이 부인된다고 해서 종전 건물소유자의 자유실현에 여하한 지장을 초래한다고 볼 수 없다(헌재 2005.5.26, 2004헌가10).

### 12. 사업이 무효인 경우 환매권 행사가능여부

도시계획시설사업의 시행자로 지정되어 그 도시계획시설사업의 수행을 위하여 필요한 토지를 협의취득하였다고 하더라도, 시행자 지정이 처음부터 효력이 없거나 토지의 취득 당시 해당 도시계획시설사업의 법적 근거가 없었던 것으로 볼 수 있는 등 협의취득이 당연무효인 경우, 협의취득일 당시의 토지소유자가 소유권에 근거하여 등기 명의를 회복하는 방식 등으로 권리를 구제받는 것은 별론으로 하더라도 토지보상법 제91조 제1항에서 정하고 있는 환매권을 행사할 수는 없다고 봄이 타당하다(대판 2021.4.29, 2020다280890).

## 제92조(환매권의 통지 등)

① 환매 토지 발생 시 지체없이 환매권자에게 통지(사업시행자가 과실 없이 환매권자를 알 수 없을 때에는 공고)
② 통지/공고를 한 날부터 6개월이 지난 후에는 환매권 행사 ×

# 제9장 벌칙

## 제93조(벌칙)

① 거짓이나 그 밖의 부정한 방법으로 보상금을 받은 자 또는 그 사실을 알면서 보상금을 지급한 자는 5년 이하의 징역 또는 3천만원 이하의 벌금에 처한다.
② 제1항에 규정된 죄의 미수범은 처벌한다.

### 제93조의2(벌칙)

제63조 제3항을 위반하여 토지로 보상받기로 결정된 권리(제63조 제4항에 따라 현금으로 보상받을 권리를 포함한다)를 전매한 자는 3년 이하의 징역 또는 1억원 이하의 벌금에 처한다.

### 제94조 삭제

### 제95조(벌칙)

제58조 제1항 제2호에 따라 감정평가를 의뢰받은 감정평가법인등이나 그 밖의 감정인으로서 거짓이나 그 밖의 부정한 방법으로 감정평가를 한 자는 2년 이하의 징역 또는 1천만원 이하의 벌금에 처한다.

### 제95조의2(벌칙) 1년 이하의 징역 또는 1천만원 이하의 벌금

1. 제12조 제1항을 위반하여 장해물 제거 등을 한 자
2. 제43조를 위반하여 토지 또는 물건을 인도하거나 이전하지 아니한 자

### 제96조(벌칙)

제25조 제1항 또는 제2항 전단을 위반한 자는 1년 이하의 징역 또는 500만원 이하의 벌금에 처한다.

### 제97조(벌칙) 200만원 이하의 벌금

1. 제9조 제2항 본문을 위반하여 특별자치도지사, 시장·군수 또는 구청장의 허가를 받지 아니하고 타인이 점유하는 토지에 출입하거나 출입하게 한 사업시행자
2. 제11조(제27조 제2항에 따라 준용되는 경우를 포함한다)를 위반하여 사업시행자 또는 감정평가법인등의 행위를 방해한 토지점유자

### 제98조(양벌규정)

법인의 대표자나 법인 또는 개인의 대리인, 사용인, 그 밖의 종업원이 그 법인 또는 개인의 업무에 관하여 제93조, 제93조의2, 제95조, 제95조의2, 제96조 또는 제97조의 어느 하나에 해당하는 위반행위를 하면 그 행위자를 벌하는 외

에 그 법인 또는 개인에게도 해당 조문의 벌금형을 과(科)한다. 다만, 법인이나 개인이 그 위반행위를 방지하기 위하여 해당 업무에 관하여 상당한 주의와 감독을 게을리하지 아니한 경우에는 그러하지 아니하다.

### 제99조(과태료)

① 200만원 이하의 과태료 부과

1. 제58조 제1항 제1호에 규정된 자로서 정당한 사유 없이 출석이나 진술을 하지 아니하거나 거짓으로 진술한 자
2. 제58조 제1항 제1호에 따라 의견서 또는 자료 제출을 요구받고 정당한 사유 없이 이를 제출하지 아니하거나 거짓 의견서 또는 자료를 제출한 자
3. 제58조 제1항 제2호에 따라 감정평가를 의뢰받거나 출석 또는 진술을 요구받고 정당한 사유 없이 이에 따르지 아니한 감정평가법인등이나 그 밖의 감정인
4. 제58조 제1항 제3호에 따른 실지조사를 거부, 방해 또는 기피한 자

② 과태료는 국토교통부장관이나 시·도지사가 부과·징수한다.

# 제1장 총칙

### 제1조(목적)
토지보상법 및 동법 시행령 위임사항과 그 시행에 필요한 사항 규정

### 제2조(정의)
1. "대상물건" : 토지·물건 및 권리로서 평가의 대상이 되는 것
2. "공익사업시행지구" : 공익사업이 시행되는 지역
3. "지장물" : 사업지구 내 토지에 정착한 건축물·공작물·시설·입목·죽목 및 농작물 그 밖의 물건 중에서 해당 공익사업의 수행을 위하여 직접 필요하지 아니한 물건
4. "이전비" : 대상물건의 유용성을 동일하게 유지하면서 해당 공익사업시행지구 밖의 지역으로 이전·이설 또는 이식하는 데 소요되는 비용(물건의 해체비, 건축허가에 일반적으로 소요되는 경비를 포함한 건축비와 적정거리까지의 운반비를 포함하며, 「건축법」 등 관계법령에 의하여 요구되는 시설의 개선에 필요한 비용을 제외한다)

### 제3조(송달) – 특별송달 가능

### 제4조(증표 및 허가증의 서식)

# 제2장 협의에 의한 취득 또는 사용

### 제5조(토지조서 및 물건조서의 서식)

### 제6조(보상협의요청서 및 협의경위서의 서식)

# 제3장 수용에 의한 취득 또는 사용

## 제8조(사업인정신청서의 서식 등)

② 사업계획서에 다음 각 호의 사항 기재
    1. 사업의 개요 및 법적 근거
    2. 사업의 착수·완공예정일
    3. 소요경비와 재원조서
    4. 사업에 필요한 토지와 물건의 세목
    5. 사업의 필요성 및 그 효과

## 제9조의2(협의의 요청)

① 국토교통부장관 또는 사업인정이 있는 것으로 의제되는 공익사업의 허가·인가·승인권자 등은 중앙토지수용위원회와 협의를 하려는 경우 사업관련 자료 및 도면과 소유자 등에 대한 의견자료를 중앙토지수용위원회에 제출해

## 제9조의3(재협의 요청)

① 국토교통부장관 또는 사업인정이 있는 것으로 의제되는 공익사업의 허가·인가·승인권자 등은 중앙토지수용위원회가 사업인정 등에 동의하지 않은 경우에는 이를 보완하여 다시 협의를 요청 가능

## 제9조의4(협의 후 자료 제출 요청)

중앙토지수용위원회는 사업인정이 있는 것으로 의제되는 공익사업의 허가·인가·승인권자 등에게 다음 각 호의 자료 제출을 요청 가능
1. 사업인정이 의제되는 지구지정·사업계획승인 등의 여부
2. 협의 조건의 이행여부
3. 해당 공익사업에 대한 재결 신청현황

## 제10조(재결신청서의 서식 등)

## 제11조(협의성립확인신청서의 서식 등)

제12조(재결신청청구서의 제출방법)

사업시행자에게 직접 제출 또는 「우편법 시행규칙」에 따른 증명취급의 방법

# 제4장 토지수용위원회

제13조(참고인 등의 일당·여비 및 감정수수료)

제14조(위원의 수당 및 여비)

# 제5장 손실보상평가의 기준 및 보상액의 산정 등

## 제1절 통칙

제15조(부재부동산 소유자의 거주사실 등에 대한 입증방법)

① 거주사실의 입증방법

  1. 해당지역 주민등록 사무 담당자의 확인을 받아 입증하는 방법

  2. 다음의 어느 하나에 해당하는 자료로 입증하는 방법

    가. 공공요금영수증

    나. 국민연금보험료, 건강보험료 또는 고용보험료 납입증명서

    다. 전화사용료, 케이블텔레비전 수신료 또는 인터넷 사용료 납부확인서

    라. 신용카드 대중교통 이용명세서

    마. 자녀의 재학증명서

    바. 연말정산 등 납세 자료

    사. 그 밖에 실제 거주사실을 증명하는 객관적 자료

② 사실상 영업행위의 입증방법(다음 각 호의 자료를 모두 제출)

  1. 사업자등록증 및 관계법령에 따른 허가 등 입증 서류

  2. 해당 영업에 따른 납세증명서 또는 공공요금영수증 등 객관성이 있는 자료

## 제15조의2(사업시행자의 현금보상으로의 전환)

해당 사업계획의 변경으로 대토보상 어려운 경우 현금보상 전환 가능

## 제15조의3(토지소유자의 현금보상으로의 전환)

소유자 요청 시 현금보상 전환 가능
1. 토지소유자의 채무변제를 위하여 현금보상이 부득이한 경우
2. 부상이나 질병의 치료 등을 위하여 현금보상이 부득이하다고 명백히 인정되는 경우

## 제16조(보상평가의 의뢰 및 평가 등)

① 사업시행자는 보상평가의뢰서에 다음 각 호의 사항을 기재하여 감정평가법인등에 의뢰해
   1. 대상물건의 표시
   2. 대상물건의 가격시점
   3. 평가서 제출기한(30일 이내, 대상물건이나 평가내용이 특수한 경우에는 예외)
   4. 대상물건의 취득 또는 사용의 구분
   5. 건축물 등 물건에 대하여는 그 이전 또는 취득의 구분
   6. 영업손실을 보상하는 경우에는 그 폐지 또는 휴업의 구분
   7. 법 제82조 제1항 제1호의 규정에 의한 보상액 평가를 위한 사전 의견수렴에 관한 사항
   8. 그 밖의 평가조건 및 참고사항
③ 감정평가법인등은 대상물건 및 그 주변의 상황을 현지조사하고 평가하고 고도의 기술을 필요로 하는 등으로 직접 평가할 수 없는 대상물건에 대하여는 사업시행자의 승낙을 얻어 전문기관의 자문 또는 용역을 거쳐 평가 가능
④ 심사자는 성실하게 위산오기 여부, 평가의 적정성, 표준지 적정성 및 평가액 타당성 등 심사하고 서명날인 후 보고서 제출
⑥ 보상액의 산정은 각 법인별 평가액의 산술평균치를 기준으로 한다.

## 제17조(재평가 등)

① 평가가 관계법령 위반/부당 평가 시 → 해당 감정평가법인등에게 재평가 요구

② 해당 법인등에 평가요구 못하거나 최고평가액이 최저평가액의 110퍼센트를 초과하는 경우 및 평가 후 1년 경과 시에는 다른 2인 이상의 감정평가법인등에게 대상물건의 평가를 다시 의뢰해

⑤ 최고평가액이 최저평가액의 110퍼센트를 초과하는 경우 국토교통부장관은 적법성 조사해

## 제18조(평가방법 적용의 원칙)

① 대상물건의 평가는 이 규칙에서 정하는 방법에 의하되, 다른 방법으로 합리성 검토해

② 이 규칙에서 정하는 방법으로 평가하는 것이 부적정하면 다른 방법 가능(사유 기재)

③ 이 규칙에서 정하지 아니한 대상물건에 대하여는 이 규칙의 취지와 감정평가의 일반이론에 의하여 객관적으로 판단·평가

## 제19조(대상물건의 변경에 따른 평가)

③ 재평가를 하는 경우로서 재평가시점에서 물건의 수량 또는 내용이 변경된 경우에는 변경된 상태를 기준으로 평가해

## 제20조(구분평가 등)

① 토지와 건축물 등은 각각 평가해(단, 일체거래 관행 있으면 일괄평가해)

## 제21조(보상채권의 교부 및 상환현황통지서 등의 서식)


## 제2절 토지의 평가

## 제22조(취득하는 토지의 평가)

① 취득하는 토지는 공시지가 기준평가 + 건축물 등이 없는 상태(나지상정)

③ 표준지는 다음 각 호의 기준에 따른 토지
  1. 용도지역, 용도지구, 용도구역 등 공법상 제한이 같거나 유사할 것
  2. 평가대상 토지와 실제 이용상황이 같거나 유사할 것
  3. 평가대상 토지와 주위 환경 등이 같거나 유사할 것
  4. 평가대상 토지와 지리적으로 가까울 것

## 제23조(공법상 제한을 받는 토지의 평가)

① 제한받는 상태대로 평가(단, 해당 사업 시행을 직접 목적으로 한 경우에는 제한 없는 상태), ② 해당 사업의 시행을 직접 목적으로 하여 용도지역 또는 용도지구 등이 변경된 경우에는 변경 전 기준

**관련판례**

1. 해당 공공사업의 시행을 직접 목적으로 하여 가하여진 경우의 의미
   ① '해당 공공사업의 시행을 직접 목적으로 하여 가하여진 경우'란 도시계획시설로 결정고시된 토지가 당초의 목적사업에 편입수용되는 경우는 물론 당초의 목적사업과는 다른 목적의 공공사업에 편입수용되는 경우도 포함된다(대판 1989.7.11, 88누11797).
   ② "해당 사업을 직접 목적으로 공법상 제한이 가해진 경우"를 확장 해석하는 이유가 사업변경 내지 고의적인 사전제한 등으로 인한 토지소유자의 불이익을 방지하기 위한 것이라는 점에 비추어 볼 때 수용대상토지의 보상액 평가 시 고려대상에서 배제하여야 할 해당 공공사업과 다른 목적의 공공사업으로 인한 공법상 제한의 범위는 그 제한이 구체적인 사업의 시행을 필요로 하는 것에 한정된다고 할 것이다 (대판 1992.3.13, 91누4324).

2. 해당 사업의 시행을 목적으로 용도지역이 변경되지 않은 경우
   수용대상토지에 관하여 특정 시점에서 용도지역 등의 지정 또는 변경을 하지 않은 것이 특정 공익사업의 시행을 위한 것일 경우 이는 해당 공익사업의 시행을 직접 목적으로 하는 제한이라고 보아 용도지역 등의 지정 또는 변경이 이루어진 상태를 상정하여 토지가격을 평가하여야 한다. 여기에서 특정 공익사업의 시행을 위하여 용도지역 등의 지정 또는 변경을 하지 않았다고 볼 수 있으려면, 토지가 특정 공익사업에 제공된다는 사정을 배제할 경우 용도지역 등의 지정 또는 변경을 하지 않은 행위가 계획재량권의 일탈·남용에 해당함이 객관적으로 명백하여야만 한다(대판 2015.8.27, 2012두7950).

3. 일반적 제한과 개별적 제한(대판 2019.9.25, 2019두34982)
   ① 용도지역·지구·구역의 지정 또는 변경과 같이 그 자체로 제한목적이 달성되는

일반적 계획제한으로서 구체적 도시계획사업과 직접 관련되지 아니한 경우에는 그러한 제한을 받는 상태 그대로 평가하여야 하고,

② 도로·공원 등 특정 도시계획시설의 설치를 위한 계획결정과 같이 구체적 사업이 따르는 개별적 계획제한이거나 일반적 계획제한에 해당하는 용도지역·지구·구역의 지정 또는 변경에 따른 제한이더라도 그 용도지역·지구·구역의 지정 또는 변경이 특정 공익사업의 시행을 위한 것일 때에는 해당 공익사업의 시행을 직접 목적으로 하는 제한으로 보아 위 제한을 받지 아니하는 상태를 상정하여 평가하여야 한다.

### 4. 개발제한구역 지정의 헌법불합치 결정(헌재 1998.12.24, 89헌마214)

① 개발제한구역 지정으로 인하여 토지를 종래의 목적으로도 사용할 수 없거나 또는 더 이상 법적으로 허용된 토지이용의 방법이 없기 때문에 실질적으로 토지의 사용·수익의 길이 없는 경우에는 토지소유자가 수인해야 하는 사회적 제약의 한계를 넘는 것으로 보아야 한다.

② 개발제한구역의 지정으로 인한 개발가능성의 소멸과 그에 따른 지가의 하락이나 지가상승률의 상대적 감소는 토지소유자가 감수해야 하는 사회적 제약의 범주에 속하는 것으로 보아야 한다. 자신의 토지를 장래에 건축이나 개발목적으로 사용할 수 있으리라는 기대가능성이나 신뢰 및 이에 따른 지가상승의 기회는 원칙적으로 재산권의 보호범위에 속하지 않는다. 구역지정 당시의 상태대로 토지를 사용·수익·처분할 수 있는 이상, 구역지정에 따른 단순한 토지이용의 제한은 원칙적으로 재산권에 내재하는 사회적 제약의 범주를 넘지 않는다.

③ 도시계획법 제21조에 의한 재산권의 제한은 개발제한구역으로 지정된 토지를 원칙적으로 지정 당시의 지목과 토지현황에 의한 이용방법에 따라 사용할 수 있는 한, 재산권에 내재하는 사회적 제약을 비례의 원칙에 합치하게 합헌적으로 구체화한 것이라고 할 것이나, 종래의 지목과 토지현황에 의한 이용방법에 따른 토지의 사용도 할 수 없거나 실질적으로 사용·수익을 전혀 할 수 없는 예외적인 경우에도 아무런 보상없이 이를 감수하도록 하고 있는 한, 비례의 원칙에 위반되어 해당 토지소유자의 재산권을 과도하게 침해하는 것으로서 헌법에 위반된다.

④ 도시계획법 제21조에 규정된 개발제한구역제도 그 자체는 원칙적으로 합헌적인 규정인데, 다만 개발제한구역의 지정으로 말미암아 일부 토지소유자에게 사회적 제약의 범위를 넘는 가혹한 부담이 발생하는 예외적인 경우에 대하여 보상규정을 두지 않은 것에 위헌성이 있는 것이고, 보상의 구체적 기준과 방법은 헌법재판소가 결정할 성질의 것이 아니라 광범위한 입법형성권을 가진 입법자가 입법 정책적으로 정할 사항이므로, 입법자가 보상입법을 마련함으로써 위헌적인 상태를 제거할 때까지 위 조항을 형식적으로 존속케 하기 위하여 헌법불합치결정을 하는 것인바, 입법자는 되도록 빠른 시일 내에 보상입법을 하여 위헌적 상태를 제거할 의무가

있고, 행정청은 보상입법이 마련되기 전에는 새로 개발제한구역을 지정하여서는
아니 되며, 토지소유자는 보상입법을 기다려 그에 따른 권리행사를 할 수 있을
뿐 개발제한구역의 지정이나 그에 따른 토지재산권의 제한 그 자체의 효력을 다투
거나 위 조항에 위반하여 행한 자신들의 행위의 정당성을 주장할 수는 없다.

⑤ 입법자가 도시계획법 제21조를 통하여 국민의 재산권을 비례의 원칙에 부합하게
합헌적으로 제한하기 위해서는, 수인의 한계를 넘어 가혹한 부담이 발생하는 예외
적인 경우에는 이를 완화하는 보상규정을 두어야 한다. 이러한 보상규정은 입법자
가 헌법 제23조 제1항 및 제2항에 의하여 재산권의 내용을 구체적으로 형성하고
공공의 이익을 위하여 재산권을 제한하는 과정에서 이를 합헌적으로 규율하기
위하여 두어야 하는 규정이다. 재산권의 침해와 공익 간의 비례성을 다시 회복하기
위한 방법은 헌법상 반드시 금전보상만을 해야 하는 것은 아니다. 입법자는 지정의
해제 또는 토지매수청구권제도와 같이 금전보상에 갈음하거나 기타 손실을 완화
할 수 있는 제도를 보완하는 등 여러 가지 다른 방법을 사용할 수 있다.

## 제24조(무허가건축물 등의 부지 또는 불법형질변경된 토지의 평가)

무허가, 무신고, 무단용도변경(무허가건축물 등) 건축물의 부지 또는 무허가,
무신고 형질변경(불법형질변경) 토지는 무허가건축물 등이 건축 또는 용도변경
될 당시 또는 토지가 형질변경될 당시의 이용상황을 상정하여 평가한다.

**관련판례**

### 1. 무허가건축물 부지

① '무허가건물 등의 부지'라 함은 해당 무허가건물 등의 용도・규모 등 제반 여건과
현실적인 이용상황을 감안하여 무허가건물 등의 사용・수익에 필요한 범위 내의
토지와 무허가건물 등의 용도에 따라 불가분적으로 사용되는 범위의 토지를 의미
하는 것(대판 2002.9.4, 2000두8325)

② 무허가건축물관리대장에 건축물로 등재되어 있다고 하여 그 건축물이 적법한 절차
를 밟아서 건축된 것이라거나 그 건축물의 부지가 적법하게 형질변경된 것으로
추정되지는 않는다.

③ 무허가건축물 부지인지 판단함에 있어서 사용승인은 요구되는지 않는다(대판
2013.8.23, 2012두24900).

### 2. 불법형질변경토지

① 불법형질변경 입증

수용대상토지의 이용상황이 일시적이라거나 불법형질변경토지라는 이유로 본래
의 이용상황 또는 형질변경 당시의 이용상황에 의하여 보상액을 산정하기 위해서

는 그와 같은 예외적인 보상액 산정방법의 적용을 주장하는 쪽에서 수용대상토지가 불법형질변경토지임을 증명해야 한다. 그리고 수용대상토지가 불법형질변경토지에 해당한다고 인정하기 위해서는 단순히 수용대상토지의 형질이 공부상 지목과 다르다는 점만으로는 부족하고, 수용대상토지의 형질변경 당시 관계 법령에 의한 허가 또는 신고의무가 존재하였고 그럼에도 허가를 받거나 신고를 하지 않은 채 형질변경이 이루어졌다는 점이 증명되어야 한다(대판 2012.4.26, 2011두2521; 대판 2011.9.29, 2011두4299).

② **형질변경의 의미 및 준공검사나 지목변경이 수반되는지 여부**

토지의 형질변경이란 절토, 성토, 정지 또는 포장 등으로 토지의 형상을 변경하는 행위와 공유수면의 매립을 뜻하는 것으로서, 토지의 형질을 외형상으로 사실상 변경시킬 것과 그 변경으로 인하여 원상회복이 어려운 상태에 있을 것을 요하지만, 형질변경허가에 관한 준공검사를 받거나 토지의 지목까지 변경시킬 필요는 없다(대판 2013.6.13, 2012두300).

## 제25조(미지급용지의 평가)

① 종전에 시행된 공익사업의 부지로서 보상금이 지급되지 아니한 토지는 종전 사업 편입 당시 이용상황 기준(종전의 공익사업에 편입될 당시의 이용상황을 알 수 없는 경우에는 편입될 당시의 지목과 인근토지의 이용상황 등을 참작하여 평가)

② 사업시행자는 보상평가의뢰서에 미지급용지임을 표시해

**관련판례**

### 1. 미불용지 요건

공익사업을 위한 토지 등의 취득 및 보상에 관한 법률 시행규칙 제25조 제1항의 미불용지는 '종전에 시행된 공익사업의 부지로서 보상금이 지급되지 아니한 토지'이므로, 미불용지로 인정되려면 종전에 공익사업이 시행된 부지여야 하고, 종전의 공익사업은 적어도 해당 부지에 대하여 보상금이 지급될 필요가 있는 것이어야 한다(대판 2009. 3.26, 2008두22129).

### 2. 이용상황 판단

공공사업의 부지를 취득하지 못한 단계에서 공공사업을 시행하여 토지의 현실적인 이용상황을 변경시킴으로써 토지의 거래가격이 상승된 경우에까지 위 시행규칙 제6조 제7항에 규정된 미보상용지의 법리가 적용되지는 않는다(대판 1999.3.23, 98두13850).

3. 미보상용지 규정 취지

종전에 공공사업의 시행으로 인하여 정당한 보상금이 지급되지 아니한 채 공공사업의 부지로 편입되어 버린 이른바 미보상용지는 용도가 공공사업의 부지로 제한됨으로 인하여 거래가격이 아예 형성되지 못하거나 상당히 감가되는 것이 보통이어서, 사업 시행자가 이와 같은 미보상용지를 뒤늦게 취득하면서 가격시점에 있어서의 이용상황 인 공공사업의 부지로만 평가하여 손실보상액을 산정한다면, "적정가격"으로 보상액 을 정한 것이라고는 볼 수 없게 되므로, 이와 같은 부당한 결과를 구제하기 위하여 종전에 시행된 공공사업의 부지로 편입됨으로써 거래가격을 평가하기 어렵게 된 미보 상용지에 대하여는 특별히 종전의 공공사업에 편입될 당시의 이용상황을 상정하여 평가 함으로써 그 "적정가격"으로 손실보상을 하여 주려는 것이 규정취지라고 이해된다(대판 1992.11.10, 92누4833).

## 제26조(도로 및 구거부지의 평가)

① 도로부지 평가
1. 「사도법」에 의한 사도의 부지는 인근토지에 대한 평가액의 5분의 1 이내
2. 사실상의 사도의 부지는 인근토지에 대한 평가액의 3분의 1 이내
3. 제1호 또는 제2호 외의 도로의 부지는 제22조의 규정에서 정하는 방법
② 사실상의 사도
1. 도로개설 당시의 토지소유자가 자기 토지의 편익을 위하여 스스로 설치 한 도로
2. 토지소유자가 그 의사에 의하여 타인의 통행을 제한할 수 없는 도로
3. 「건축법」 제45조에 따라 건축허가권자가 그 위치를 지정·공고한 도로
4. 도로개설 당시의 토지소유자가 대지 또는 공장용지 등을 조성하기 위하 여 설치한 도로
③ 구거부지는 인근토지에 대한 평가액의 3분의 1 이내로 평가(도수로부지는 정 상평가)
④ 인근토지 : 해당 토지와 위치상 가까우며 표준적인 이용상황과 유사한 토지

**관련판례**

1. 사실상 사도 판단 판례
① 도로의 개설 경위, 목적, 주위 환경, 인접 토지의 획지면적, 소유관계, 이용상태 등의 제반 사정에 비추어 해당 토지소유자가 자기 토지의 편익을 위하여 스스로

공중의 통행에 제공하는 등 인근토지에 비하여 낮은 가격으로 보상하여 주어도 될 만한 객관적인 사유가 인정되는 경우에만 인근 토지의 3분의 1 이내에서 평가하고 그러한 사유가 인정되지 아니하는 경우에는 위 규정의 적용에서 제외한다는 것으로 봄이 상당하다(대판 1997.4.25, 96누13651).

② '도로개설 당시의 토지소유자가 자기 토지의 편익을 위하여 스스로 설치한 도로'인지 여부는 인접토지의 획지면적, 소유관계, 이용상태 등이나 개설경위, 목적, 주위 환경 등에 의하여 객관적으로 판단하여야 하고,

③ '토지소유자가 그 의사에 의하여 타인의 통행을 제한할 수 없는 도로'에는 법률상 소유권을 행사하여 통행을 제한할 수 없는 경우뿐만 아니라 사실상 통행을 제한하는 것이 곤란하다고 보이는 경우도 해당한다고 할 것이나, 적어도 도로로의 이용상황이 고착화되어 해당 토지의 표준적 이용상황으로 원상회복하는 것이 용이하지 않은 상태에 이르러야 할 것이어서 단순히 해당 토지가 불특정 다수인의 통행에 장기간 제공되어 왔고 이를 소유자가 용인하여 왔다는 사정만으로는 사실상의 도로에 해당한다고 할 수 없다.

④ 판례는 사실상의 사도라 함은 토지소유자가 자기 토지의 이익증진을 위하여 스스로 개설한 도로로서 도시계획으로 결정된 도로가 아닌 것을 말하되, 이때 자기 토지의 편익을 위하여 토지소유자가 스스로 설치하였는지의 여부는 인접토지의 획지면적·소유관계·이용상태 등이나 개설경위·목적·주위환경 등에 의하여 객관적으로 판단하여야 한다고 판시하였다(대판 1995.6.13, 94누14650). 또한 타인의 통행을 제한할 수 없는 도로의 판단에 있어서는 형법 제185조의 일반교통방해죄에 해당하는 것인지도 하나의 기준이 될 수 있을 것이다. 즉, 형법 제185조에 의하여 타인통행을 제한하는 것이 일반교통방해죄에 해당된다면 타인의 통행을 제한할 수 없는 것으로 보아야 할 것이다(대판 1995.6.13, 94누14650).

## 2. 시행규칙 제26조의 법적 성질

구 공공용지의 취득 및 손실보상에 관한 특례법 시행규칙(1995.1.7. 건설교통부령 제3호로 개정되기 전의 것) 제6조의2의 규정은 감정평가업자가 가격평가를 함에 있어 준수하여야 할 원칙과 기준을 정한 행정규칙에 해당한다 할 것이므로 상위법령의 위임이 있어야 하는 것은 아니다(대판 1996.8.23, 95누14718).

> 구 공공용지의 취득 및 손실보상에 관한 특례법 시행규칙(1995.1.7. 건설교통부령 제3호로 개정되기 전의 것) 제6조의2의 규정은 사실상 사도에 대한 평가방법인데, 구 공공용지의 취득 및 손실보상에 관한 특례법에서는 사실상 사도에 대한 평가방법의 위임규정이 없었다. 따라서 동 시행규칙에서 규정된 내용은 수권조항에 반하는 내용임을 주장하였으나, 이는 행정규칙으로서 위임규정이 필요치 않다는 판례의 내용이다. 이에 대해서는 집행명령적 성질을 갖는 행정규칙으로도 볼 수 있다. 현재 토지보상법 제70조 제6항에서는 이에 대한 위임규정이 있다.

## 제27조(개간비의 평가 등)

① 국유지/공유지 적법하게 개간 + 개간자가 개간 당시부터 보상 시까지 계속
   점유 → 개간 소요비용 보상(개간 후 − 개간 전 토지가격 상한)

## 제28조(토지에 관한 소유권 외의 권리의 평가)

① 소유권 외의 권리에 대하여는 해당 권리의 종류, 존속기간 및 기대이익 등을
   종합적으로 고려(점유는 권리로 보지 아니한다)

## 제29조(소유권 외의 권리의 목적이 되고 있는 토지의 평가)

소유권 외의 권리의 가액을 뺀 금액으로 평가

## 제30조(토지의 사용에 대한 평가)

임대사례비교법 원칙, 적산법 가능

## 제31조(토지의 지하·지상공간의 사용에 대한 평가)

① 나지상정 토지가격 * 입체이용 저해율
② 일정기간 사용 시는 해당 토지 사용료 * 입체이용 저해율

## 제32조(잔여지의 손실 등에 대한 평가)

① 잔여지 손실 : 편입 전 잔여지 가격 − 편입 후 잔여지 가격
② 통로·구거·담장 등의 신설 그 밖의 공사 필요시 필요비용으로 평가
③ 잔여지 매수가격은 일단의 토지의 전체가격에서 편입되는 토지의 가격을 뺀
   금액으로 평가

# 제3절 건축물 등 물건의 평가

## 제33조(건축물의 평가)

① 건축물(담장 및 우물 등의 부대시설 포함)은 구조·이용상태·면적·내구연
   한·유용성 및 이전가능성 그 밖에 가격형성에 관련되는 제요인을 종합적으
   로 고려하여 평가한다.

② 원가법 원칙(주거용은 거래사례비교법이 원가법보다 큰 경우 및 구분소유권 대상 건물은 거래사례비교법으로 평가한다)

③ 건축물의 사용료평가는 임대사례비교법 원칙, 부적정 시 적산법 가능

④ 물건의 가격으로 보상한 건축물의 철거비용은 사업시행자 부담(건축물의 소유자가 해당 건축물의 구성부분을 사용 또는 처분할 목적으로 철거하는 경우에는 건축물의 소유자가 부담)

## 제34조(건축물에 관한 소유권 외의 권리 등의 평가)

소유권 외 권리 평가액 제외

## 제35조(잔여 건축물에 대한 평가)

① 잔여 건축물 가격 감소 = 편입 전 잔여 건축물 가격 − 편입 후 잔여 건축물 가격

② 보수비는 동일 유용성 유지 비용(시설의 개선 비용 제외)

## 제36조(공작물 등의 평가)

① 제33조 내지 제35조 준용

② 평가 ×

    1. 공작물 등의 용도가 폐지되었거나 기능이 상실되어 경제적 가치가 없는 경우

    2. 공작물 등의 가치가 보상이 되는 다른 토지 등의 가치에 충분히 반영되어 토지 등의 가격이 증가한 경우

    3. 사업시행자가 공익사업에 편입되는 공작물 등에 대한 대체시설을 하는 경우

## 제37조(과수 등의 평가)

① 과수/수익수/관상수(묘목 제외)는 수종·규격·수령·수량·식수면적·관리상태·수익성·이식가능성 및 이식의 난이도 그 밖에 가격형성에 관련되는 제요인을 종합적으로 고려하여 평가한다.

⑤ 이식이 불가능한 수익수 또는 관상수의 벌채비용은 사업시행자 부담(다만, 수목의 소유자가 해당 수목을 처분할 목적으로 벌채하는 경우에는 수목의 소유자가 부담)

## 제38조(묘목의 평가)

① 상품화 가능 여부, 이식에 따른 고손율, 성장정도 및 관리상태 등 종합 고려
② 상품가능 시 손실보상 × (일시 매각으로 인한 가격 하락 손실은 보상)
④ 파종 또는 발아 중인 묘목은 가격시점까지 소요된 비용의 현가액으로 평가

## 제39조(입목 등의 평가)

① 벌기령·수종·주수·면적 및 수익성 그 밖에 가격형성에 관련되는 제요인을 종합적으로 고려하여 평가
② 벌기령에 달한 조림된 용재림은 손실보상 × (일시 벌채로 인한 비용증가 및 매각으로 인한 가격 하락 손실은 보상)
④ "**조림된 용재림**" : 산림경영계획인가를 받아 기업적으로 경영·관리하는 산림으로서 등록된 입목의 집단 또는 이에 준하는 산림을 말한다.
⑥ 입목의 벌채비용은 사업시행자가 부담

## 제40조(수목의 수량 산정방법)

① 그루별로 조사 산정. 단위면적을 기준으로 하는 표본추출방식 가능
② 수목 손실은 정상식 기준으로 한 평가액 상한

## 제41조(농작물의 평가)

농작물의 종류 및 성숙도 등 종합 고려

## 제42조(분묘에 대한 보상액의 산정)

1. **분묘이전비** : 4분판 1매·마포 24미터 및 전지 5권의 가격, 제례비, 임금 5인분(합장인 경우에는 사체 1구당 각각의 비용의 50퍼센트를 가산한다) 및 운구차량비
2. **석물이전비** : 상석 및 비석 등의 이전실비(좌향이 표시되어 있거나 그 밖의 사유로 이전사용이 불가능한 경우에는 제작·운반비를 말한다)
3. **잡비** : 제1호 및 제2호에 의하여 산정한 금액의 30퍼센트에 해당하는 금액
4. **이전보조비** : 100만원

## 제4절 권리의 평가

### 제43조(광업권의 평가)

「광업법 시행규칙」 제19조에 따른다.

### 제44조(어업권의 평가 등)

① 「수산업법 시행령」 별표 4에 따른다.
③ 보상계획의 공고(20인 미만인 생략 시는 토지소유자 및 관계인 통지일) 또는 사업인정의 고시가 있은 날("사업인정고시일 등") 이후 어업권 면허받은 자는 보상대상 제외

## 제5절 영업의 손실 등에 대한 평가

### 제45조(영업손실의 보상대상인 영업)

1. 사업인정고시일 등 전부터 적법한 장소 + 인적·물적시설 + 계속적 영업/다만, 무허가건축물 등에서 임차인이 영업하는 경우에는 그 임차인이 사업인정고시일 등 1년 이전부터 사업자등록을 하고 행하는 영업(임차인의 영업에 대한 보상액 중 영업용 고정자산·원재료·제품 및 상품 등의 매각손실액을 제외한 금액은 제1항에 불구하고 1천만원을 초과하지 못한다)
2. 허가 등 필요 시 사업인정고시일 등 전에 허가 등을 받아 그 내용대로 행하고 있는 영업

**관련판례**

1. 영업의 폐지와 휴업의 구별기준
   영업의 폐지로 볼 것인지 아니면 영업의 휴업으로 볼 것인지를 구별하는 기준은 해당 영업을 그 영업소 소재지나 인접 시·군 또는 구 지역 안의 다른 장소로 이전하는 것이 가능한지 여부에 달려 있고, 이러한 이전 가능성 여부는 법령상의 이전 장애사유 유무와 해당 영업의 종류와 특성, 영업시설의 규모, 인접지역의 현황과 특성, 그 이전을 위하여 당사자가 들인 노력 등과 인근 주민들의 이전 반대 등과 같은 사실상의 이전 장애사유 유무 등을 종합하여 판단하여야 한다(대판 2020.9.24, 2018두54507).

2. 폐업요건(대판 2001.11.13, 2000두1003)
   ① 배후지의 특수성이라 함은 도정공장, 양수장, 창고업 등과 같이 제품원료 및 취급

품목의 지역적 특수성으로 인하여 배후지가 상실되면 영업행위를 할 수 없는 경우와 같이 배후지가 해당 영업에 갖는 특수한 성격을 말한다고 한다.

② 인접하고 있는 시·군·구라 함은 해당 영업소가 소재하고 있는 시·군·구와 행정구역상으로 인접하고 있는 모든 시·군·구를 말한다.

③ 다른 장소에 이전하여서는 영업을 할 수 없는 경우란 법적으로나 물리적인 제약으로 불가능한 경우는 물론이고 다른 장소에 이전하여서는 수익의 감소로 사실상 영업을 할 수 없는 경우도 포함된다.

## 3. 가설건축물에서의 영업손실

도시계획시설사업의 집행계획이 공고된 토지에 대하여 건축물을 건축하고자 하는 자는 장차 도시계획사업이 시행될 때에는 건축한 건축물을 철거하는 등 원상회복의무가 있다는 점을 이미 알고 있으므로 건축물의 한시적 이용 및 원상회복에 따른 경제성 기타 이해득실을 형량하여 건축 여부를 결정할 수 있도록 한 것으로서, 이러한 사실을 알면서도 건축물을 건축하였다면 스스로 원상회복의무의 부담을 감수한 것이므로 도시계획사업을 시행함에 있어 무상으로 해당 건축물의 원상회복을 명하는 것이 과도한 침해라거나 특별한 희생이라고 볼 수 없다.

그러므로 토지소유자는 도시계획사업이 시행될 때까지 가설건축물을 건축하여 한시적으로 사용할 수 있는 대신 도시계획사업이 시행될 경우에는 자신의 비용으로 그 가설건축물을 철거하여야 할 의무를 부담할 뿐 아니라 가설건축물의 철거에 따른 손실보상을 청구할 수 없고, 보상을 청구할 수 없는 손실에는 가설건축물 자체의 철거에 따른 손실뿐만 아니라 가설건축물의 철거에 따른 영업손실도 포함된다고 할 것이며, 소유자가 그 손실보상을 청구할 수 없는 이상 그의 가설건축물의 이용권능에 터잡은 임차인 역시 그 가설건축물의 철거에 따른 영업손실의 보상을 청구할 수는 없다(대판 2001.8.24, 2001다7209).

## 4. 사업인정 전 협의에 의한 영업보상 대상판단

전통시장 공영주차장 설치사업의 시행자인 甲 지방자치단체가 공익사업을 위한 토지 등의 취득 및 보상에 관한 법률(이하 '토지보상법'이라 한다)에 따른 사업인정 절차를 거치지 않고 위 사업부지의 소유자들로부터 토지와 건물을 매수하여 협의취득하였고, 위 토지상의 건물을 임차하여 영업한 乙 등이 甲 지방자치단체에 영업손실 보상금을 지급해달라고 요청하였으나, 甲 지방자치단체가 아무런 보상 없이 위 사업을 시행하자, 乙 등이 甲 지방자치단체를 상대로 영업손실 보상액 상당의 손해배상금과 정신적 손해에 대한 위자료 지급을 구한 사안에서, 위 사업은 지방자치단체인 甲이 공공용 시설인 공영주차장을 직접 설치하는 사업으로 토지보상법 제4조 제3호의 '공익사업'에 해당하고, 乙 등의 각 영업이 위 사업으로 폐업하거나 휴업한 것이므로 사업인정고시가 없더라도 공익사업의 시행자인 甲 지방자치단체는 공사에 착수하기 전 乙 등에게 영업손실 보상금을 지급할 의무가 있는데도 보상액을 지급하지 않고 공사에 착수하였으므로, 甲 지방자치단체는 乙 등에게 그로 인한 손해를 배상할 책임이 있는데, 乙 등이 입은 손해는 원칙적으로 토지보상법 제77조 등이 정한 영업손실 보상금이고, 그 밖에 별도의 손해가 발생하였다는 점에 관한 乙 등의 구체적인 주장·증명이 없는 한 손실보상금의 지급이 지연되었다는 사정만으로 손실보상금에 해당하는 손해 외에 乙 등에게 별도의 손해가 발생하였다고 볼 수 없는데도, 이와 달리 본 원심판결에 법리오해의 잘못이 있다고 한 사례(대판 2021.11.11, 2018다204022)

5. **영업손실보상**(대판 2011.9.29, 2009두10963)**과 생활대책 청구의 병합소송**
   택지개발사업지구 내 비닐하우스에서 화훼소매업을 하던 甲과 乙이 재결절차를 거치지 않고 사업시행자를 상대로 주된 청구인 영업손실보상금청구에 생활대책대상자 선정 관련청구소송을 병합하여 제기한 사안에서, 영업손실보상금청구의 소가 재결절차를 거치지 않아 부적법하여 각하되는 이상, 이에 병합된 생활대책대상자 선정 관련 청구소송 역시 소송요건을 흠결하여 부적법하므로 각하되어야 한다고 한 사례

6. **영업의 단일성·동일성이 인정되는 범위에서 보상금 산정의 세부요소를 추가로 주장하는 경우, 별도로 재결절차를 거쳐야 하는지 여부**
   재결절차를 거쳤는지 여부는 보상항목별로 판단하여야 한다. 피보상자별로 어떤 토지, 물건, 권리 또는 영업이 손실보상대상에 해당하는지, 나아가 보상금액이 얼마인지를 심리·판단하는 기초 단위를 보상항목이라고 한다. 편입토지·물건 보상, 지장물 보상, 잔여 토지·건축물 손실보상 또는 수용청구의 경우에는 원칙적으로 개별 물건별로 하나의 보상항목이 되지만, 잔여 영업시설 손실보상을 포함하는 영업손실보상의 경우에는 '전체적으로 단일한 시설 일체로서의 영업' 자체가 보상항목이 되고, 세부 영업시설이나 영업이익, 휴업기간 등은 영업손실보상금 산정에서 고려하는 요소에 불과하다. 그렇다면 영업의 단일성·동일성이 인정되는 범위에서 보상금 산정의 세부 요소를 추가로 주장하는 것은 하나의 보상항목 내에서 허용되는 공격방법일 뿐이므로, 별도로 재결절차를 거쳐야 하는 것은 아니다(대판 2018.7.20, 2015두4044).

## 제46조(영업의 폐지에 대한 손실의 평가 등)

① 2년간의 영업이익(개인영업인 경우에는 소득) + 영업용 고정자산·원재료·제품 및 상품 등의 매각손실액

② **영업의 폐지**

1. 영업장소 또는 배후지의 특수성으로 인하여 해당 영업소가 소재하고 있는 시·군·구 또는 인접 시·군·구에 이전하여서는 해당 영업을 할 수 없는 경우

2. 해당 영업소가 소재하고 있는 시·군·구 또는 인접하고 있는 시·군·구의 지역 안의 다른 장소에서는 해당 영업의 허가 등을 받을 수 없는 경우
3. 도축장 등 악취 등이 심하여 인근주민에게 혐오감을 주는 영업시설로서 해당 영업소가 소재하고 있는 시·군·구 또는 인접하고 있는 시·군·구의 지역 안의 다른 장소로 이전하는 것이 현저히 곤란하다고 특별자치도지사·시장·군수 또는 구청장이 객관적인 사실에 근거하여 인정하는 경우

## 제47조(영업의 휴업 등에 대한 손실의 평가)

①② 휴업기간(4개월 이내(2년 한도)) 영업이익 + 영업장소 이전 후 발생하는 영업이익감소액 + 휴업기간 중의 영업용 자산에 대한 감가상각비·유지관리비와 휴업기간 중에도 정상적으로 근무하여야 하는 최소인원에 대한 인건비 등 고정적 비용 + 영업시설·원재료·제품 및 상품의 이전에 소요되는 비용 및 그 이전에 따른 감손상당액 + 이전광고비 및 개업비 등 영업장소를 이전함으로 인하여 소요되는 부대비용
③ 영업시설 일부 편입으로 잔여시설 보수시 = 해당 시설의 설치 등에 소요되는 기간의 영업이익 + 해당 시설의 설치 등에 통상 소요되는 비용 + 영업규모의 축소에 따른 영업용 고정자산·원재료·제품 및 상품 등의 매각손실액

## 제48조(농업의 손실에 대한 보상)

① 농지면적 * 도별 연간 농가평균 단위경작면적당 농작물총수입 * 2년
② 실제소득 입증 시 = 농지면적 * 단위경작면적당 3년간 실제소득 평균의 2년분(농축산물소득자료집의 작목별 평균소득의 2배 상한)
③ 농지로 보지 아니한다.
  1. 사업인정고시일 등 이후부터 농지로 이용되고 있는 토지
  2. 토지이용계획·주위환경 등으로 보아 일시적으로 농지로 이용되고 있는 토지
  3. 타인소유의 토지를 불법으로 점유하여 경작하고 있는 토지
  4. 농민이 아닌 자가 경작하고 있는 토지
  5. 취득보상 이후에 사업시행자가 2년 이상 계속하여 경작하도록 허용하는 토지

④ 자경농지가 아닌 농지
1. 농지의 소유자가 해당 지역에 거주하는 농민인 경우
가. 농지의 소유자와 실제 경작자 간에 협의가 성립된 경우 : 협의내용에
따라 보상
나. 농지의 소유자와 실제 경작자 간에 협의가 성립되지 아니하는 경우
: 각 50%씩
2. 농지의 소유자가 해당 지역에 거주하는 농민이 아닌 경우 : 실제 경작자
에게 보상
⑤ 실제 경작자가 자의로 이농하는 등의 사유로 보상협의일 또는 수용재결일 당
시에 경작을 하고 있지 않는 경우의 영농손실액은 농지의 소유자가 해당 지
역에 거주하는 농민인 경우에 한정하여 농지의 소유자에게 보상
⑥ 농지 3분의 2 이상 편입되어 농기구 사용 못하는 경우에는 매각손실 보상

**관련판례**

1. 농업손실보상의 취지
편입토지 및 지장물에 관한 손실보상과는 별개로 이루어지는 것으로서, 농지가 공익
사업시행지구에 편입되어 공익사업의 시행으로 더 이상 영농을 계속할 수 없게 됨에
따라 발생하는 손실에 대하여 같은 법 시행규칙 제46조에서 정한 폐업보상과 마찬가
지로 장래의 2년간 일실소득을 보상함으로써, 농민이 대체 농지를 구입하여 영농을
재개하거나 다른 업종으로 전환하는 것을 보장하기 위한 것이다. 영농보상은 농민이
기존 농업을 폐지한 후 새로운 직업 활동을 개시하기까지의 준비기간 동안에 농민의
생계를 지원하는 간접보상이자 생활보상으로서의 성격을 가진다(대판 1996.12.23,
96다33051 · 33068 참조).

2. 농업손실보상청구권의 취득시기
사업인정고시일 전부터 해당 토지를 소유하거나 사용권원을 확보하여 적법하게 농업
에 종사해 온 농민은 사업인정고시일 이후에도 수용개시일 전날까지는 해당 토지에서
그간 해온 농업을 계속할 수 있다. 그러나 사업인정고시일 이후에 수용개시일 전날까
지 농민이 해당 공익사업의 시행과 무관한 어떤 다른 사유로 경작을 중단한 경우에는
손실보상의 대상에서 제외될 수 있다. 사업인정고시가 이루어졌다는 점만으로 농민이
구체적인 영농보상금 청구권을 확정적으로 취득하였다고는 볼 수 없으며, 보상협의
또는 재결절차를 거쳐 협의성립 당시 또는 수용재결 당시의 사정을 기준으로 구체적
으로 산정되는 것이다. 또한 공익사업을 위한 토지 등의 취득 및 보상에 관한 법률
시행규칙 제48조에 따른 영농보상은 수용개시일 이후 편입농지에서 더 이상 영농을
계속할 수 없게 됨에 따라 발생하는 손실에 대하여 장래의 2년간 일실소득을 예측하여

보상하는 것이므로, 수용재결 당시를 기준으로도 영농보상은 아직 발생하지 않은 장래의 손실에 대하여 보상하는 것이다. 따라서 공익사업을 위한 토지 등의 취득 및 보상에 관한 법률 시행규칙 부칙(2013.4.25.) 제4조 제1항이 영농보상금액의 구체적인 산정방법·기준에 관한 2013.4.25. 국토교통부령 제5호로 개정된 공익사업을 위한 토지 등의 취득 및 보상에 관한 법률시행규칙(이하 '개정 시행규칙'이라 한다) 제48조 제2항 단서 제1호를 개정 시행규칙시행일 전에 사업인정고시가 이루어졌으나 개정 시행규칙 시행 후 보상계획의 공고·통지가 이루어진 공익사업에 대해서도 적용하도록 규정한 것은 진정소급입법에 해당하지 않는다(대판 2020.4.29, 2019두32696).

## 제49조(축산업의 손실에 대한 평가)

① 영업보상 준용(도시근로자 4개월분 가계지출비 적용 ×)
② 손실보상 대상 축산업
   1. 「축산법」허가를 받았거나 등록한 종축업·부화업·정액등처리업 또는 가축사육업
   2. 가축별 기준마리수 이상의 가축을 기르는 경우
   3. 가축별 기준마리수 미만의 가축을 기르는 경우로서 그 가축별 기준마리수에 대한 실제 사육마리수의 비율의 합계가 1 이상인 경우
④ 손실보상의 대상이 되지 아니하는 가축은 이전비 평가(체중감소·산란율저하 및 유산 그 밖의 손실이 예상되는 경우 포함 평가)

## 제50조(잠업의 손실에 대한 평가)

영업보상 준용(도시근로자 4개월분 가계지출비 적용 ×)

## 제51조(휴직 또는 실직보상)

사업인정고시일 등 당시 3월 이상 근무한 근로자(소득세 원천징수된 자)
1. 일정기간 휴직 : 휴직일수(120일 상한) *「근로기준법」평균임금의 70퍼센트
2. 직업 상실 :「근로기준법」평균임금 * 120일

## 제52조(허가 등을 받지 아니한 영업의 손실보상에 관한 특례)

사업인정고시일 등 전부터 허가 등을 받아야 행할 수 있는 영업을 허가 등이 없이 행하여 온 자가 공익사업의 시행으로 인하여 제45조 제1호 본문에 따른 적법

한 장소에서 영업을 계속할 수 없게 된 경우에는 제45조 제2호에 불구하고「통계법」제3조 제3호에 따른 통계작성기관이 조사·발표하는 가계조사통계의 도시근로자가구 월평균 가계지출비(3인 가구 3개월분 가계지출비)/영업시설·원재료·제품 및 상품의 이전에 소요되는 비용 및 그 이전에 따른 감손상당액은 별도로 보상. 다만, 본인 또는 생계를 같이 하는 동일 세대 안의 직계존속·비속 및 배우자가 해당 공익사업으로 다른 영업에 대한 보상을 받은 경우에는 영업시설 등의 이전비용만을 보상한다.

## 제6절 이주정착금 등의 보상

### 제53조(이주정착금 등)

① 이주대책 대신 이주정착금 지급(주거용 건축물 평가액 30%(최저 1,200만원, 최고 2,400만원))
  1. 공익사업시행지구의 인근에 택지 조성에 적합한 토지가 없는 경우
  2. 이주대책 비용이 과다하여 해당 공익사업의 시행이 사실상 곤란하게 되는 경우

### 제54조(주거이전비의 보상)

① 주거용 건축물 소유자(지구 내 실제거주 ×, 무허가건축물 ×) = 가구원수의 2개월분 주거이전비
② 주거용 건축물의 세입자(무상 사용 거주자 포함, 이주대책대상자인 세입자는 제외) = 사업인정고시일 등 당시 또는 공익사업을 위한 관계 법령에 따른 고시 등이 있은 당시 해당 공익사업시행지구 안에서 3개월 이상 거주한 자에 대해서는 가구원수에 따라 4개월분의 주거이전비를 보상(다만, 무허가건축물 등에 입주한 세입자로서 사업인정고시일 등 당시 또는 공익사업을 위한 관계 법령에 따른 고시 등이 있은 당시 그 공익사업지구 안에서 1년 이상 거주한 세입자에 대해서는 본문에 따라 주거이전비를 보상)

**관련판례**

### 1. 주거이전비의 법적성질 및 강행규정인지 여부

세입자에 대한 주거이전비는 공익사업 시행으로 인하여 생활 근거를 상실하게 되는 세입자를 위하여 사회보장적 차원에서 지급하는 금원으로 보아야 하므로, 사업시행자의 세입자에 대한 주거이전비 지급의무를 정하고 있는 공익사업법 시행규칙 제54조 제2항은 당사자 합의 또는 사업시행자 재량에 의하여 적용을 배제할 수 없는 강행규정이라고 보아야 한다(대판 2011.7.14, 2011두3685).

### 2. 주거이전비 보상에 관한 분쟁의 쟁송절차와 소송의 형태

주거이전비 보상청구소송은 행정소송법 제3조 제2호에 규정된 당사자소송에 의하여야 한다. 재결이 이루어진 다음 세입자가 보상금의 증감 부분을 다투는 경우에는 같은 법 제85조 제2항에 규정된 행정소송에 따라, 보상금의 증감 이외의 부분을 다투는 경우에는 같은 조 제1항에 규정된 행정소송에 따라 권리구제를 받을 수 있다(대판 2008.5.29, 2007다8129).

### 3. 세입자에게 지급되는 주거이전비와 이사비의 법적 성격, 그 청구권의 취득시기 및 이사비의 지급금액

공익사업을 위한 토지 등의 취득 및 보상에 관한 법률 제78조 제5항 및 같은 법 시행규칙 제54조 제2항, 제55조 제2항의 각 규정에 의하여 공익사업의 시행에 따라 이주하는 주거용 건축물의 세입자에게 지급하는 주거이전비와 이사비는, 해당 공익사업 시행지구 안에 거주하는 세입자들의 조기이주를 장려하여 사업추진을 원활하게 하려는 정책적인 목적과 주거이전으로 인하여 특별한 어려움을 겪게 될 세입자들을 대상으로 하는 사회보장적인 차원에서 지급하는 금원의 성격을 갖는다 할 것이므로, 같은 법 시행규칙 제54조 제2항에 규정된 '공익사업의 시행으로 인하여 이주하게 되는 주거용 건축물의 세입자로서 사업인정고시일 등 당시 또는 공익사업을 위한 관계 법령에 의한 고시 등이 있은 당시 해당 공익사업 시행지구 안에서 3월 이상 거주한 자'에 해당하는 세입자는 이후의 사업시행자의 주거이전비 산정통보일 또는 수용개시일까지 계속 거주할 것을 요함이 없이 위 사업인정고시일 등에 바로 같은 법 시행규칙 제54조 제2항의 주거이전비와 같은 법 시행규칙 제55조 제2항의 이사비 청구권을 취득한다고 볼 것이고, 한편 이사비의 경우 실제 이전할 동산의 유무나 다과를 묻지 않고 같은 법 시행규칙 제55조 제2항 [별표 4]에 규정된 금액을 지급받을 수 있다(대판 2006.4.27, 2006두2435).

## 제55조(동산의 이전비 보상 등)

① 이전에 소요되는 비용 및 그 이전에 따른 감손상당액을 보상

② 주거용 건축물은 이사비 보상(해당 사업지구 안으로 이사하는 경우는 보상 ×)

### 제56조(이농비 또는 이어비의 보상)

농민/어민의 보상액이 농가경제조사통계의 연간 전국평균 가계지출비 및 농업기본통계조사의 가구당 전국평균 농가인구를 기준으로 다음 산식에 의하여 산정한 가구원수에 따른 1년분의 평균생계비에 미달되는 경우에는 1년분의 평균생계비 보상

> 가구원수에 따른 1년분의 평균생계비 = 연간 전국평균 가계지출비 ÷ 가구당 전국평균 농가인구 × 이주가구원수

### 제57조(사업폐지 등에 대한 보상)

건축허가 등 절차 진행중이던 사업 등이 폐지·변경 또는 중지되는 경우 소요된 비용 보상

### 제58조(주거용 건축물 등의 보상에 대한 특례)

① 주거용 건축물 평가액이 6백만원 미달 시는 6백만원 보상(무허가건축물은 적용 ×)
② 주거용 건축물 보상받은 자가 해당 공익사업시행지구 밖의 지역에서 매입/건축한 주거용 건축물이 20년 이내에 다른 공익사업에 편입되는 경우 해당 평가액의 30퍼센트를 가산(1천만원 한도)하여 보상(무허가건축물은 적용 ×)

## 제7절 공익사업시행지구 밖의 토지 등의 보상

### 제59조(공익사업시행지구 밖의 대지 등에 대한 보상)

공익사업시행지구 밖의 대지(조성된 대지를 말한다)·건축물·분묘 또는 농지(계획적으로 조성된 유실수단지 및 죽림단지를 포함)가 공익사업의 시행으로 인하여 산지나 하천 등에 둘러싸여 교통이 두절되거나 경작이 불가능하게 된 경우 → 소유자 청구에 의해 취득보상(도로, 도선시설 설치비용 초과 시는 도로, 도선시설 설치)

## 제60조(공익사업시행지구 밖의 건축물에 대한 보상)

소유농지의 대부분이 공익사업시행지구에 편입됨으로써 건축물(건축물의 대지 및 잔여농지를 포함)만이 공익사업시행지구 밖에 남게 되는 경우로서 그 건축물의 매매가 불가능하고 이주가 부득이한 경우 → 소유자 청구에 의해 취득보상

## 제61조(소수잔존자에 대한 보상)

1개 마을의 주거용 건축물이 대부분 공익사업시행지구에 편입됨으로써 잔여 주거용 건축물 거주자의 생활환경이 현저히 불편하게 되어 이주가 부득이한 경우 → 소유자 청구에 의해 취득보상

## 제62조(공익사업시행지구 밖의 공작물 등에 대한 보상)

본래의 기능을 다할 수 없게 되는 경우 → 소유자 청구에 의해 취득보상

## 제63조(공익사업시행지구 밖의 어업의 피해에 대한 보상)

실제 피해액을 확인할 수 있는 경우 보상(사업인정고시일 등 이후 면허, 허가받은 자는 ×)

## 제64조(공익사업시행지구 밖의 영업손실에 대한 보상)

1. 배후지의 3분의 2 이상이 상실되어 그 장소에서 영업을 계속할 수 없는 경우
2. 진출입로의 단절, 그 밖의 부득이한 사유로 인하여 일정한 기간 동안 휴업하는 것이 불가피한 경우

## 제65조(공익사업시행지구 밖의 농업의 손실에 대한 보상)

경작하고 있는 농지의 3분의 2 이상에 해당하는 면적이 공익사업시행지구에 편입됨으로 인하여 해당 지역에서 영농을 계속할 수 없게 된 농민 → 공익사업시행지구 밖에서 그가 경작하고 있는 농지에 대하여도 영농손실액을 보상

# 제6장 이의신청 등

제66조(손실보상재결신청서의 서식)

제67조(이의신청서의 서식)

제68조(재결확정증명청구서의 서식)

제69조(규제의 재검토)
국토교통부장관은 농업의 손실에 대한 보상 기준에 대하여 2017년 1월 1일을 기준으로 3년마다 타당성 검토하여 개선 등의 조치를 하여야 한다.


## 부칙

### 제5조(무허가건축물 등에 관한 경과조치)

① 1989년 1월 24일 당시의 무허가건축물 등에 대하여는 제24조·제54조 제1항 단서·제54조 제2항 단서·제58조 제1항 단서 및 제58조 제2항 단서의 규정에 불구하고 이 규칙에서 정한 보상을 함에 있어 이를 적법한 건축물로 본다.

② 제1항에 따라 적법한 건축물로 보는 무허가건축물 등에 대한 보상을 하는 경우 해당 무허가건축물 등의 부지 면적은 「국토의 계획 및 이용에 관한 법률」 제77조에 따른 건폐율을 적용하여 산정한 면적을 초과할 수 없다.

### 제6조(불법형질변경토지 등에 관한 경과조치)

1995년 1월 7일 당시 공익사업시행지구에 편입된 불법형질변경토지 또는 무허가개간토지(관계법령에 의하여 허가·인가 등을 받고 개간을 하여야 하는 토지를 허가·인가 등을 받지 아니하고 개간한 토지를 말한다)에 대하여는 제24조 또는 제27조 제1항의 규정에 불구하고 이를 현실적인 이용상황에 따라 보상하거나 개간비를 보상하여야 한다.

# 03

# 부동산 가격공시에 관한 법률 미니법전

## 제1장 총칙

### 제1조(목적)

부동산의 적정가격(適正價格) 공시에 관한 기본적인 사항과 부동산 시장·동향의 조사·관리에 필요한 사항을 규정함으로써 부동산의 적정한 가격형성과 각종 조세·부담금 등의 형평성을 도모하고 국민경제의 발전에 이바지함을 목적으로 한다.

### 제2조(정의)

1. "주택" : 「주택법」 제2조 제1호에 따른 주택
2. "공동주택" : 「주택법」 제2조 제3호에 따른 공동주택
3. "단독주택" : 공동주택을 제외한 주택
4. "비주거용 부동산" : 주택을 제외한 건축물이나 건축물과 그 토지의 전부 또는 일부를 말하며 다음과 같이 구분한다.
    가. 비주거용 집합부동산 : 「집합건물의 소유 및 관리에 관한 법률」에 따라 구분소유되는 비주거용 부동산
    나. 비주거용 일반부동산 : 가목을 제외한 비주거용 부동산
5. "적정가격" : 토지, 주택 및 비주거용 부동산에 대하여 통상적인 시장에서 정상적인 거래가 이루어지는 경우 성립될 가능성이 가장 높다고 인정되는 가격

## 제2장 지가의 공시

### 제3조(표준지공시지가의 조사·평가 및 공시 등)

① 국토교통부장관은 토지이용상황, 주변 환경, 자연적·사회적 조건 유사하다고 인정되는 일단의 토지 중에서 선정한 표준지(일단의 토지 대표)에 대하여 매년 공시기준일(1월 1일 원칙/부득이한 경우 따로 정함) 현재의 단위면적당 적정가격을 조사·평가(소유자 의견청취 필수) + 중앙부동산가격공시위원회의의 심의 + 공시

④ 국토교통부장관은 표준지공시지가 조사·평가 시 인근 유사토지의 거래가격·임대료 및 해당 토지와 유사한 이용가치를 지닌다고 인정되는 토지의 조성에 필요한 비용추정액, 인근지역 및 다른 지역과의 형평성·특수성, 표준지공시지가 변동의 예측 가능성 등 제반사항을 종합적으로 참작하여야 한다.

⑤ 국토교통부장관은 표준지공시지가를 조사·평가할 때에는 업무실적, 신인도(信認度) 등을 고려하여 둘 이상의 감정평가법인등에게 의뢰(산술평균 결정)/지가 변동이 작은 경우 등 대통령령으로 정하는 기준에 해당하는 표준지에 대해서는 하나의 감정평가법인등에 의뢰할 수 있다(최근 1년간 읍·면·동별 지가변동률이 전국 평균 지가변동률 이하인 지역, 개발사업 시행 및 용도지역/지구 변경이 없는 경우).

⑥ 국토교통부장관은 토지가격비준표를 작성하여 시장·군수 또는 구청장에게 제공하여야 한다.

**관련판례**

1. **표준지공시지가 법적성질 및 하자승계**
   표준지공시지가결정이 위법한 경우에는 그 자체를 행정소송의 대상이 되는 행정처분으로 보아 그 위법 여부를 다툴 수 있음은 물론, 수용보상금의 증액을 구하는 소송에서도 선행처분으로서 그 수용대상토지가격 산정의 기초가 된 비교표준지공시지가결정의 위법을 독립한 사유로 주장할 수 있다(대판 2008.8.21, 2007두13845).

2. **표준지공시지가의 결정절차와 그 효력**(대판 2009.12.10, 2007두20140) : 평가서의 기재내용과 정도(위법성 판단기준)
   ① 표준지공시지가는 해당 토지뿐 아니라 인근 유사토지의 가격을 결정하는 데에 전체적, 표준적 기능을 수행하는 것이어서 특히 그 가격의 적정성이 엄격하게 요구된다.
   ② 감정평가서에는 평가원인을 구체적으로 특정하여 명시함과 아울러 각 요인별 참작 내용과 정도가 객관적으로 납득이 갈 수 있을 정도로 설명됨으로써, 그 평가액이 해당 토지의 적정가격을 평가한 것임을 인정할 수 있어야 한다.
   ③ 감정평가서에서는 거래선례나 평가선례, 거래사례비교법, 원가법 및 수익환원법 등을 모두 공란으로 둔 채 그 토지의 전년도 공시지가와 세평가격 및 인근표준지의 감정가격만을 참고가격으로 삼으면서 그러한 참고가격이 평가액 산정에 어떻게 참작되었는지에 관한 별다른 설명 없이 평가의견을 추상적으로만 기재함으로써, 평가요인별 참작내용과 정도가 평가액산정의 적정성을 알아볼 수 있을 만큼 객관적으로 설명되어 있다고 보기 어려우므로 이러한 감정평가액을 근거로 한 표준지

공시지가 결정은 토지의 적정가격을 반영한 것이라고 인정하기 어려워 위법하다고 하지 않을 수 없다.

3. 하자승계

(1) 표준지공시지가와 개별공시지가(부정)

표준지로 선정된 토지의 공시지가에 대하여 불복하기 위하여는 지가공시 및 토지 등의 평가에 관한 법률 제8조 제1항 소정의 이의절차를 거쳐 처분청을 상대로 공시지가결정의 취소를 구하는 행정소송을 제기하여야 하고, 그러한 절차를 밟지 아니한 채 개별토지가격 결정을 다투는 소송에서 개별토지가격 산정의 기초가 된 표준지공시지가의 위법성을 다툴 수는 없다(대판 1996.5.10, 95누9808).

(2) 표준지공시지가와 과세처분(부정)

① 개별토지가격에 대한 불복방법과는 달리 표준지의 공시지가에 대한 불복방법을 지가공시 및 토지 등의 평가 등에 관한 법률 제8조 제1항 소정의 절차를 거쳐 처분청을 상대로 다툴 수 있을 뿐 그러한 절차를 밟지 아니한 채 조세소송에서 그 공시지가결정의 위법성을 다툴 수 없도록 제한하고 있는 것은 표준지의 공시지가와 개별토지가격은 그 목적, 대상, 결정기관, 결정절차, 금액 등 여러 가지 면에서 서로 다른 성질의 것이라는 점을 고려한 것이므로, 이러한 차이점에 근거하여 표준지의 공시지가에 대한 불복방법을 개별토지가격에 대한 불복방법과 달리 인정한다고 하여 그것이 헌법상 평등의 원칙, 재판권 보장의 원칙에 위반된다고 볼 수는 없다(대판 1997.9.26, 96누7649).

② 표준지로 선정된 토지의 공시지가에 대하여는 지가공시 및 토지 등의 평가에 관한 법률(1995.12.29. 법률 제5108호로 개정되기 전의 것) 제8조 제1항 소정의 이의절차를 거쳐 처분청을 상대로 그 공시지가결정의 위법성을 다툴 수 있을 뿐 그러한 절차를 밟지 아니한 채 조세소송에서 그 공시지가결정의 위법성을 다툴 수는 없다(대판 1997.4.11, 96누8895).

(3) 표준지공시지가결정과 수용재결의 하자승계(인정)

표준지공시지가결정은 이를 기초로 한 수용재결 등과는 별개의 독립된 처분으로서 서로 독립하여 별개의 법률효과를 목적으로 하지만, 표준지공시지가는 이를 인근 토지의 소유자나 기타 이해관계인에게 개별적으로 고지하도록 되어 있는 것이 아니어서 인근 토지의 소유자 등이 표준지공시지가결정 내용을 알고 있었다고 전제하기가 곤란할 뿐만 아니라, 결정된 표준지공시지가가 공시될 당시 보상금 산정의 기준이 되는 표준지의 인근 토지를 함께 공시하는 것이 아니어서 인근 토지소유자는 보상금 산정의 기준이 되는 표준지가 어느 토지인지를 알 수 없으므로, 인근 토지소유자가 표준지의 공시지가가 확정되기 전에 이를 다투는 것은 불가능하다. 더욱이 장차 어떠한 수용재결 등 구체적인 불이익이 현실적으로 나타나게 되었을 경우에 비로소 권리구제의 길을 찾는 것이 우리 국민의 권리의식임을 감안하여 볼 때, 인근 토지소유자 등으로 하여금 결정된 표준지공시지가를 기초로 하여 장차 토지보상 등이 이루어질 것에 대비하여 항상 토지의 가격을 주시하고 표준지공시지가결정이 잘못된 경우 정해진 시정절차를 통하여 이를 시정하도록 요구하는 것은 부당하게 높은 주의의무를 지우는 것이고, 위법한 표준지공시지가 결정에 대하여 그 정해진 시정절차를 통하여 시정하도록 요구하지 않았다는 이유로 위법한 표준지공시지가를 기초로 한 수용재결 등 후행 행정처분에서 표준지공시지가결정의 위법을 주장할 수 없도록 하는 것은 수인한도를 넘는 불이익을 강요하는 것으로서 국민의 재산권과 재판받을 권리를 보장한 헌법의 이념에도 부합하는 것이 아니다. 따라서 표준지공시지가결정이 위법한 경우에는 그 자체를 행정소송의 대상이 되는 행정처분으로 보아 그 위법 여부를 다툴 수 있음은 물론, 수용보상금의 증액을 구하는 소송에서도 선행처분으로서 그 수용대상토지 가격 산정의 기초가 된 비교표준지공시지가결정의 위법을 독립한 사유로 주장할 수 있다(대판 2008.8.21, 2007두13845).

4. 고시 또는 공고에 의하여 행정처분을 하는 경우, 그에 대한 취소소송의 제소기간의 기산일(=고시 또는 공고의 효력발생일)

통상 고시 또는 공고에 의하여 행정처분을 하는 경우에는 그 처분의 상대방이 불특정 다수인이고, 그 처분의 효력이 불특정 다수인에게 일률적으로 적용되는 것이므로, 그 행정처분에 이해관계를 갖는 자는 고시 또는 공고가 있었다는 사실을 현실적으로 알았는지 여부에 관계없이 고시가 효력을 발생하는 날에 행정처분이 있음을 알았다고 보아야 하고, 따라서 그에 대한 취소소송은 그 날로부터 90일 이내에 제기하여야 한다(대판 2006.4.14, 2004두3847).

## 제4조(표준지공시지가의 조사협조)

국토교통부장관은 관계 행정기관에 해당 토지의 인·허가 내용, 개별법에 따른 등록사항 등 대통령령으로 정하는 관련 자료의 열람 또는 제출을 요구 가능(정당한 사유가 없으면 그 요구를 따라야 함)

---

* 대통령령으로 정하는 관련 자료

건축물대장(현황도면 포함), 지적도, 임야도, 정사영상지도(正射映像地圖), 토지대장 및 임야대장, 토지이용계획확인서(확인도면 포함), 도시·군관리계획 지형도면(전자지도 포함), 등기부, 신고된 실제 거래가격, 감정평가 정보체계에 등록된 정보 및 자료, 임대차보호법상 확정일자부 중 임대차계약에 관한 자료, 행정구역별 개발사업 인·허가 현황, 표준지 소유자의 성명 및 주소, 그 밖에 표준지의 선정 또는 표준지 적정가격의 조사·평가에 필요한 자료로서 국토교통부령으로 정하는 자료

---

### 제5조(표준지공시지가의 공시사항)

1. 표준지의 지번
2. 표준지의 단위면적(1제곱미터)당 가격
3. 표준지의 면적 및 형상
4. 표준지 및 주변토지의 이용상황
5. 지목, 용도지역, 도로 상황, 그 밖에 표준지공시지가 공시에 필요한 사항

### 제6조(표준지공시지가의 열람 등)

국토교통부장관은 시·군·구에 송부 + 일반인 열람 + 도서·도표 등으로 작성하여 관계 행정기관 등에 공급하여야 한다.

### 제7조(표준지공시지가에 대한 이의신청)

공시일부터 30일 이내에 서면(전자문서 포함)으로 국토교통부장관에게 이의신청 – 이의신청 기간 만료일부터 30일 이내에 이의신청 심사/결과통지(서면) – 이의신청 내용 타당 시 공시지가 재공시

### 제8조(표준지공시지가의 적용)

지가 산정의 주체 및 국가 또는 지방자치단체, 공공기관/공공단체가 ① 공공용지의 매수 및 토지의 수용·사용에 대한 보상, ② 국유지·공유지의 취득 또는 처분, ③ 조성된 용지 등의 공급 또는 분양, 환지·체비지(替費地)의 매각 또는 환지신청, 토지의 관리·매입·매각·경매 또는 재평가 목적으로 지가를 산정 시 비준표 사용하여 지가를 직접 산정하거나 감정평가법인등에 감정평가 의뢰 가능(필요시 가감조정하여 적용 가능)

### 제9조(표준지공시지가의 효력)

토지시장에 지가정보를 제공하고 일반적인 토지거래의 지표가 되며, 국가·지방자치단체 등이 그 업무와 관련하여 지가를 산정하거나 감정평가법인등이 개별적으로 토지를 감정평가하는 경우에 기준이 된다.

### 제10조(개별공시지가의 결정·공시 등)

① 시장·군수 또는 구청장은 국세·지방세 등 각종 세금의 부과, 법령상 목적

을 위한 지가산정에 사용되도록 하기 위하여 시·군·구부동산가격공시위원회의 심의를 거쳐 매년 공시지가의 공시기준일(1월 1일) 현재 관할 구역 안의 개별토지의 단위면적(1제곱미터)당 가격을 결정·공시(5월 31일까지 공시)하고, 이를 관계 행정기관 등에 제공하여야 한다.

② 표준지로 선정된 토지, 조세(국세 또는 지방세) 또는 부담금(농지보전부담금 또는 개발부담금 등) 등의 부과대상이 아닌 토지에 대하여는 개별공시지가를 결정·공시하지 아니할 수 있다(법령상 개별공시지가를 적용하도록 규정된 토지 및 관계기관과 협의하여 공시하기로 결정한 토지는 공시하여야 한다).

③ 공시기준일 이후 분할·합병 등(신규등록, 지목변경, 사유로 된 토지)이 발생한 토지에 대하여는, 1월 1일부터 6월 30일까지 사이에 발생 시에는 그 해 7월 1일을 기준으로 그 해 10월 30일까지 공시하고, 7월 1일부터 12월 31일까지 사이에 발생 시에는 다음 해 1월 1일을 기준하여 다음 해 5월 31일까지 공시하여야 한다.

④ 개별공시지가를 결정·공시하는 경우에는 해당 토지와 유사한 이용가치를 지닌다고 인정되는 하나 또는 둘 이상의 표준지의 공시지가를 기준으로 토지가격비준표를 사용하여 지가를 산정하되, 해당 토지의 가격과 표준지공시지가가 균형을 유지하도록 하여야 한다.

⑤⑥ 감정평가법인등 검증(해당 지역 표공 조사·평가 법인등 또는 업무실적 우수 법인등 의뢰)(생략가능 : 검증 생략 시 미리 관계 중앙행정기관의 장과 협의필요 : 개발사업 시행/용도지역·지구 변경 시는 생략 불가) + 토지소유자, 그 밖의 이해관계인의 의견을 들어야 한다.

⑦ 국토교통부장관은 지가공시 행정의 합리적인 발전 도모/표공·개공의 균형 유지 등 적정한 지가형성을 위하여 필요하다고 인정하는 경우에는 개별공시지가의 결정·공시 등에 관하여 시장·군수 또는 구청장을 지도·감독할 수 있다.

* 검증내용
1. 비교표준지 선정의 적정성에 관한 사항
2. 개별토지가격 산정의 적정성에 관한 사항
3. 산정한 개별토지가격과 표준지공시지가의 균형 유지에 관한 사항
4. 산정한 개별토지가격과 인근토지의 지가와의 균형 유지에 관한 사항
5. 표준주택가격, 개별주택가격, 비주거용 표준부동산가격 및 비주거용 개별부동산가격 산정 시 고려된 토지 특성과 일치하는지 여부
6. 개별토지가격 산정 시 적용된 용도지역, 토지이용상황 등 주요 특성이 공부(公簿)와 일치하는지 여부
7. 그 밖에 시장·군수 또는 구청장이 검토를 의뢰한 사항

* 검증생략 토지 선정
개별토지의 지가변동률과 해당 토지가 있는 읍·면·동의 연평균 지가변동률 간의 차이가 작은 순으로 대상 토지 선정(개발사업 시행/용도지역·지구 변경 시는 생략 불가)

### 관련판례

1. 개별공시지가의 법적성질
   대법원은 개별공시지가는 과세의 기준이 되어 국민의 권리·의무 내지 법률상 이익에 직접적으로 관계된다고 하여 행정소송법상 처분이라고 판시하였다(대판 1993.1.15, 92누12407).

2. 개별공시지가의 위법성 판단
   ① 개별토지가격 결정 과정에 있어 개별토지가격합동조사지침이 정하는 주요절차를 위반한 하자가 있거나 비교표준지의 선정 또는 토지가격비준표에 의한 표준지와 해당 토지의 토지특성의 조사·비교, 가격조정률의 적용이 잘못되었거나, 기타 위산·오기로 인하여 지가산정에 명백한 잘못이 있는 경우 그 개별토지가격 결정의 위법 여부를 다툴 수 있음은 물론, 표준지의 공시지가에 가격조정률을 적용하여 산출된 산정지가를 처분청이 지방토지평가위원회 등의 심의를 거쳐 가감 조정한 결과 그 결정된 개별토지가격이 현저하게 불합리한 경우에는 그 가격결정의 당부에 대하여도 다툴 수 있고, 이때 개별토지가격이 현저하게 불합리한 것인지 여부는 그 가격으로 결정되게 된 경위, 개별토지가격을 결정함에 있어서 토지특성이 동일 또는 유사한 인근 토지들에 대하여 적용된 가감조정비율, 표준지 및 토지특성이 동일 또는 유사한 인근토지들의 지가상승률, 해당 토지에 대한 기준연도를 전후한 개별토지가격의 증감 등 여러 사정을 종합적으로 참작하여 판단하여야 한다(대판 1996.12.6, 96누1832).

② 개별토지가격이 현저하게 불합리한 것인지 여부는 그 가격으로 결정하게 된 경위, 개별토지가격을 결정함에 있어서 토지특성이 동일 또는 유사한 인근토지들에 대하여 적용된 가감조정비율, 표준지 및 토지특성이 동일 또는 유사한 인근토지들의 지가상승률, 해당 토지에 대한 기준연도를 전후한 개별토지가격의 증감 등 여러 사정을 종합적으로 참작하여 판단하여야 한다(대판 1997.10.24, 96누18298).

③ 개별토지가격의 적법성 여부는 지가공시 및 토지 등의 평가에 관한 법률과 개별토지가격합동조사지침에 규정된 절차와 방법에 의거하여 이루어진 것인지 여부에 따라 결정될 것이지, 해당 토지의 시가와 직접적인 관련이 있는 것은 아니므로, 단지 개별지가가 시가를 초과한다는 사유만으로 그 가격 결정이 위법하다고 단정할 것은 아니다(대판 1995.11.21, 94누15684).

④ 표준지를 특정하여 선정하지 않거나 부동산 가격공시 및 감정평가에 관한 법률 제9조 제2항에 따른 비교표에 의하지 아니한 채 개별공시지가가 없는 토지의 가액을 평가하고 기준시가를 정하는 것이 위법한지 여부(적극) : 소득세법 시행령 제164조 제1항은 개별공시지가가 없는 토지의 가액을 그와 지목·이용상황 등 지가형성요인이 유사한 인근토지를 표준지로 보고 부동산 가격공시 및 감정평가에 관한 법률 제9조 제2항에 따른 비교표(이하 '토지가격비준표'라 한다)에 따라 평가하도록 규정함으로써, 납세의무자가 표준지 선정과 토지가격비준표 적용의 적정 여부, 평가된 가액이 인근 유사토지의 개별공시지가와 균형을 유지하고 있는지 여부 등을 확인할 수 있도록 하고 있으므로, 표준지를 특정하여 선정하지 않거나 토지가격비준표에 의하지 아니한 채 개별공시지가가 없는 토지의 가액을 평가하고 기준시가를 정하는 것은 위법하다(대판 2014.4.10, 2013두25702).

## 3. 이의신청의 법적성질 및 구제수단

부동산 가격공시 및 감정평가에 관한 법률 제12조, 행정소송법 제20조 제1항, 행정심판법 제3조 제1항의 규정 내용 및 취지와 아울러 부동산 가격공시 및 감정평가에 관한 법률에 행정심판의 제기를 배제하는 명시적인 규정이 없고 부동산 가격공시 및 감정평가에 관한 법률에 따른 이의신청과 행정심판은 그 절차 및 담당 기관에 차이가 있는 점을 종합하면, 부동산 가격공시 및 감정평가에 관한 법률이 이의신청에 관하여 규정하고 있다고 하여 이를 행정심판법 제3조 제1항에서 행정심판의 제기를 배제하는 '다른 법률에 특별한 규정이 있는 경우'에 해당한다고 볼 수 없으므로, 개별공시지가에 대하여 이의가 있는 자는 곧바로 행정소송을 제기하거나 부동산 가격공시 및 감정평가에 관한 법률에 따른 이의신청과 행정심판법에 따른 행정심판청구 중 어느 하나만을 거쳐 행정소송을 제기할 수 있을 뿐 아니라, 이의신청을 하여 그 결과 통지를 받은 후 다시 행정심판을 거쳐 행정소송을 제기할 수도 있다고 보아야 하고, 이 경우 행정소송의 제기기간은 그 행정심판 재결서 정본을 송달받은 날부터 기산한다(대판 2010.1.28, 2008두19987).

### 4. 제소기간

(1) 처분 등이 공고, 고시로 이루어진 경우의 안 날(1)

개별토지가격결정에 있어서는 그 처분의 고지방법에 있어 개별토지가격합동조사
지침의 규정에 의하여 행정편의상 일단의 각 개별토지에 대한 가격결정을 일괄하
여 읍·면·동의 게시판에 공고하는 것일 뿐 그 처분의 효력은 각각의 토지 또는
각각의 소유자에 대하여 각별로 효력을 발생하는 것이므로 개별토지가격결정의
공고는 공고일로부터 그 효력을 발생하지만 처분 상대방인 토지소유자 및 이해관
계인이 공고일에 개별토지가격결정처분이 있음을 알았다고까지 의제할 수는 없
어 결국 개별토지가격결정에 대한 재조사 또는 행정심판의 청구기간은 처분 상대
방이 실세로 처분이 있음을 안 날로부터 기산하여야 할 것이나, 시장, 군수 또는
구청장이 개별토지가격결정을 처분 상대방에 대하여 별도의 고지절차를 취하지
않는 이상 토지소유자 및 이해관계인이 위 처분이 있음을 알았다고 볼 경우는
그리 흔치 않을 것이므로 특별히 위 처분을 알았다고 볼만한 사정이 없는 한
개별토지가격결정에 대한 재조사청구 또는 행정심판청구는 행정심판법 제18조
제3항 소정의 처분이 있은 날로부터 180일 이내에 이를 제기하면 된다(대판
1993.12.24, 92누17204).

> 현행 행정심판법은 제27조이다.

(2) 처분 등이 공고, 고시로 이루어진 경우의 안 날(2)

개별공시지가에 대하여 이의가 있는 자는 곧바로 행정소송을 제기하거나 부동산
가격공시 및 감정평가에 관한 법률에 따른 이의신청과 행정심판법에 따른 행정심
판청구 중 어느 하나만을 거쳐 행정소송을 제기할 수 있을 뿐 아니라, 이의신청을
하여 그 결과 통지를 받은 후 다시 행정심판을 거쳐 행정소송을 제기할 수도
있다고 보아야 하고, 이 경우 행정소송의 제소기간은 그 행정심판 재결서 정본을
송달받은 날부터 기산한다(대판 2010.1.28, 2008두19987).

(3) 처분 등이 공고, 고시로 이루어진 경우의 안 날(3)

재조사청구는 토지소유자 등이 그 결정처분이 있었음을 안 때에는 개별토지가격
합동조사지침(국무총리훈령 제248호) 제12조의2 제1항에 따라 안 날로부터 60일
이내에, 특별히 위 처분이 있었음을 알았다고 볼만한 사정이 없는 경우에는 행정심
판법 제18조 제3항에 따라 처분이 있은 날로부터 180일 이내에 관할 시장, 군수
또는 구청장에게 청구할 수 있고, 특히 1990년도 개별토지가격결정과 같이 그
처분의 공고나 통지가 없었던 경우에는 위 재조사청구기간 내에 재조사청구가
가능하였다는 특별한 사정이 없는 한 같은 법 제18조 제3항 단서 소정의 정당한
사유가 있는 때에 해당하여 처분이 있은 때로부터 180일이 지나도 재조사청구를
할 수 있다(대판 1995.9.26, 94누11514).

## 5. 개별공시지가와 과세처분

### (1) 하자승계 긍정

두 개 이상의 행정처분이 연속적으로 행하여지는 경우 선행처분과 후행처분이 서로 결합하여 1개의 법률효과를 완성하는 때에는 선행처분에 하자가 있으면 그 하자는 후행처분에 승계되므로 선행처분에 불가쟁력이 생겨 그 효력을 다툴 수 없게 된 경우에도 선행처분의 하자를 이유로 후행처분의 효력을 다툴 수 있는 반면 선행처분과 후행처분이 서로 독립하여 별개의 법률효과를 목적으로 하는 때에는 선행처분에 불가쟁력이 생겨 그 효력을 다툴 수 없게 된 경우에는 선행처분의 하자가 중대하고 명백하여 당연무효인 경우를 제외하고는 선행처분의 하자를 이유로 후행처분의 효력을 다툴 수 없는 것이 원칙이나 선행처분과 후행처분이 서로 독립하여 별개의 효과를 목적으로 하는 경우에도 선행처분의 불가쟁력이나 구속력이 그로 인하여 불이익을 입게 되는 자에게 수인한도를 넘는 가혹함을 가져오며, 그 결과가 당사자에게 예측가능한 것이 아닌 경우에는 국민의 재판받을 권리를 보장하고 있는 헌법의 이념에 비추어 선행처분의 후행처분에 대한 구속력은 인정될 수 없다(대판 1994.1.25, 93누8542; 대판 1994.10.7, 93누15588).

### (2) 하자승계 부정

원고가 이 사건 토지를 매도한 이후에 그 양도소득세 산정의 기초가 되는 1993년도 개별공시지가 결정에 대하여 한 재조사청구에 따른 조정결정을 통지받고서도 더 이상 다투지 아니한 경우까지 선행처분인 개별공시지가 결정의 불가쟁력이나 구속력이 수인한도를 넘는 가혹한 것이거나 예측불가능하다고 볼 수 없어, 위 개별공시지가 결정의 위법을 이 사건 과세처분의 위법사유로 주장할 수 없다(대판 1998.3.13, 96누6059).

## 6. 개별공시지가와 손해배상(대판 2010.7.22, 2010다13527)

[판시사항]

[1] 개별공시지가 산정업무 담당공무원 등이 부담하는 직무상 의무의 내용 및 그 담당 공무원 등이 직무상 의무에 위반하여 현저하게 불합리한 개별공시지가가 결정되도록 함으로써 국민 개개인의 재산권을 침해한 경우, 그 담당공무원 등이 속한 지방자치단체가 손해배상 책임을 지는지 여부(적극)

[2] 시장(市長)이 토지의 이용상황을 실제 이용되고 있는 '자연림'으로 하여 개별공시지가를 산정한 다음 감정평가법인에 검증을 의뢰하였는데, 감정평가법인이 그 토지의 이용상황을 '공업용'으로 잘못 정정하여 검증지가를 산정하고, 시(市)부동산평가위원회가 검증지가를 심의하면서 그 잘못을 발견하지 못함에 따라, 그 토지의 개별공시지가가 적정가격보다 훨씬 높은 가격으로 결정·공시된 사안에서, 이는 개별공시지가 산정업무 담당공무원 등이 직무상 의무를 위반한 것으로 불법행위에 해당한다고 한 사례

[3] 개별공시지가가 토지의 거래 또는 담보제공에서 그 실제 거래가액 또는 담보가치를 보장하는 등의 구속력을 갖는지 여부(소극) 및 개개 토지에 관한 개별공시지가를 기준으로 거래하거나 담보제공을 받았다가 토지의 실제 거래가액 또는 담보가치가 개별공시지가에 미치지 못함으로 인하여 발생한 손해에 대해서도 개별공시지가를 결정·공시한 지방자치단체가 손해배상책임을 부담하는지 여부(소극)

[4] 개별공시지가 산정업무 담당공무원 등이 잘못 산정·공시한 개별공시지가를 신뢰한 나머지 토지의 담보가치가 충분하다고 믿고 그 토지에 관하여 근저당권설정등기를 경료한 후 물품을 추가로 공급함으로써 손해를 입었음을 이유로 그 담당공무원이 속한 지방자치단체에 손해배상을 구한 사안에서, 그 담당공무원 등의 개별공시지가 산정에 관한 직무상 위반행위와 위 손해 사이에 상당인과관계가 있다고 보기 어렵다고 판단한 사례

[재판요지]

[1] 개별공시지가는 개발부담금의 부과, 토지관련 조세부과 등 다른 법령이 정하는 목적을 위해 지가를 산정하는 경우에 그 산정 기준이 되는 관계로 납세자인 국민 등의 재산상 권리·의무에 직접적인 영향을 미치게 되므로, 개별공시지가 산정업무를 담당하는 공무원으로서는 해당 토지의 실제 이용상황 등 토지특성을 정확하게 조사하고 해당 토지와 토지이용상황이 유사한 비교표준지를 선정하여 그 특성을 비교하는 등 법령 및 '개별공시지가의 조사·산정 지침'에서 정한 기준과 방법에 의하여 개별공시지가를 산정하고, 산정지가의 검증을 의뢰받은 감정평가업자나 시·군·구 부동산평가위원회로서는 위 산정지가 또는 검증지가가 위와 같은 기준과 방법에 의하여 제대로 산정된 것인지 여부를 검증, 심의함으로써 적정한 개별공시지가가 결정·공시되도록 조치할 직무상의 의무가 있고, 이러한 직무상 의무는 단순히 공공 일반의 이익을 위한 것이거나 행정기관 내부의 질서를 규율하기 위한 것이 아니고 전적으로 또는 부수적으로 국민 개개인의 재산권 보장을 목적으로 하여 규정된 것이라고 봄이 상당하다. 따라서 개별공시지가 산정업무 담당공무원 등이 그 직무상 의무에 위반하여 현저하게 불합리한 개별공시지가가 결정되도록 함으로써 국민 개개인의 재산권을 침해한 경우에는 그 손해에 대하여 상당인과관계 있는 범위 내에서 그 담당공무원 등이 소속된 지방자치단체가 배상책임을 지게 된다.

[2] 시장(市長)이 토지의 이용상황을 실제 이용되고 있는 '자연림'으로 하여 개별공시지가를 산정한 다음 감정평가법인에 검증을 의뢰하였는데, 감정평가법인이 그 토지의 이용상황을 '공업용'으로 잘못 정정하여 검증지가를 산정하고, 시(市)부동산평가위원회가 검증지가를 심의하면서 그 잘못을 발견하지 못함에 따라, 그 토지의 개별공시지가가 적정가격보다 훨씬 높은 가격으로 결정·공시된 사안에서, 이는 개별공시지가 산정업무 담당공무원 등이 개별공시지가의 산정 및 검증, 심의에 관한 직무상 의무를 위반한 것으로 불법행위에 해당한다고 한 사례

[3] 개별공시지가는 그 산정 목적인 개발부담금의 부과, 토지 관련 조세 부과 등 다른 법령이 정하는 목적을 위해 지가를 산정하는 경우에 그 산정 기준이 되는 범위 내에서는 납세자인 국민 등의 재산상 권리·의무에 직접적인 영향을 미칠 수 있지만, 이에 더 나아가 개별공시지가가 해당 토지의 거래 또는 담보제공을 받음에 있어 그 실제 거래가액 또는 담보가치를 보장한다거나 어떠한 구속력을 미친다고 할 수는 없다. 그럼에도 개개 토지에 관한 개별공시지가를 기준으로 거래하거나 담보제공을 받았다가 해당 토지의 실제 거래가액 또는 담보가치가 개별공시지가에 미치지 못함으로 인해 발생할 수 있는 손해에 대해서까지 그 개별공시지가를 결정·공시하는 지방자치단체에 손해배상책임을 부각시키게 된다면, 개개 거래 당사자들 사이에 이루어지는 다양한 거래관계와 관련하여 발생한 손해에 대하여 무차별적으로 책임을 추궁당하게 되고, 그 거래관계를 둘러싼 분쟁에 끌려들어가 많은 노력과 비용을 지출하는 결과가 초래되게 된다. 이는 결과발생에 대한 예견가능성의 범위를 넘어서는 것임은 물론이고, 행정기관이 사용하는 지가를 일원화하여 일정한 행정목적을 위한 기준으로 삼음으로써 국토의 효율적인 이용과 국민경제의 발전에 기여하려는 구 부동산 가격공시 및 감정 평가에 관한 법률 (2008.2.29. 법률 제8852호로 개정되기 전의 것)의 목적과 기능, 그 보호법익의 보호범위를 넘어서는 것이다.

[4] 개별공시지가 산정업무 담당공무원 등이 잘못 산정·공시한 개별공시지가를 신뢰한 나머지 토지의 담보가치가 충분하다고 믿고 그 토지에 관하여 근저당권설정등기를 경료한 후 물품을 추가로 공급함으로써 손해를 입었음을 이유로 그 담당공무원이 속한 지방자치단체에 손해배상을 구한 사안에서, 그 담당공무원 등의 개별공시지가 산정에 관한 직무상 위반행위와 위 손해 사이에 상당인과관계가 있다고 보기 어렵다고 한 사례

> 직무의 사익보호성을 어떻게 도출하는지가 중요하다. 개별공시지가의 결정·공시절차상 사익보호성을 도출하여 이러한 사익보호를 도모하지 못함을 밝혀주면 될 것이나, 이러한 위법성과 손해의 견련성을 입증하는 것도 중요하다. 판례는 개별공시지가의 목적과 효력 등에 비추어 사인의 담보가치로서의 구속력을 부정하여 인과관계를 부정하였다.

## 7. 개별공시지가 결정처분취소 (대판 2013.11.14, 2012두15364)

[판시사항]

시장 등이 어떠한 토지에 대하여 표준지공시지가와 균형을 유지하도록 결정한 개별공시지가가 토지가격비준표를 사용하여 산정한 지가와 달리 결정되었거나 감정평가사의 검증의견에 따라 결정되었다는 이유만으로 위법한 것인지 여부(원칙적 소극)

[판결요지]
부동산 가격공시 및 감정평가에 관한 법률 제11조, 부동산 가격공시 및 감정평가에 관한 법률 시행령 제17조 제2항의 취지와 문언에 비추어 보면, 시장 등은 표준지공시지가에 토지가격비준표를 사용하여 산정된 지가와 감정평가업자의 검증의견 및 토지소유자 등의 의견을 종합하여 해당 토지에 대하여 표준지공시지가와 균형을 유지한 개별공시지가를 결정할 수 있고, 그와 같이 결정된 개별공시지가가 표준지공시지가와 균형을 유지하지 못할 정도로 현저히 불합리하다는 등의 특별한 사정이 없는 한, 결과적으로 토지가격비준표를 사용하여 산정한 지가와 달리 결정되었거나 감정평가사의 검증의견에 따라 결정되었다는 이유만으로 그 개별공시지가 결정이 위법하다고 볼 수는 없다.

과거 판례는 비준표를 따르지 않고 감정평가액으로 개별가격을 결정한 것은 위법하다고 하였다(대판 1998.7.10, 97누1051).

건설교통부장관이 작성하여 관계 행정기관에 제공한 1995년도 지가형성요인에 관한 표준적인 비교표(토지가격비준표, 이하 토지가격비준표라고만 한다)의 활용지침에는 특수필지에 대하여는 감정평가사에 의뢰하여 개별토지가격을 결정할 수 있도록 규정되어 있으나, 위 활용지침 중 특수필지 가격결정방식에 대한 부분은 건설교통부장관이 관계 행정기관이나 지가조사공무원에 대하여 토지가격비준표를 사용한 지가산정업무처리의 기준을 정하여 주기 위한 지침일 뿐 대외적으로 법원이나 국민에 대하여 법적 구속력을 가지는 것은 아니므로 토지이용상황이 특수필지에 해당된다고 하더라도 표준지공시지가에 토지가격비준표에 의한 가격조정률을 적용하는 방식에 따르지 아니한 개별토지가격 결정은 구 지가공시 및 토지 등의 평가에 관한 법률(1995.12.29. 법률 제5108호로 개정되기 전의 것) 및 개별토지가격합동조사지침에서 정하는 개별토지가격 산정방식에 어긋나는 것으로서 위법하다(대판 1998.7.10, 97누1051).

8. 토지가격비준표
(1) 법적성질
① 대법원은 국세청 훈령인 재산제세사무처리규정에 대해 소득세법 시행령과 결합하여 대외적 효력을 갖는다고 하여 법규성을 인정한바 있으며(대판 1987.9.29, 86누484), ② 토지가격비준표는 동법 제10조의 시행을 위한 집행명령인 개별토지가격 합동조사지침과 더불어 법령보충적인 구실을 하는 법규적 성질을 가지고 있는 것으로 보아야 한다(대판 1998.5.26, 96누17103). ③ 법령의 규정이 특정 행정기관에 그 법령 내용의 구체적 사항을 정할 수 있는 권한을 부여하면서 그 권한 행사의 절차나 방법을 특정하고 있지 않아 수임행정기관이 행정규칙인 고시

의 형식으로 그 법령의 내용이 될 사항을 구체적으로 정하고 있는 경우, 그 고시가 해당 법령의 위임 한계를 벗어나지 않는 한, 그와 결합하여 대외적으로 구속력이 있는 법규명령으로서 효력을 가진다(대판 2008.4.10, 2007두4841).

판례는 법령보충적 행정규칙이 법령의 위임범위를 벗어난 경우에는 위법한 법규명령이 되는 것이 아니라 법규명령으로서의 대외적 구속력이 인정되지 않으므로 행정규칙에 불과한 것이 된다고 한다.

### (2) 활용상의 하자

① 어느 토지의 개별토지가격을 산정함에 있어서 비교표준지와 해당 토지의 토지특성을 비교한 결과는 토지가격비준표상의 가격배율로써 이를 모두 반영하여야 하고, 따라서 그 비교된 토지특성 중 임의로 일부 항목에 관한 가격배율만을 적용하여 산정한 지가를 기초로 하여 결정, 공시된 개별토지가격결정은 위법하다(대판 1995.3.10, 94누12937).

② 개별토지가격은 토지가격비준표를 사용하여 표준지와 해당 토지의 특성의 차이로 인한 조정률을 결정한 후 이를 표준지의 공시지가에 곱하는 방법으로 산정함이 원칙이고(산정지가), 필요하다고 인정될 경우에는 위와 같은 방법으로 산출한 지가를 가감 조정할 수 있을 뿐이며 이와 다른 방식에 의한 개별토지가격 결정을 허용하는 규정은 두고 있지 아니하므로, 표준지공시지가에 토지가격비준표에 의한 가격조정률을 적용하는 방식에 따르지 아니한 개별토지가격 결정은 같은 법 및 같은 지침에서 정하는 개별토지가격 산정방식에 어긋나는 것으로서 위법하다(대판 1998.12.22, 97누3125).

## 9. 공시지가와 시가

① 개별토지가격은 해당 토지의 시가나 실제 거래가격과 직접적인 관련이 있는 것은 아니므로 단지 그 가격이 시가나 실제 거래가격을 초과하거나 미달한다는 사유만으로 그것이 현저하게 불합리한 가격이어서 그 가격 결정이 위법하다고 단정할 것은 아니고 해당 토지의 실제 취득가격이 해당 연도에 이루어진 공매에 의한 가격이라고 해서 달리 볼 것은 아니다(대판 1996.9.20, 95누11931).

② 개별공시지가가 감정가액이나 실제 거래가격을 초과한다는 사유만으로 그 가격 결정이 위법한지 여부(대판 2005.7.15, 2003두12080) : 개별공시지가 결정의 적법 여부는 구 지가공시 및 토지 등의 평가에 관한 법률 등 관련 법령이 정하는 절차와 방법에 따라 이루어진 것인지 여부에 의하여 결정될 것이지, 해당 토지의 시가나 실제 거래가격과 직접적인 관련이 있는 것은 아니므로 단지 그 공시지가가 감정가액이나 실제 거래가격을 초과한다는 사유만으로 그것이 현저하게 불합리한 가격이어서 그 가격 결정이 위법하다고 단정할 수는 없다(대판 1995.11.21, 94누15684; 대판 1996.7.12, 93누13056; 대판 1996.9.20, 95누11931 등 참조).

### 10. 개별공시지가가 보상액 산정의 기준이 될 수 있는지 여부

관계 법령에 따라 보상액을 산정한 결과 그 보상액이 해당 토지의 개별공시지가를 기준으로 하여 산정한 지가보다 저렴하게 되었다는 사정만으로 그 보상액 산정이 잘못되어 위법한 것이라고 할 수는 없다(대판 2002.3.29, 2000두10106).

### 11. 개별공시지가와 개발부담금의 하자치유

선행처분인 개별공시지가결정이 위법하여 그에 기초한 개발부담금 부과처분도 위법하게 된 경우 그 하자의 치유를 인정하면 개발부담금 납부의무자로서는 위법한 처분에 대한 가산금 납부의무를 부담하게 되는 등 불이익이 있을 수 있으므로, 그 후 적법한 절차를 거쳐 공시된 개별공시지가결정이 종전의 위법한 공시지가결정과 그 내용이 동일하다는 사정만으로는 위법한 개별공시지가결정에 기초한 개발부담금 부과처분이 적법하게 된다고 볼 수 없다(대판 2001.6.26, 99두11592).

## 제11조(개별공시지가에 대한 이의신청)

①② 공시일부터 30일 이내에 서면으로 시장·군수 또는 구청장에게 이의신청
 – 이의신청 기간 만료일부터 30일 이내 이의신청 심사/결과통지(서면) – 이의신청 내용 타당 시 재공시

> * 이의신청 심사 위해 필요시 감정평가법인등에게 검증의뢰 가능

## 제12조(개별공시지가의 정정)

시장·군수 또는 구청장은 개별공시지가에 틀린 계산, 오기, 표준지 선정의 착오, 그 밖에 대통령령으로 정하는 명백한 오류가 있음을 발견한 때에는(부공위 심의 후(틀린 계산 또는 오기(誤記)의 경우는 심의 거치지 않아도 됨)) 지체 없이 이를 정정하여야 한다.

> * 대통령령으로 정하는 명백한 오류
> 1. 법 제10조에 따른 공시절차를 완전하게 이행하지 아니한 경우
> 2. 용도지역·용도지구 등 토지가격에 영향을 미치는 주요 요인의 조사를 잘못한 경우
> 3. 토지가격비준표의 적용에 오류가 있는 경우

**관련판례**

1. 정정신청 거부에 대한 권리구제
   정정신청권을 부정하면서 국민의 정정신청은 직권발동 촉구에 지나지 않는바 그 거부
   는 항고소송의 대상이 되는 처분이 아니다.

2. 경정결정 공고 시 효력발생기준일
   개별토지가격이 지가산정에 명백한 잘못이 있어 경정결정 공고되었다면 당초에 결정
   공고된 개별토지가격은 그 효력을 상실하고 경정결정된 새로운 개별토지가격이 공시
   기준일에 소급하여 그 효력을 발생한다(대판 1994.10.7, 93누15588).

## 제13조(타인토지에의 출입 등)

① 표공/개공 가격 산정 위해 필요시 타인토지 출입 가능
② 관계공무원 등이 택지 또는 담장이나 울타리로 둘러싸인 타인의 토지에 출입
   하고자 할 때에는 시장 · 군수 또는 구청장의 허가(부동산가격공시업무를 의
   뢰받은 자에 한정한다)를 받아 출입할 날의 3일 전에 그 점유자에게 일시와
   장소를 통지하여야 한다. 다만, 점유자를 알 수 없거나 부득이한 사유가 있
   는 경우에는 그러하지 아니하다.
③ 일출 전 · 일몰 후에는 토지점유자의 승인 없이 택지 또는 담장이나 울타리로
   둘러싸인 타인의 토지에 출입할 수 없다.
④ 증표와 허가증을 휴대해야 한다.

## 제14조(개별공시지가의 결정 · 공시비용의 보조)

국고 보조 가능(50% 이내)

## 제15조(부동산 가격정보 등의 조사)

① 국토교통부장관은 부동산의 적정가격 조사 등 부동산 정책의 수립 및 집행을
   위하여 부동산 시장동향, 수익률 등의 가격정보 및 관련 통계 등을 조사 · 관
   리하고, 이를 관계 행정기관 등에 제공할 수 있다.

# 제3장 주택가격의 공시

## 제16조(표준주택가격의 조사·산정 및 공시 등)

①② 국토교통부장관은 용도지역, 건물구조 등이 유사한 일단의 단독주택 중에
서 대표성 있는 표준주택에 대하여 매년 공시기준일(1월 1일/부득이한 경우
따로 정함) 현재의 적정가격을 조사·산정 + 중앙부동산가격공시위원회의
심의 + 공시(지번, 가격, 대지면적 및 형상, 용도, 연면적, 구조 및 사용승인
일(임시사용승인일 포함), 지목, 용도지역, 도로상황, 그 밖에 필요한 사항)

③④ 한국부동산원에 조사·산정의뢰 + 시도시군구 의견청취(시군구부공위 심
의거쳐 의견제출) 후 보고서 제출(부적정 판단/법령 위반 시 다시 제출하게
할 수 있음) + (제출 시 주택의 소재지, 공부상 지목 및 대지면적, 주택 대지
의 용도지역, 도로접면, 대지 형상, 주건물 구조 및 층수, 사용승인연도, 주
위 환경, 지역분석조서 항목 포함)

⑤ 국이 표준주택가격 조사·산정하는 경우 인근 유사 단독주택의 거래가격·
임대료 및 해당 단독주택과 유사한 이용가치를 지닌다고 인정되는 단독주택
의 건설에 필요한 비용추정액, 인근지역 및 다른 지역과의 형평성·특수성,
표준주택가격 변동의 예측 가능성 등 제반사항을 종합적으로 참작하여야 한다.

⑥ 국은 주택가격비준표를 작성하여 시장·군수·구청장에게 제공하여야 한다.

⑦ 제3조 제2항(소유자 의견청취)·제4조(표공 조사협조)·제6조(표공 열람)·
제7조(이의신청) 및 제13조(타인토지출입) 준용

## 제17조(개별주택가격의 결정·공시 등)

①②③ 시장·군수·구청장 + 시·군·구부동산가격공시위원회 심의 + 개별주
택가격 결정·공시(공시기준일 1월 1일)(4월 30일까지 : 지번, 가격, 용도
및 면적, 그 밖에 필요한 사항) + 관계 행정기관 등에 제공하여야 한다(표준
주택으로 선정된 단독주택, 국세 또는 지방세 부과대상이 아닌 단독주택은
제외할 수 있다. 다만, 법령에 따라 개별주택가격을 적용하도록 규정되어 있
는 경우 및 관계 행정기관 장과 협의하여 결정·공시하기로 한 경우에는 공
시해야 한다).

④ 공시기준일 이후 토지의 분할·합병이나 건축물의 신축 등(대지가 분할 또는
합병, 건축·대수선 또는 용도변경, 사유로 된 경우)이 1월 1일부터 5월 31

일까지 사이에 발생 시는 그 해 6월 1일을 기준으로 9월 30일까지, 6월 1일부터 12월 31일까지의 사이에 발생 시는 다음 해 1월 1일을 기준으로 4월 30일까지 개별주택가격을 결정·공시하여야 한다.

⑤ 개별주택가격을 결정·공시하는 경우 해당 주택과 유사한 이용가치를 지닌다고 인정되는 표준주택가격을 기준으로 주택가격비준표를 사용하여 가격을 산정하되, 해당 주택의 가격과 표준주택가격이 균형을 유지하도록 하여야 한다.

⑥ 부동산원 검증(비교표준주택 선정의 적정성, 개별주택가격 산정의 적정성, 균형유지, 표공 및 개공 토지특성과의 일치 여부, 용도지역·이용상황 등과 공부와의 일치 여부, 그 밖에 필요한 사항) + 토지소유자, 그 밖의 이해관계인의 의견을 들어야 한다(의견을 들으려는 경우에는 개별토지가격 열람부를 갖추어 놓고 시군구 게시판 또는 인터넷 홈페이지에 열람기간 및 열람장소, 의견제출기간 및 방법을 20일 이상 게시하여 개별토지소유자 등이 개별토지가격을 열람할 수 있도록 하여야 한다).

> * **검증생략 가능**(국장과 관계 기관장이 미리 협의하여야 한다)
> 개별주택가격의 변동률과 해당 단독주택이 있는 시·군 또는 구의 연평균 주택가격 변동률 간의 차이가 작은 순으로 검증생략 가능(개발사업 시행/용도지역·지구 변경 시는 생략 불가)

⑦ 국은 공시행정의 합리적인 발전을 도모하고 표준주택가격과 개별주택가격과의 균형유지 등 적정한 가격형성을 위하여 필요하다고 인정하는 경우, 개별주택가격의 결정·공시 등에 관하여 시장·군수 또는 구청장을 지도·감독할 수 있다.

⑧ 제11조(개별공시지가 이의신청) 및 제12조(개별공시지가 정정) 준용

## 제18조(공동주택가격의 조사·산정 및 공시 등)

① 국은 공동주택에 대하여 매년 공시기준일(1월 1일/부득이한 경우 따로 정할 수 있음) 현재 직정가격을 조사·산정 + 중앙부동산가격공시위원회의 심의 + 공시(4월 30일까지 소재지·명칭·동·호수, 가격, 면적, 그 밖에 필요한 사항) + 관계 행정기관 등에 제공하여야 한다.
다만, 국세청장과 협의하여 별도로 결정·고시하는 경우(아파트, 연면적 165제곱미터 이상의 연립주택)는 공시제외한다.

② 공동주택소유자와 그 밖의 이해관계인의 의견을 들어야 한다.

④ 공시기준일 이후 토지의 분할·합병이나 건축물의 신축 등(대지가 분할 또는 합병된 공동주택, 건축·대수선 또는 용도변경이 된 공동주택, 사유로 된 경우)이 1월 1일부터 5월 31일까지 사이에 발생한 경우는 그 해 6월 1일을 기준으로 그 해 9월 30일까지, 6월 1일부터 12월 31일까지 사이에 발생한 경우는 다음 해 1월 1일을 기준으로 다음 해 4월 30일까지 결정·공시하여야 한다.

⑤ 국이 공동주택가격을 조사·산정하는 경우에는 인근 유사 공동주택의 거래가격·임대료 및 해당 공동주택과 유사한 이용가치를 지닌다고 인정되는 공동주택의 건설에 필요한 비용추정액, 인근지역 및 다른 지역과의 형평성·특수성, 공동주택가격 변동의 예측 가능성 등 제반사항을 종합적으로 참작하여야 한다.

⑥ 국이 부동산원에 의뢰 + 보고서 제출(공동주택의 소재지, 단지명, 동명 및 호명, 면적 및 공시가격, 그 밖에 필요한 사항) + 국장은 행정안전부장관, 국세청장, 시·도지사, 시장·군수 또는 구청장에게 제공

⑦ 틀린 계산, 오기, 공시절차를 완전하게 이행하지 아니한 경우, 공동주택가격에 영향을 미치는 동·호수 및 층의 표시 등 주요 요인의 조사를 잘못한 경우가 있음을 발견한 때에는 지체 없이 이를 정정(중부위 심의를 거침/다만, 틀린 계산 또는 오기의 경우는 심의 생략 가능)하여야 한다.

⑧ 제4조(표공 조사협조)·제6조(표공 열람)·제7조(이의신청) 및 제13조(타인 토지출입) 준용

## 제19조(주택가격 공시의 효력)

① 표준주택가격은 국가·지방자치단체 등이 그 업무와 관련하여 개별주택가격을 산정하는 경우에 그 기준

② 개별주택가격 및 공동주택가격은 주택시장의 가격정보를 제공하고, 국가·지방자치단체 등이 과세 등의 업무와 관련하여 주택의 가격을 산정하는 경우에 그 기준

# 제4장 비주거용 부동산가격의 공시

## 제20조(비주거용 표준부동산가격의 조사·산정 및 공시 등)

① 국장은 용도지역, 이용상황, 건물구조 등이 유사하다고 인정되는 대표성 있는 비주거용 표준부동산에 대하여 매년 공시기준일(1월 1일/부득이한 경우 따로 고시 가능) 현재의 적정가격을 조사·산정 + 중앙부동산가격공시위원회의 심의 + 공시

> * 공시 포함사항
> 1. 비주거용 표준부동산의 지번
> 2. 비주거용 표준부동산가격
> 3. 비주거용 표준부동산의 대지면적 및 형상
> 4. 비주거용 표준부동산의 용도, 연면적, 구조 및 사용승인일(임시사용승인일을 포함)
> 5. 지목, 용도지역, 도로상황, 그 밖에 필요한 사항

④ 비주거용 표준부동산가격 조사·산정은 감정평가법인등 또는 부동산원에 의뢰 + 보고서 제출(시도시군구 의견청취(시군구부공위 심의 후 의견제출)(부동산의 소재지, 공부상 지목 및 대지면적, 대지의 용도지역, 도로접면, 대지형상, 건물 용도 및 연면적, 주건물 구조 및 층수, 사용승인연도, 주위 환경, 지역분석조서))

⑤ 국토교통부장관이 비주거용 표준부동산가격을 조사·산정하는 경우에는 인근 유사 비주거용 일반부동산의 거래가격·임대료 및 해당 비주거용 일반부동산과 유사한 이용가치를 지닌다고 인정되는 비주거용 일반부동산의 건설에 필요한 비용추정액 등을 종합적으로 참작하여야 한다.

⑥ 국토교통부장관은 비주거용 부동산가격비준표를 작성하여 시장·군수 또는 구청장에게 제공하여야 한다.

⑦ 제3조 제2항(소유자 의견청취)·제4조(조사협조)·제6조(열람)·제7조(이의신청) 및 제13조(타인토지출입) 준용

## 제21조(비주거용 개별부동산가격의 결정·공시 등)

①③ 시·군·구청장은 시군구부공위 심의 + 비주거용 표준부동산가격의 공시기준일 현재 관할 구역 안의 비주거용 개별부동산의 가격을 결정·공시(지

번, 가격, 용도 및 면적)할 수 있다(대지가 분할 또는 합병된 경우, 건축·대수선 또는 용도변경이 된 경우, 사유로 된 경우에는 공시일을 다르게 할 수 있다). 다만, 대통령령으로 정하는 바에 따라 행정안전부장관 또는 국세청장이 국토교통부장관과 협의하여 비주거용 개별부동산의 가격을 별도로 결정·고시하는 경우는 제외한다.

② 비주거용 표준부동산으로 선정된 경우, 국세 또는 지방세 부과대상이 아닌 경우, 그 밖에 국토교통부장관이 정하는 경우는 결정·공시하지 아니할 수 있다(관계 법령상 비주거용 개별부동산가격을 적용하도록 규정되어 있는 경우, 시·군·구청장이 관계 행정기관의 장과 협의하여 결정·공시하기로 한 경우에는 공시하여야 한다).

④ 시·군·구청장은 공시기준일 이후에 토지의 분할·합병이나 건축물의 신축 등이 발생한 경우, 1월 1일부터 5월 31일까지의 사이에 발생한 경우는 그 해 6월 1일(9월 30일까지 공시), 6월 1일부터 12월 31일까지의 사이에 발생한 경우에는 다음 해 1월 1일(4월 30일까지 공시)을 기준으로 하여 비주거용 개별부동산가격을 결정·공시하여야 한다.

⑤ 시·군·구청장이 비주거용 개별부동산가격을 결정·공시하는 경우 해당 비주거용 일반부동산과 유사한 이용가치를 지닌다고 인정되는 비주거용 표준부동산가격을 기준으로 비주거용 부동산가격비준표를 사용하여 가격을 산정하되, 해당 비주거용 일반부동산의 가격과 비주거용 표준부동산가격이 균형을 유지하도록 하여야 한다.

⑥ 시·군·구청장은 비주거용 개별부동산가격 검증 + 소유자와 그 밖의 이해관계인의 의견청취 하여야 한다.

---

\* **검증생략 가능한 경우**

비주거용 개별부동산가격의 변동률과 해당 비주거용 일반부동산이 있는 시·군 또는 구의 연평균 비주거용 개별부동산가격변동률 차이가 작은 순으로 생략 가능. 다만, 개발사업 시행 및 용도지역·지구 변경 시는 생략 불가

---

* 검증내용
1. 비주거용 비교표준부동산 선정의 적정성에 관한 사항
2. 비주거용 개별부동산가격 산정의 적정성에 관한 사항
3. 산정한 비주거용 개별부동산가격과 비주거용 표준부동산가격의 균형유지에 관한 사항
4. 산정한 비주거용 개별부동산가격과 인근 비주거용 일반부동산의 비주거용 개별부동산가격과의 균형유지에 관한 사항
5. 표준지공시지가 및 개별공시지가 산정 시 고려된 토지 특성과 일치하는지 여부
6. 비주거용 개별부동산가격 산정 시 적용된 용도지역, 토지이용상황 등 주요 특성이 공부와 일치하는지 여부
7. 그 밖에 시장·군수 또는 구청장이 검토를 의뢰한 사항

⑦ 국토교통부장관은 공시행정의 합리적인 발전을 도모하고 비주거용 표준부동산가격과 비주거용 개별부동산가격과의 균형유지 등 적정한 가격형성을 위하여 필요하다고 인정하는 경우에는 비주거용 개별부동산가격의 결정·공시 등에 관하여 시장·군수 또는 구청장을 지도·감독할 수 있다.
⑧ 제11조(개별공시지가 이의신청) 및 제12조(개별공시지가 정정) 준용

## 제22조(비주거용 집합부동산가격의 조사·산정 및 공시 등)

① 국장은 비주거용 집합부동산에 대하여 매년 공시기준일(1월 1일/부득이한 경우 다르게 정할 수 있음) 현재의 적정가격을 조사·산정 + 중앙부동산가격공시위원회의 심의 + 공시(4월 30일까지)(소재지·명칭·동·호수, 가격, 면적)할 수 있다.
시·군·구청장은 비주거용 집합부동산가격을 결정·공시한 경우에는 이를 관계 행정기관 등에 제공하여야 한다.
국토교통부장관은 공고일부터 10일 이내에 행정안전부장관, 국세청장, 시장·군수 또는 구청장에게 제공하여야 한다.
② 행정안전부장관 또는 국세청장이 국토교통부장관과 협의하여 비주거용 집합부동산의 가격을 별도로 결정·고시하는 경우에는 해당 비주거용 집합부동산의 비주거용 개별부동산가격을 결정·공시하지 아니한다.
③ 소유자와 그 밖의 이해관계인의 의견을 들어야 한다.
⑤ 국토교통부장관은 공시기준일 이후에 토지의 분할·합병이나 건축물의 신축 등이 발생한 경우, 대지가 분할 또는 합병된 비주거용 집합부동산, 건축·대

수선 또는 용도변경이 된 비주거용 집합부동산, 사유로 된 경우에는, 1월 1일 부터 5월 31일까지 사이에 발생한 경우에는 그 해 6월 1일(9월 30일까지 공시), 6월 1일부터 12월 31일까지 사이에 발생한 경우에는 다음 해 1월 1일 (4월 30일까지 공시)을 기준으로 하여 비주거용 집합부동산가격을 결정·공 시하여야 한다.

⑥ 국토교통부장관이 비주거용 집합부동산가격을 조사·산정하는 경우에는 인 근 유사 비주거용 집합부동산의 거래가격·임대료 및 해당 비주거용 집합부 동산과 유사한 이용가치를 지닌다고 인정되는 비주거용 집합부동산의 건설 에 필요한 비용추징액 등을 종합적으로 참작하여야 한다.

⑦ 비주거용 집합부동산가격을 조사·산정할 때에는 부동산원 또는 감정평가법 인등에 의뢰 + 보고서 제출(부적정 판단 및 법령 위반 시 다시 제출하게 할 수 있다)

⑧ 국토교통부장관은 공시한 가격에 틀린 계산, 오기, 공시절차를 완전하게 이 행하지 아니한 경우, 가격에 영향을 미치는 동·호수 및 층의 표시 등 주요 요인의 조사를 잘못한 경우를 발견한 때에는 지체 없이 이를 정정하여야 한 다(중앙부동산가격공시위원회의 심의 후 정정. 다만, 틀린 계산 또는 오기의 경우에는 심의생략 가능).

⑨ 제4조(표공 조사협조)·제6조(표공 열람)·제7조(이의신청) 및 제13조(타인 토지출입) 준용

## 제23조(비주거용 부동산가격공시의 효력)

① 비주거용 표준부동산가격은 국가·지방자치단체 등이 그 업무와 관련하여 비주거용 개별부동산가격을 산정하는 경우에 그 기준

② 비주거용 개별부동산가격 및 비주거용 집합부동산가격은 비주거용 부동산시 장에 가격정보를 제공하고, 국가·지방자치단체 등이 과세 등의 업무와 관 련하여 비주거용 부동산의 가격을 산정하는 경우에 그 기준

# 제5장 부동산가격공시위원회

## 제24조(중앙부동산가격공시위원회)

① 국토교통부장관 소속 중앙부동산가격공시위원회

    1. 부동산 가격공시 관계 법령의 제정·개정에 관한 사항 중 국토교통부장관이 심의에 부치는 사항

    2. 제3조에 따른 표준지의 선정 및 관리지침

    3. 제3조에 따라 조사·평가된 표준지공시지가

    4. 제7조에 따른 표준지공시지가에 대한 이의신청에 관한 사항

    5. 제16조에 따른 표준주택의 선정 및 관리지침

    6. 제16조에 따라 조사·산정된 표준주택가격

    7. 제16조에 따른 표준주택가격에 대한 이의신청에 관한 사항

    8. 제18조에 따른 공동주택의 조사 및 산정지침

    9. 제18조에 따라 조사·산정된 공동주택가격

    10. 제18조에 따른 공동주택가격에 대한 이의신청에 관한 사항

    11. 제20조에 따른 비주거용 표준부동산의 선정 및 관리지침

    12. 제20조에 따라 조사·산정된 비주거용 표준부동산가격

    13. 제20조에 따른 비주거용 표준부동산가격에 대한 이의신청에 관한 사항

    14. 제22조에 따른 비주거용 집합부동산의 조사 및 산정지침

    15. 제22조에 따라 조사·산정된 비주거용 집합부동산가격

    16. 제22조에 따른 비주거용 집합부동산가격에 대한 이의신청에 관한 사항

    17. 제26조의2에 따른 계획 수립에 관한 사항

    18. 그 밖에 부동산정책에 관한 사항 등 국토교통부장관이 심의에 부치는 사항

②③ 위원회는 위원장(국토교통부 제1차관)을 포함한 20명 이내의 위원으로 구성(성별고려)

## 제25조(시·군·구부동산가격공시위원회)

① 시장·군수 또는 구청장 소속으로 시·군·구부동산가격공시위원회

    1. 제10조에 따른 개별공시지가의 결정에 관한 사항

    2. 제11조에 따른 개별공시지가에 대한 이의신청에 관한 사항

3. 제17조에 따른 개별주택가격의 결정에 관한 사항

4. 제17조에 따른 개별주택가격에 대한 이의신청에 관한 사항

5. 제21조에 따른 비주거용 개별부동산가격의 결정에 관한 사항

6. 제21조에 따른 비주거용 개별부동산가격에 대한 이의신청에 관한 사항

7. 그 밖에 시장·군수 또는 구청장이 심의에 부치는 사항

② 위원장 1명(부시장·부군수 또는 부구청장)을 포함한 10명 이상 15명 이하의 위원으로 구성(성별고려)


# 제6장 보칙

## 제26조(공시보고서의 제출 등)

① 정부는 표준지공시지가, 표준주택가격 및 공동주택가격의 주요사항에 관한 보고서를 매년 정기국회의 개회 전까지 국회에 제출하여야 한다.

② 국토교통부장관은 표준지공시지가, 표준주택가격, 공동주택가격, 비주거용 표준부동산가격 및 비주거용 집합부동산가격을 공시하는 때에는 부동산의 시세 반영률, 조사·평가 및 산정 근거 등의 자료를 국토교통부령으로 정하는 바에 따라 인터넷 홈페이지 등에 공개하여야 한다.

## 제26조의2(적정가격 반영을 위한 계획 수립 등)

① 국토교통부장관은 부동산공시가격이 적정가격을 반영하고 부동산의 유형·지역 등에 따른 균형성을 확보하기 위하여 부동산의 시세 반영률의 목표치를 설정하고, 이를 달성하기 위하여 계획을 수립하여야 한다(부동산의 유형별 시세 반영률의 목표, 부동산의 유형별 시세 반영률의 목표 달성을 위하여 필요한 기간 및 연도별 달성계획, 부동산공시가격의 균형성 확보 방안, 부동산 가격의 변동 상황 및 유형·지역·가격대별 형평성과 특수성을 반영하기 위한 방안).

②③ 계획 수립 시 부동산 가격의 변동 상황, 지역 간의 형평성, 해당 부동산의 특수성 등 제반사항을 종합적으로 고려 + 관계 행정기관과의 협의를 거쳐 공청회를 실시하고, 중앙부동산가격공시위원회의 심의를 거쳐야 한다.

## 제27조(공시가격정보체계의 구축 및 관리)

국토교통부장관은 토지, 주택 및 비주거용 부동산의 공시가격과 관련된 정보를 효율적이고 체계적으로 관리하기 위하여 공시가격정보체계를 구축·운영할 수 있다.

## 제27조의2(회의록의 공개)

중앙부동산가격공시위원회 및 시·군·구부동산가격공시위원회 심의의 일시·장소·안건·내용·결과 등이 기록된 회의록은 3개월의 범위에서 대통령령으로 정하는 기간(3개월)이 지난 후에는 대통령령으로 정하는 바에 따라 인터넷 홈페이지 등에 공개하여야 한다.

다만, 공익을 현저히 해할 우려가 있거나 심의의 공정성을 침해할 우려가 있다고 인정되는 이름, 주민등록번호 등 대통령령으로 정하는 개인 식별 정보에 관한 부분의 경우에는 그러하지 아니하다.

## 제28조(업무위탁)

국토교통부장관은 부동산원에 위탁 가능 + 예산 범위에서 필요 경비 보조 가능
1. 표준지공시지가, 표준주택가격, 공동주택가격, 비주거용 표준부동산가격, 비주거용 집합부동산가격의 조사·산정에 필요한 부대업무
2. 표준지공시지가, 표준주택가격, 공동주택가격, 비주거용 표준부동산가격 및 비주거용 집합부동산가격에 관한 도서·도표 등 작성·공급
3. 토지가격비준표, 주택가격비준표 및 비주거용 부동산가격비준표의 작성·제공
4. 부동산 가격정보 등의 조사
5. 공시가격정보체계의 구축 및 관리
6. 제1호부터 제5호까지의 업무와 관련된 교육 및 연구업무

## 제29조(수수료 등)

① 부동산원 및 감정평가법인등은 표준지공시지가의 조사·평가, 개별공시지가의 검증, 부동산 가격정보·통계 등의 조사, 표준주택가격의 조사·산정, 개별주택가격의 검증, 공동주택가격의 조사·산정, 비주거용 표준부동산가격의 조사·산정, 비주거용 개별부동산가격의 검증 및 비주거용 집합부동산가

격의 조사·산정 등의 업무수행을 위한 수수료와 출장 또는 사실 확인 등에 소요된 실비를 받을 수 있다.

② 수수료의 요율 및 실비의 범위는 국토교통부장관이 정하여 고시

## 제30조(벌칙 적용에서 공무원 의제)

업무를 위탁받은 기관의 임직원, 중앙부동산가격공시위원회의 위원 중 공무원이 아닌 위원이 「형법」 제129조부터 제132조까지의 규정 적용 시 공무원 의제

# 감정평가 및 감정평가사에 관한 법률 미니법전

# 제1장 총칙

## 제1조(목적)

감정평가/감정평가사에 관한 제도확립
+ 공정한 감정평가 도모
+ 국민의 재산권 보호
+ 국가경제 발전 기여

## 제2조(정의)

1. "토지 등" : 토지 및 그 정착물, 동산, 그 밖에 대통령령으로 정하는 재산(저작권·산업재산권·어업권·양식업권·광업권 및 그 밖의 물권에 준하는 권리, 공장재단과 광업재단, 입목, 자동차·건설기계·선박·항공기 등 관계 법령에 따라 등기하거나 등록하는 재산, 유가증권)과 이들에 관한 소유권 외의 권리

2. "감정평가" : 토지 등의 경제적 가치를 판정하여 그 결과를 가액(價額)으로 표시하는 것

3. "감정평가업" : 타인의 의뢰에 따라 일정한 보수를 받고 토지 등의 감정평가를 업(業)으로 행하는 것

4. "감정평가법인등" : 제21조에 따라 사무소를 개설한 감정평가사와 제29조에 따라 인가를 받은 감정평가법인

> **관련판례**
>
> **조망이익이 법적인 보호의 대상이 되기 위한 요건**
> 어느 토지나 건물의 소유자가 종전부터 향유하고 있던 경관이나 조망이 그에게 하나의 생활이익으로서의 가치를 가지고 있다고 객관적으로 인정된다면 법적인 보호의 대상이 될 수 있는 것인바, 이와 같은 조망이익은 원칙적으로 특정의 장소가 그 장소로부터 외부를 조망함에 있어 특별한 가치를 가지고 있고, 그와 같은 조망이익의 향유를 하나의 중요한 목적으로 하여 그 장소에 건물이 건축된 경우와 같이 해당 건물의 소유자나 점유자가 그 건물로부터 향유하는 조망이익이 사회통념상 독자의 이익으로 승인되어야 할 정도로 중요성을 갖는다고 인정되는 경우에 비로소 법적인 보호의 대상이 되는 것이고,

그와 같은 정도에 이르지 못하는 조망이익의 경우에는 특별한 사정이 없는 한 법적인 보호의 대상이 될 수 없다(대판 2007.6.28, 2004다54282).

# 제2장 감정평가

## 제3조(기준)

① 토지평가 시 공시지가기준법 원칙 + 적정한 실거래가가 있는 경우 이를 기준으로

② 「주식회사 등의 외부감사에 관한 법률」(이하 '외감법')에 따른 재무제표 작성에 필요한 감정평가, 담보권의 설정, 경매, 자산재평가법에 따른 토지평가, 소송평가(보증소제외), 금융기관/보험회사/신탁회사 등 타인의 의뢰에 따른 토지등의 평가 시 해당 토지의 임대료, 조성비용 등을 고려하여 감정평가 가능

③ 준수하여야 할 원칙과 기준은 감정평가에 관한 규칙

④ 국토교통부장관은 실무기준 제정 등에 관한 업무 수행 위해 전문성을 갖춘 민간법인 또는 단체(이하 '기준제정기관') 지정 가능

⑤ 국토교통부장관은 필요시 감정평가관리·징계위원회의 심의를 거쳐 기준제정기관에 실무기준의 내용 변경 요구 가능 + 기준제정기관은 정당한 사유가 없으면 이에 따라야 한다.

⑥ 국가는 기준제정기관의 설립 및 운영에 필요한 비용의 일부 또는 전부를 지원 가능

### 관련판례

1. 감정평가실무기준 및 보상평가지침의 법적 성질

감정평가에 관한 규칙에 따른 '감정평가 실무기준'(2013.10.22. 국토교통부 고시 제2013-620호)은 감정평가의 구체적 기준을 정함으로써 감정평가업자가 감정평가를 수행할 때 이 기준을 준수하도록 권장하여 감정평가의 공정성과 신뢰성을 제고하는 것을 목적으로 하는 것이고, 한국감정평가업협회가 제정한 '토지보상평가지침'은 단지 한국감정평가업협회가 내부적으로 기준을 정한 것에 불과하여 어느 것도 일반 국민이나 법원을 기속하는 것이 아니다(대판 2014.6.12, 2013두4620).

## 2. 개별평가와 일괄평가(대판 2020.12.10, 2020다226490)

[1] 둘 이상의 대상물건에 대한 감정평가는 개별평가를 원칙으로 하되, 예외적으로 둘 이상의 대상물건에 거래상 일체성 또는 용도상 불가분의 관계가 인정되는 경우에 일괄평가가 허용된다.

[2] 갑 아파트 재건축정비사업조합의 매도청구권 행사에 따라 감정인이 갑 아파트 단지 내 상가에 있는 을 교회 소유 부동산들에 관한 매매대금을 산정하면서 위 부동산들을 일괄하여 감정평가한 사안에서, 위 상가는 집합건물의 소유 및 관리에 관한 법률이 시행되기 전에 소유권이전등기가 마쳐진 것으로 현재까지 위 법률에 따른 집합건물등기가 되어 있지 않고 각 호수별로 건물등기가 되어 있는데, 을 교회가 위 부동산들을 교회의 부속시설인 소예배실, 성경공부방, 휴게실로 각 이용하고 있으나 위 부동산들은 실질적인 구분건물로서 구조상 독립성과 이용상 독립성이 유지되고 있을 뿐 아니라 개별적으로 거래대상이 된다고 보이고, 나아가 개별적으로 평가할 경우의 가치가 일괄적으로 평가한 경우의 가치보다 높을 수 있으므로, 을 교회가 위 부동산들을 교회의 부속시설로 이용하고 있다는 등의 사정만으로 위 부동산들이 일체로 거래되거나 용도상 불가분의 관계에 있다고 단정하기 어려운데도, 이와 같이 단정하여 위 부동산들을 일괄평가한 감정인의 감정 결과에 잘못이 없다고 본 원심판단에는 일괄평가 요건에 관한 법리오해 등의 잘못이 있다고 한 사례

## 제4조(직무)

타인 의뢰 + 토지 등 감정(공공성 지닌 가치평가 전문직 + 공정하고 객관적으로 직무 수행)

## 제5조(감정평가의 의뢰)

① 국가 등(행정주체)이 토지 등의 관리·매입·매각·경매·재평가 등을 위하여 토지 등을 감정평가하려는 경우에는 감정평가법인등에 의뢰

② 금융기관·보험회사·신탁회사 또는 신용협동조합/새마을금고가 대출, 자산의 매입·매각·관리 또는 외감법에 따른 재무제표 작성 등과 관련하여 토지 등의 감정평가를 하려는 경우에는 감정평가법인등에 의뢰하여야 함

③ 한국감정평가사협회에 법인등 추천 요청 가능

## 제6조(감정평가서)

① 감정평가 의뢰 – 지체 없이 평가 후 발급

② 감정평가서에는 감정평가법인등의 명칭 + 감정평가사 자격 표시 + 서명/날인 (+ 법인대표사원/이사의 서명 또는 날인)
③ 원본(5년) 및 관련서류(2년) 보존

## 제7조(감정평가서의 심사)

① 감정평가법인은 감정평가서의 적정성을 같은 법인 소속 감정평가사가 적정성 심사(감칙준수여부) + 심사사실 표시(심사지에 적정성 검토내용 표시) + 서명/날인
③ 감정평가 의뢰인, 감저평가서 활용하는 거래나 계약 등의 상대방, 감정평가 결과를 고려하여 업무를 수행하는 행정기관은(다만, 토지보상법 등 관계 법령에 감정평가와 관련하여 권리구제 절차가 규정되어 있는 경우로서 권리구제 절차가 진행 중이거나 권리구제 절차를 이행할 수 있는 자(권리구제 절차의 이행이 완료된 자를 포함한다)는 제외) 발급된 감정평가서의 적정성에 대한 검토를 감정평가법인등(해당 평가서 발급 법인등은 제외)에게 의뢰 가능

## 제8조(감정평가 타당성조사)

① 국토교통부장관은 직권 또는 관계 기관 등의 요청에 따라 조사 가능
② 법인등 및 의뢰인에게 의견진술기회 부여

> **\* 국토교통부장관은 다음 각 호 해당 시 타당성조사 가능**
> 1. 지도・감독을 위한 법인등의 사무소 출입・검사 + 본조사의 결과, 그 밖의 사유에 따라 조사가 필요하다고 인정하는 경우
> 2. 관계 기관 또는 이해관계인이 조사를 요청하는 경우

> **\* 타당성조사를 하지 않거나 중지 가능**
> 1. 법원 판결에 따라 확정된 경우
> 2. 재판 계속 중이거나 수사기관에서 수사 중인 경우
> 3. 보상법 등 관계 법령에 감정평가와 관련하여 권리구제 절차가 규정되어 있는 경우로서 권리구제 절차가 진행 중이거나 권리구제 절차를 이행할 수 있는 경우 (권리구제 절차를 이행하여 완료된 경우를 포함한다)
> 4. 징계처분, 제재처분, 형사처벌 등을 할 수 없어 타당성조사의 실익이 없는 경우

④ 국토교통부장관은 감정평가 제도 개선 위해 발급된 감정평가서에 대한 표본조사 실시 가능

## 제9조(감정평가 정보체계의 구축·운용 등)

① 국토교통부장관은 국가 등이 의뢰하는 감정평가와 관련된 정보 및 자료를 효율적이고 체계적으로 관리하기 위하여 감정평가 정보체계를 구축·운영 가능

② 공적평가는 감정평가서 발급 40일 이내에 등록해야 함 + 의뢰인에게 등록에 대한 사실 알려야 해(개인정보 보호법상 보호가 필요한 경우는 해당사항은 제외)


# 제3장 감정평가사


## 제1절 업무와 자격

### 제10조(감정평가법인등의 업무)

1. 부공법상 감정평가법인등이 수행하는 업무
2. 부공법상 토지 등의 감정평가
3. 자산재평가법상 토지 등의 감정평가
4. 법원감정(소송/경매) 목적
5. 금융기관·보험회사·신탁회사 등 타인 의뢰에 따른 토지 등의 감정평가
6. 감정평가와 관련된 상담 및 자문
7. 토지 등의 이용 및 개발 등에 대한 조언이나 정보 등의 제공
8. 다른 법령에 따라 감정평가법인등이 할 수 있는 토지 등의 감정평가
9. 제1호부터 제8호까지의 업무에 부수되는 업무

> **관련판례**
>
> 감정평가법인등이 아닌 경우의 감정평가 행위 정당성
> (1) 공인회계사가 감정평가를 행할 수 있는지 여부(대판 2015.11.27, 2014도191)
> 공인회계사법 제2조에서 정한 '회계에 관한 감정'의 의미 및 타인의 의뢰를 받아 '부동산 가격공시 및 감정평가에 관한 법률'이 정한 토지에 대한 감정평가를 행하는 것이 공인회계사의 직무범위에 포함되는지 여부(소극)/감정평가업자가 아닌 공인회계사가 타인의 의뢰에 의하여 일정한 보수를 받고 '부동산 가격공시 및 감정평가에 관한 법률'이 정한 토지에 대한 감정평가를 업으로 행하는 것이 같은 법 제43조 제2호에 의하여 처벌되는 행위인지 여부(적극) 및 위 행위가 형법 제20조가 정한 '법령에 의한 행위'로서 정당행위에 해당하는지 여부(원칙적 소극)

(2) 감정평가업자가 아닌 피고인들이 법원 행정재판부로부터 수용 대상 토지상에 재배
    되고 있는 산양삼의 손실보상액 평가를 의뢰받고 감정서를 작성하여 제출한 사건
    : 심마니 산양삼 손실보상 평가(대판 2021.10.14, 2017도10634)
    ① 감정평가사 자격을 갖춘 사람만이 감정평가업을 독점적으로 영위할 수 있도록
       한 취지 → 감정평가업무의 전문성, 공정성, 신뢰성을 확보해서 재산과 권리의
       적정한 가격형성을 보장하여 국민의 권익을 보호하기 위한 것이다.
    ② 민사소송법 제335조에 따른 법원의 감정인 지정결정 또는 같은 법 제341조 제1항
       에 따른 법원의 감정촉탁을 받은 경우, 감정평가업자가 아닌 사람이더라도 그
       감정사항에 포함된 토지 등의 감정평가를 할 수 있는지 여부(적극) 및 이러한
       행위가 형법 제20조의 정당행위에 해당하여 위법성이 조각되는지 여부(적극)

## 제11조(자격)

감정평가사 1차/2차 시험에 합격한 사람 + 자격증발급

## 제12조(결격사유)

1. 삭제 〈2021.7.20.〉
2. 파산선고를 받은 사람으로서 복권되지 아니한 사람
3. 금고 이상의 실형을 선고받고 그 집행이 종료(집행이 종료된 것으로 보는 경
   우를 포함한다)되거나 그 집행이 면제된 날부터 3년이 지나지 아니한 사람
4. 금고 이상의 형의 집행유예를 받고 그 유예기간이 만료된 날부터 1년이 지나
   지 아니한 사람
5. 금고 이상의 형의 선고유예를 받고 그 선고유예기간 중에 있는 사람
6. 제13조에 따라 감정평가사 자격이 취소된 후 3년이 지나지 아니한 사람
7. 감정평가사의 직무와 관련하여 금고 이상의 형을 2회 이상 선고받아(집행유
   예 포함) 그 형이 확정된 경우(과실범 제외), 이 법에 따라 업무정지 1년 이
   상의 징계처분을 2회 이상 받은 후 다시 징계사유가 있는 사람으로서 감정평
   가사의 직무를 수행하는 것이 현저히 부적당하다고 인정되는 경우에 따라 자
   격이 취소된 후 5년이 지나지 아니한 사람

## 제13조(자격의 취소)

자격취득 시 자격취소 해야 함 + 공고 + 자격증반납(등록증포함)(자격취소 7일
이내)

1. 부정한 방법으로 감정평가사의 자격을 받은 경우
2. 제39조 제2항 제1호(자격의 취소)에 해당하는 징계를 받은 경우


## 제2절 시험

### 제14조(감정평가사시험)

① 제1차/제2차 시험

②③ 시험의 최종 합격 발표일을 기준으로 제12조에 따른 결격사유에 해당하는 사람은 시험에 응시 ×(합격 시 취소)

**관련판례**

> 감정평가사시험의 합격기준 선택이 행정청의 자유재량에 속하는 것인지 여부(적극) 감정평가사시험을 실시함에 있어 어떠한 합격기준을 선택할 것인가는 시험실시기관인 행정청의 고유한 정책적인 판단에 맡겨진 것으로서 자유재량에 속한다(대판 1996.9.20, 96누6882).
>
> 판단여지를 인정하는 견해에 따르면 해당 영역은 판단여지 영역이 될 것이다.

### 제15조(시험의 일부면제)

법인등/협회/부동산원/감정평가업무지도기관/부공법상 공시업무 수행 또는 그 업무를 지도감독하는 기관/부공법상 비준표 작성업무 수행기관/국유재산 관리기관/과세시가표준액을 조사결정하는 업무를 수행 또는 그 업무를 지도감독하는 기관의 경우 2차 시험 시행일기준 5년(둘 이상 기관의 경우 각 기간 합산) 이상 감정평가 관련 업무에 종사한 경우 1차 시험 면제

### 제16조(부정행위자에 대한 제재)

부정한 방법으로 시험에 응시한 사람 + 시험에서 부정한 행위한 사람 + 1차 면제를 위한 관련 서류를 거짓 또는 부정한 방법으로 제출한 사람 → 해당 시험 정지/무효, 5년간 시험응시 ×

## 제3절 등록

### 제17조(등록 및 갱신등록)

① 실무수습 또는 교육연수(감정평가사협회가 실시 : 이론교육과정/실무훈련과
정 시행 + 1차면제자는 4주일간의 이론교육과정을 시행) 후 국토교통부장관
에게 등록해야 함(등록부에 등재 + 등록증 발급해야 함) + 등록갱신(갱신기
간은 3년 이상으로 정함 - 5년마다 갱신해야 함)

### 제18조(등록 및 갱신등록의 거부)

① 등록 및 갱신등록의 거부사유
  1. 제12조 결격사유에 해당하는 경우
  2. 실무수습 또는 교육연수를 받지 아니한 경우
  3. 등록 취소된 후 3년 미경과한 경우
  4. 업무정지 기간이 지나지 아니한 경우
  5. 미선년자 또는 피성년후견인·피한정후견인
② 등록 또는 갱신등록을 거부한 경우에는 그 사실을 관보에 공고 + 일반인에
게 알려야 한다(소속, 성명/생년월일 + 거부사유).

### 제19조(등록의 취소)

① 등록의 취소사유
  1. 제12조 결격사유에 해당하는 경우
  2. 사망한 경우
  3. 등록취소를 신청한 경우
  4. 제39조 제2항 제2호(등록의 취소)에 해당하는 징계를 받은 경우
② 등록 취소 시(등록증 반납해야 함) 관보에 공고 + 일반인에게 알려야 한다
(소속, 성명/생년월일 + 취소사유).

### 제20조(외국감정평가사)

외국의 감정평가사 자격취득 + 결격사유 미해당 시 + 상호인정 + 국토교통부
장관 인가 시 업무수행 가능(필요시 업무범위 제한)

# 제4절 권리와 의무

## 제21조(사무소 개설 등)

① 감정평가사사무소 휴업/폐업 신고(1개 사무소만 가능)(개설은 신고대상 ×)
   + 소속 평가사 둘 수 있고 소속 평가사에게만 업무수행지시 해야 함
② 개설신고 할 수 없는 경우
   1. 등록거부사유에 해당하는 경우
   2. 법인설립인가취소 후 1년 미경과/법인 업무정지기간 미경과 시 그 법인
      의 사원 또는 이사였던 경우
   3. 업무정지기간 미경과 평가사는 개설신고 ×
③ 업무의 효율성/공신력 높이기 위해서 2명 이상으로 합동사무소 설치 가능

## 제21조의2(고용인의 신고)

법인등은 소속 감정평가사 또는 사무직원 고용/고용관계 종료 시 국토교통부장
관에게 신고해야 함(국토교통부장관은 결격사유 해당유무 확인해야 함)

**관련판례**

자기완결적 신고와 수리를 요하는 신고의 판단기준(대판 2011.1.20, 2010두14954 준合)
① 자기완결적 신고와 수리를 요하는 신고 중 어느 것에 해당하는지는 관련 법령의 목적
   과 취지, 관련 법 규정에 관한 합리적이고도 유기적인 해석, 해당 신고행위의 성질
   등을 고려하여 판단하여야 한다.
② 건축법 제14조 제2항에 의한 인·허가의제 효과를 수반하는 건축신고가, 행정청이
   그 실체적 요건에 관한 심사를 한 후 수리하여야 하는 이른바 '수리를 요하는 신고'인
   지 여부(적극)(대판 2011.1.20, 2010두14954 준合)
③ 행정소송의 대상(건축신고 : 대판 2010.11.18, 2008두167 준合)
   행정청의 건축신고 반려행위 또는 수리거부행위가 항고소송의 대상이 되는지 여부
   (적극) : 행정청은 건축신고로써 건축허가가 의제되는 건축물의 경우에도 그 신고
   없이 건축이 개시될 경우 건축주 등에 대하여 공사 중지·철거·사용금지 등의 시정
   명령을 할 수 있고(제69조 제1항), 그 시정명령을 받고 이행하지 않은 건축물에 대하
   여는 해당 건축물을 사용하여 행할 다른 법령에 의한 영업 기타 행위의 허가를 하지
   않도록 요청할 수 있으며(제69조 제2항), 그 요청을 받은 자는 특별한 이유가 없는
   한 이에 응하여야 하고(제69조 제3항), 나아가 행정청은 그 시정명령의 이행을 하지
   아니한 건축주 등에 대하여는 이행강제금을 부과할 수 있으며(제69조의2 제1항 제1
   호), 또한 건축신고를 하지 않은 자는 200만원 이하의 벌금에 처해질 수 있다(제80조
   제1호, 제9조). 이와 같이 건축주 등은 신고제하에서도 건축신고가 반려될 경우 해당

건축물의 건축을 개시하면 시정명령, 이행강제금, 벌금의 대상이 되거나 해당 건축물을 사용하여 행할 행위의 허가가 거부될 우려가 있어 불안정한 지위에 놓이게 된다. 따라서 건축신고 반려행위가 이루어진 단계에서 당사자로 하여금 반려행위의 적법성을 다투어 그 법적 불안을 해소한 다음 건축행위에 나아가도록 함으로써 장차 있을지도 모르는 위험에서 미리 벗어날 수 있도록 길을 열어 주고, 위법한 건축물의 양산과 그 철거를 둘러싼 분쟁을 조기에 근본적으로 해결할 수 있게 하는 것이 법치행정의 원리에 부합한다. 그러므로 건축신고 반려행위는 항고소송의 대상이 된다고 보는 것이 옳다.

## 제22조(사무소의 명칭 등)

① "감정평가사사무소" 용어, "감정평가법인" 용어 사용
② 감정평가사가 아닌 사람은 "감정평가사" 또는 이와 비슷한 명칭을 사용할 수 없으며, 감정평가법인등이 아닌 자는 "감정평가사사무소", "감정평가법인" 또는 이와 비슷한 명칭을 사용 ×

## 제23조(수수료 등)

①③ 감정평가 수수료/실비 청구 + 법인등과 의뢰인은 이에 관한 기준 준수
② 수수료 요율 및 실비의 범위는 감정평가관리·징계위원회의 심의를 거쳐 결정(감정평가법인등의 보수에 관한 기준)

## 제24조(사무직원)

감정평가법인등은 사무직원 고용 가능(지도·감독 책임 있음)

* 다음의 경우는 고용 ×
1. 미성년자 또는 피성년후견인·피한정후견인
2. 관련법상 유죄 판결을 받은 사람으로서 다음에 해당하는 사람
   가. 징역 이상의 형을 선고받고 그 집행이 끝나거나 그 집행을 받지 아니하기로 확정된
      후 3년이 지나지 아니한 사람
   나. 징역형의 집행유예를 선고받고 그 유예기간이 지난 후 1년이 지나지 아니한 사람
   다. 징역형의 선고유예를 받고 그 유예기간 중에 있는 사람
3. 제13조에 따라 감정평가사 자격취소 후 1년 미경과자
4. 감정평가사의 직무와 관련하여 금고 이상의 형을 2회 이상 선고받아(집행유예 포함)
   그 형이 확정된 경우(과실범 제외), 이 법에 따라 업무정지 1년 이상의 징계처분을
   2회 이상 받은 후 다시 징계사유가 있는 사람으로서 감정평가사의 직무를 수행하는
   것이 현저히 부적당하다고 인정되는 경우에 따라 자격이 취소된 후 3년이 지나지
   아니한 사람

## 제25조(성실의무 등)

① 감정평가법인등(소속 감정평가사 포함)은 감정평가 시 품위유지/신의성실로
   써 공정한 감정평가/고의 또는 중대한 과실로 잘못된 평가를 하여서는 아니
   된다.
② 자기 또는 친족 소유, 그 밖에 불공정한 감정평가를 할 우려가 있다고 인정되
   는 경우 감정평가 ×
③ 토지 등의 매매업을 직접 ×
④ 수수료와 실비 외 업무와 관련된 대가 ×/감정평가 수주의 대가로 금품 또는
   재산상의 이익을 제공하거나 제공하기로 약속 ×
⑤ 감정평가사는 둘 이상의 감정평가법인등에 소속 ×
⑥ 감정평가법인등이나 사무직원은 제28조의2에서 정하는 유도 또는 요구에 따
   라서는 아니 된다.

## 제26조(비밀엄수)

법인등(소속 평가사 사무직원 포함)은 비밀엄수/다른 법령에 특별한 규정이 있
는 경우에는 그러하지 아니하다.

## 제27조(명의대여 등의 금지)

① 감정평가사 또는 감정평가법인등은 다른 사람에게 자기의 성명 또는 상호를 사용하여 감정평가업무를 수행하게 하거나 자격증·등록증 또는 인가증을 양도·대여하거나 이를 부당하게 행사하여서는 아니 된다.

② 누구든지 제1항의 행위를 알선해서는 아니 된다.

**관련판례**

**자격증부당행사**

부동산 가격공시 및 감정평가에 관한 법률(이하 '법'이라 한다) 제37조 제2항에 의하면, 감정평가업자(감정평가법인 소속 감정평가사를 포함한다)는 다른 사람에게 자격증·등록증 또는 인가증(이하 '자격증 등'이라 한다)을 양도 또는 대여하거나 이를 부당하게 행사해서는 안 된다. 여기에서 '자격증 등을 부당하게 행사'한다는 것은 감정평가사 자격증 등을 본래의 용도가 아닌 다른 용도로 행사하거나, 본래의 행사목적을 벗어나 감정평가업자의 자격이나 업무범위에 관한 법의 규율을 피할 목적으로 이를 행사하는 경우도 포함한다. 따라서 감정평가사가 감정평가법인에 가입한다는 명목으로 자신의 감정평가사 등록증 사본을 가입신고서와 함께 한국감정평가협회에 제출하였으나, 실제로는 자신의 감정평가경력을 부당하게 인정받는 한편, 소속 감정평가법인으로 하여금 설립과 존속에 필요한 감정평가사의 인원수만 형식적으로 갖추게 하거나 법원으로부터 감정평가 물량을 추가로 배정받을 수 있는 자격을 얻게 할 목적으로 감정평가법인에 소속된 외관만을 작출하였을 뿐 해당 감정평가법인 소속 감정평가사로서의 감정평가업무나 이와 밀접한 관련이 있는 업무를 수행할 의사가 없었다면, 이는 감정평가사 등록증을 그 본래의 행사목적을 벗어나 감정평가업자의 자격이나 업무범위에 관한 법의 규율을 피할 목적으로 행사함으로써 자격증 등을 부당하게 행사한 것이라고 볼 수 있다(대판 2013.10.31, 2013두11727[징계(업무정지)처분취소]).

## 제28조(손해배상책임)

① 감정평가법인등 + 고의 또는 과실 + 감정평가 당시의 적정가격과 현저한 차이/서류에 거짓 기록함으로써 + 감정평가 의뢰인이나 선의의 제3자에게 손해 발생 시 배상책임 있음

② 손해배상책임 보장 위해 보증보험(감정평가사 1인당 1억 이상) 가입 또는 한국감정평가사협회가 운영하는 공제사업에 가입해야 함

③ 확정판결로 손해배상액 결정된 경우에는 국토교통부장관에게 알려야 해

1. 부동산공시법 제36조와 민법 제750조와의 관계

    감정평가업자의 부실감정으로 인하여 손해를 입게 된 감정평가의뢰인이나 선의의 제3자는 지가공시 및 토지 등의 평가에 관한 법률상의 손해배상책임과 민법상의 불법행위로 인한 손해배상책임을 함께 물을 수 있다(대판 1998.9.22, 97다36293).

2. 손해배상책임의 요건 및 내용

    (1) 타인의 의뢰

    임대상황의 조사가 지가공시 및 토지 등의 평가에 관한 법률 제26조 제1항 소정의 '감정평가' 그 자체에 포함되지는 않지만 감정평가업자가 담보물로 제공할 아파트에 대한 감정평가를 함에 있어 부수적으로 감정평가업자들의 소위 '아파트 감정요항표'에 따라 그 기재사항으로 되어 있는 임대상황란에 고의 또는 과실로 사실과 다른 기재를 하고 이를 감정평가서의 일부로 첨부하여 교부함으로써 감정평가의뢰인 등으로 하여금 부동산의 담보가치를 잘못 평가하게 함으로 말미암아 그에게 손해를 가하게 되었다면 임대상황의 조사가 같은 항 소정의 '감정평가'에 포함되는지 여부와 관계없이 감정평가업자는 특별한 사정이 없는 한 같은 항에 따라 이로 인한 상당인과관계에 있는 손해를 배상할 책임이 있다고 보아야 하고, 감정평가의뢰계약 체결 당시 그 임대상황에 관한 조사를 특별히 의뢰받지 않았다고 하여 그 결론이 달라지는 것은 아니다(대판 2000.4.21, 99다66618).

    (2) 고의, 과실

    ① 고의 또는 과실에 대하여 감정평가업자의 통상적인 추상적 경과실로 보고 있다.

    ② 부동산공시법과 감정평가규칙의 기준을 무시하고 자의적인 방법에 의하여 토지를 감정평가한 것은 고의·중과실에 의한 부당한 감정평가로 볼 수 있다(대판 1997.5.7, 96다52427).

    (3) 현저한 차이

    적정가격과 '현저한 차이'가 날 때에는 감정평가업자는 감정의뢰인이나 선의의 제3자에게 손해배상책임을 지도록 정하고 있는바, 고의에 의한 부당 감정의 경우와 과실에 의한 부당 감정의 경우를 가리지 아니하고 획일적으로 감정평가액과 적정가격 사이에 일정한 비율 이상의 격차가 날 때에만 '현저한 차이'가 있다고 보아 감정평가업자의 손해배상책임을 인정한다면 오히려 정의의 관념에 반할 수도 있으므로, 결국 감정평가액과 적정가격 사이에 '현저한 차이'가 있는지 여부는 부당 감정에 이르게 된 감정평가업자의 귀책사유가 무엇인가 하는 점을 고려하여 사회통념에 따라 탄력적으로 판단하여야 한다.

(4) 의뢰인 및 선의의 제3자에게 손해가 발생할 것

'선의의 제3자'라 함은 감정내용이 허위 또는 감정평가 당시의 적정가격과 현저한 차이가 있음을 인식하지 못한 것뿐만 아니라 감정평가서 자체에 그 감정평가서를 감정의뢰 목적 이외에 사용하거나 감정의뢰인 이외의 타인이 사용할 수 없음이 명시되어 있는 경우에는 그러한 사용사실까지 인식하지 못한 제3자를 의미한다 (대판 1999.9.7, 99다28661).

(5) 인과관계

감정평가의 잘못과 낙찰자의 손해 사이에는 상당인과관계가 있는 것으로 보아야 한다고 판시한 바 있다.

(6) 손해배상 범위

① 부당한 감정가격에 의한 담보가치와 정당한 감정가격에 의한 담보가치의 차액을 한도로 하여 실제로 정당한 담보가치를 초과한 부분이 손해액이 된다고 판시한 바 있다.

② 대출금이 연체되리라는 사정을 알기 어려우므로 대출금이 연체되리라는 사정을 알았거나 알 수 있었다는 특별한 사정이 없는 한 연체에 따른 지연손해금은 부당한 감정으로 인하여 발생한 손해라고 할 수 없다.

3. 허위감정

감정업에 종사하는 자는 그 직무를 수행함에 있어서 고의로 진실을 숨기거나 허위의 감정을 하였을 때 처벌하도록 규정하고 있으므로 위 법조에 따른 허위감정죄는 고의범에 한한다 할 것이고 여기서 말하는 허위감정이라 함은 신빙성이 있는 감정자료에 의한 합리적인 감정결과에 현저히 반하는 근거가 시인되지 아니하는 자의적 방법에 의한 감정을 일컫는 것이어서 위 범죄는 정당하게 조사수집하지 아니하여 사실에 맞지 아니하는 감정자료임을 알면서 그것을 기초로 감정함으로써 허무한 가격으로 평가하거나 정당한 감정자료에 의하여 평가함에 있어서도 합리적인 평가방법에 의하지 아니하고 고의로 그 평가액을 그르치는 경우에 성립된다(대판 1987.7.21, 87도853).

4. 허위감정

감정평가업자가 감정평가 대상 기계들을 제대로 확인하지 않았음에도 이를 확인하여 종합적으로 감정한 것처럼 허위의 감정평가서를 작성한 경우, 구 지가공시 및 토지 등의 평가에 관한 법률 제33조 제4호 위반죄에 해당한다고 한 사례(대판 2003.6.24, 2003도1869)

## 제28조의2(감정평가 유도·요구 금지)

누구든지 감정평가법인등(소속 평가사 포함)과 그 사무직원에게 토지 등에 대하여 특정한 가액으로 감정평가를 유도 또는 요구하는 행위 ×

# 제5절 감정평가법인

## 제29조(설립 등)

①②③ 감정평가법인 설립 + 사원 또는 이사는 감정평가사(90/100 이상)/감정평가법인의 대표사원 또는 대표이사는 감정평가사여야 함

④ 평가법인 최소 구성인원 5인 이상/최소 필요 주재인원
   1. 주사무소 : 2명
   2. 분사무소 : 2명

⑤⑥⑦ 사원이 될 사람 또는 감정평가사인 발기인이 공동으로 정관 작성/변경 + 인가(정관 적합성 심사)(경미한 사항(소재지, 사원의 성명·주민등록번호·주소, 출자에 관한 사항)의 변경은 신고)/인가신청 20일 이내에 신청인에게 인가 여부 통지(20일 연장 가능)

⑧ 감정평가법인은 사원 전원의 동의 또는 주주총회의 의결이 있는 때에는 국토교통부장관의 인가를 받아 다른 감정평가법인과 합병 가능

⑨ 소속 감정평가사 외에게 평가업무 ×

⑩⑪ 외감법에 따른 회계처리 + 재무제표 작성하여 매 사업연도 끝난 후 3개월 이내 국토교통부장관에게 제출

**관련판례**

인가의 효과와 권리구제
① 인가는 기본행위인 재단법인의 정관변경에 대한 법률상의 효력을 완성시키는 보충행위로서, 그 기본이 되는 정관변경 결의에 하자가 있을 때에는 그에 대한 인가가 있었다 하여도 기본행위인 정관변경 결의가 유효한 것으로 될 수 없으므로 기본행위인 정관변경 결의가 적법 유효하고 보충행위인 인가처분 자체에만 하자가 있다면 그 인가처분의 무효나 취소를 주장할 수 있지만, 인가처분에 하자가 없다면 기본행위에 하자가 있다 하더라도 따로 그 기본행위의 하자를 다투는 것은 별론으로 하고 기본행위의 무효를 내세워 바로 그에 대한 행정청의 인가처분의 취소 또는 무효확인을 소구할 법률상의 이익이 없다(대판 1996.5.16, 95누4810 全合).
② 기본행위인 조합설립에 하자가 있는 경우에는 민사쟁송으로써 따로 그 기본행위의 최소 또는 무효확인 등을 구하는 것은 별론으로 하고 기본행위의 불성립 또는 무효를 내세워 바로 그에 대한 감독청의 인가처분의 취소 또는 무효확인을 소구할 법률상 이익이 있다고 할 수 없다(대판 2010.4.8, 2009다27636).

## 제30조(해산)

해산사유 + 해산 시 신고해야 함(14일 내)

1. 정관으로 정한 해산사유 발생
2. 사원총회 또는 주주총회의 결의
3. 합병
4. 설립인가의 취소
5. 파산
6. 법원의 명령 또는 판결

## 제31조(자본금 등)

2억원 이상/부족 시 6개월 이내에 사원의 증여로 보전 또는 증자

## 제32조(인가취소 등)

① 국토교통부장관은 감정평가법인등이 다음 각 호의 어느 하나에 해당하는 경우에는 그 설립인가를 취소(제29조에 따른 감정평가법인에 한정한다)하거나 2년 이내의 범위에서 기간을 정하여 업무의 정지를 명할 수 있다. 다만, 제2호 또는 제7호에 해당하는 경우에는 그 설립인가를 취소하여야 한다.

1. 감정평가법인이 설립인가의 취소를 신청한 경우
2. 감정평가법인등이 업무정지처분 기간 중에 제10조에 따른 업무를 한 경우
3. 감정평가법인등이 업무정지처분을 받은 소속 감정평가사에게 업무정지처분 기간 중에 제10조에 따른 업무를 하게 한 경우
4. 제3조 제1항을 위반하여 감정평가를 한 경우
5. 제3조 제3항에 따른 원칙과 기준을 위반하여 감정평가를 한 경우
6. 제6조에 따른 감정평가서의 작성·발급 등에 관한 사항을 위반한 경우
7. 감정평가법인등이 제21조 제3항이나 제29조 제4항에 따른 감정평가사의 수에 미달한 날부터 3개월 이내에 감정평가사를 보충하지 아니한 경우
8. 제21조 제4항을 위반하여 둘 이상의 감정평가사사무소를 설치한 경우
9. 제21조 제5항이나 제29조 제9항을 위반하여 해당 감정평가사 외의 사람에게 제10조에 따른 업무를 하게 한 경우
10. 제23조 제3항을 위반하여 수수료의 요율 및 실비에 관한 기준을 지키지 아니한 경우

11. 제25조, 제26조 또는 제27조를 위반한 경우. 다만, 소속 감정평가사나 그 사무직원이 제25조 제4항을 위반한 경우로서 그 위반행위를 방지하기 위하여 해당 업무에 관하여 상당한 주의와 감독을 게을리하지 아니한 경우는 제외한다.

12. 제28조 제2항을 위반하여 보험 또는 한국감정평가사협회가 운영하는 공제사업에 가입하지 아니한 경우

13. 정관을 거짓으로 작성하는 등 부정한 방법으로 제29조에 따른 인가를 받은 경우

14. 제29조 제10항에 따른 회계처리를 하지 아니하거나 같은 조 제11항에 따른 재무제표를 작성하여 제출하지 아니한 경우

15. 제31조 제2항에 따라 기간 내에 미달한 금액을 보전하거나 증자하지 아니한 경우

16. 제47조에 따른 지도와 감독 등에 관하여 다음 각 목의 어느 하나에 해당하는 경우

　　가. 업무에 관한 사항의 보고 또는 자료의 제출을 하지 아니하거나 거짓으로 보고 또는 제출한 경우

　　나. 장부나 서류 등의 검사를 거부, 방해 또는 기피한 경우

17. 제29조 제5항 각 호의 사항을 인가받은 정관에 따라 운영하지 아니하는 경우

② 제33조에 따른 한국감정평가사협회는 감정평가법인등에 제1항 각 호의 어느 하나에 해당하는 사유가 있다고 인정하는 경우에는 그 증거서류를 첨부하여 국토교통부장관에게 그 설립인가를 취소하거나 업무정지처분을 하여 줄 것을 요청할 수 있다.

③ 국토교통부장관은 제1항에 따라 설립인가를 취소하거나 업무정지를 한 경우에는 그 사실을 관보에 공고하고, 정보통신망 등을 이용하여 일반인에게 알려야 한다.

④ 제1항에 따른 설립인가의 취소 및 업무정지처분은 위반 사유가 발생한 날부터 5년이 지나면 할 수 없다.

⑤ 제1항에 따른 설립인가의 취소와 업무정지에 관한 기준은 대통령령으로 정하고, 제3항에 따른 공고의 방법, 내용 및 그 밖에 필요한 사항은 국토교통부령으로 정한다.

# 제4장 한국감정평가사협회

## 제33조(목적 및 설립)

① 감정평가사의 품위 유지와 직무의 개선·발전을 도모, 회원의 관리 및 지도에 관한 사무 위해
② 협회는 법인(사단법인 : 국 인가 + 설립등기)으로 한다.
④ 협회는 공제사업을 운영 가능
⑥ 민법 중 사단법인 규정 준용

## 제34조(회칙)

회칙을 정하여(변경 포함) 국토교통부장관의 인가 받아야 함
1. 명칭과 사무소 소재지
2. 회원가입 및 탈퇴에 관한 사항
3. 임원 구성에 관한 사항
4. 회원의 권리 및 의무에 관한 사항
5. 회원의 지도 및 관리에 관한 사항
6. 자산과 회계에 관한 사항
7. 그 밖에 필요한 사항

## 제35조(회원가입 의무 등)

① 감정평가법인등과 그 소속 감정평가사는 의무가입 + 그 밖의 감정평가사는 협회의 회원으로 가입 가능
② 협회 회원은 회칙 준수의무

## 제36조(윤리규정)

협회는 직업윤리 규정 제정 + 회원은 직업윤리 규정 준수의무

## 제37조(자문 등)

국가 등은 감정평가사의 직무에 관한 사항에 대하여 협회에 업무의 자문 및 위촉을 위한 추천 요청 가능

## 제38조(회원에 대한 교육·연수 등)

감정평가사/사무직원에 대한 교육·연수 실시 + 회원의 자체적인 교육·연수 활동을 지도·관리

# 제5장 징계

## 제39조(징계)

① 국토교통부장관은 감정평가사가 다음 각 호의 어느 하나에 해당하는 경우에는 제40조에 따른 감정평가관리·징계위원회의 의결에 따라 제2항 각 호의 어느 하나에 해당하는 징계를 할 수 있다. 다만, 제2항 제1호에 따른 징계는 제11호, 제12호를 위반한 경우 및 제27조를 위반하여 다른 사람에게 자격증·등록증 또는 인가증을 양도 또는 대여한 경우에만 할 수 있다.

1. 제3조 제1항을 위반하여 감정평가를 한 경우
2. 제3조 제3항에 따른 원칙과 기준을 위반하여 감정평가를 한 경우
3. 제6조에 따른 감정평가서의 작성·발급 등에 관한 사항을 위반한 경우
3의2. 제7조 제2항을 위반하여 고의 또는 중대한 과실로 잘못 심사한 경우
4. 업무정지처분 기간에 제10조에 따른 업무를 하거나 업무정지처분을 받은 소속 감정평가사에게 업무정지처분 기간에 제10조에 따른 업무를 하게 한 경우
5. 제17조 제1항 또는 제2항에 따른 등록이나 갱신등록을 하지 아니하고 제10조에 따른 업무를 수행한 경우
6. 구비서류를 거짓으로 작성하는 등 부정한 방법으로 제17조 제1항 또는 제2항에 따른 등록이나 갱신등록을 한 경우
7. 제21조를 위반하여 감정평가업을 한 경우
8. 제23조 제3항을 위반하여 수수료의 요율 및 실비에 관한 기준을 지키지 아니한 경우
9. 제25조, 제26조 또는 제27조를 위반한 경우
10. 제47조에 따른 지도와 감독 등에 관하여 다음 각 목의 어느 하나에 해당하는 경우

가. 업무에 관한 사항의 보고 또는 자료의 제출을 하지 아니하거나 거짓
으로 보고 또는 제출한 경우

나. 장부나 서류 등의 검사를 거부 또는 방해하거나 기피한 경우

11. 감정평가사의 직무와 관련하여 금고 이상의 형을 2회 이상 선고받아(집
행유예를 선고받은 경우를 포함한다) 그 형이 확정된 경우. 다만, 과실
범의 경우는 제외한다.

12. 이 법에 따라 업무정지 1년 이상의 징계처분을 2회 이상 받은 후 다시
제1항에 따른 징계사유가 있는 사람으로서 감정평가사의 직무를 수행
하는 것이 현저히 부적당하다고 인정되는 경우

② 감정평가사에 대한 징계의 종류는 다음과 같다.

1. 자격의 취소

2. 등록의 취소

3. 2년 이하의 업무정지

4. 견책

③ 협회는 감정평가사에게 제1항 각 호의 어느 하나에 해당하는 징계사유가 있
다고 인정하는 경우에는 그 증거서류를 첨부하여 국토교통부장관에게 징계
를 요청할 수 있다.

④ 제1항과 제2항에 따라 자격이 취소된 사람은 자격증과 등록증을 국토교통부
장관에게 반납하여야 하며, 등록이 취소되거나 업무가 정지된 사람은 등록증
을 국토교통부장관에게 반납하여야 한다.

⑤ 제1항 및 제2항에 따라 업무가 정지된 자로서 등록증을 국토교통부장관에게
반납한 자 중 제17조에 따른 교육연수 대상에 해당하는 자가 등록갱신기간
이 도래하기 전에 업무정지기간이 도과하여 등록증을 다시 교부받으려는 경
우 제17조 제1항에 따른 교육연수를 이수하여야 한다.

⑥ 제19조 제2항·제4항은 제1항과 제2항에 따라 자격 취소 또는 등록 취소를
하는 경우에 준용한다.

⑦ 제1항에 따른 징계의결은 국토교통부장관의 요구에 따라 하며, 징계의결의
요구는 위반사유가 발생한 날부터 5년이 지나면 할 수 없다.

## 제39조의2(징계의 공고)

① 국토교통부장관은 감정평가사 징계 시 지체 없이 그 구체적인 사유를 해당
감정평가사, 감정평가법인등 및 협회에 각각 알리고, 그 내용을 관보 또는

인터넷 홈페이지 등에 게시 또는 공고하여야 한다.

② 협회는 통보받은 내용 인터넷 홈페이지에 3개월 이상 게재하는 방법으로 공개해

③ 협회는 감정평가를 의뢰하려는 자가 해당 감정평가사에 대한 징계 사실을 확인하기 위하여 징계 정보의 열람을 신청하는 경우에는 그 정보를 제공해

제40조(감정평가관리 · 징계위원회)

① 심의/의결사항

1. 감정평가 관계 법령의 제정 · 개정에 관한 사항 중 국토교통부장관이 회의에 부치는 사항

1의2. 실무기준의 변경에 관한 사항

2. 감정평가사시험에 관한 사항

3. 수수료의 요율 및 실비의 범위에 관한 사항

4. 징계에 관한 사항 등

② 위원회는 위원장 1명과 부위원장 1명을 포함하여 13명의 위원으로 구성(성별 고려)

# 제6장 과징금

제41조(과징금의 부과)

① 업무정지처분을 하여야 하는 경우 + 업무정지처분이 「부동산 가격공시에 관한 법률」에 따른 표준지공시지가의 공시 등의 업무를 정상적으로 수행하는 데에 지장을 초래하는 등 공익을 해칠 우려가 있는 경우 → 업무정지처분에 갈음하여 5천만원(감정평가법인인 경우는 5억원) 이하의 과징금을 부과 가능

② 국토교통부장관은 제1항에 따른 과징금을 부과하는 경우에는 다음 각 호의 사항을 고려하여야 한다.

1. 위반행위의 내용과 정도

2. 위반행위의 기간과 위반횟수

3. 위반행위로 취득한 이익의 규모

③ 국토교통부장관은 이 법을 위반한 감정평가법인이 합병을 하는 경우 그 감정
평가법인이 행한 위반행위는 합병 후 존속하거나 합병으로 신설된 감정평가
법인이 행한 행위로 보아 과징금을 부과·징수할 수 있다.

### 제42조(이의신청)

①② 과징금 통보받은 날부터 30일 이내에 사유서를 갖추어 국토교통부장관에
게 이의신청할 수 있고, 국토교통부장관은 이의신청에 대하여 30일 이내에
결정하여야 한다(부득이한 경우 30일의 범위에서 기간 연장 가능).
③ 결정에 이의가 있는 자는 행정심판 청구 가능

### 제43조(과징금 납부기한의 연장과 분할납부)

일시 납부 어려운 경우 납부기한 연장(납부기한 다음 날부터 1년 초과 ×)/분할
납부가능(회수 3회 이내(6개월 이내 간격)) + 필요시 담보제공

### 제44조(과징금의 징수와 체납처분)

연6% 가산금(60개월 한도) + 국세 체납처분의 예에 따라 징수

# 제7장 보칙

### 제45조(청문)

1. 제13조 제1항 제1호(부정한 방법)에 따른 감정평가사 자격의 취소
2. 제32조 제1항에 따른 감정평가법인의 설립인가 취소 시 청문해야 함

### 제46조(업무의 위탁)

부동산원/산업인력공단/협회에 위탁가능(3.4.는 협회만 가능)
1. 감정평가 타당성조사 및 감정평가서에 대한 표본조사
2. 감정평가사시험의 관리
3. 감정평가사 등록 및 등록 갱신
4. 소속 감정평가사 또는 사무직원의 신고

## 제47조(지도 · 감독)

국토교통부장관은 감정평가법인등 및 협회에 업무에 관한 보고 또는 자료의 제출, 그 밖에 필요한 명령을 할 수 있으며, 소속 공무원(증표표시)으로 하여금 그 사무소에 출입하여 장부 · 서류 등을 검사하게 할 수 있다.

## 제48조(벌칙 적용에서 공무원 의제)

「형법」 제129조부터 제132조까지 규정 적용 시 공무원 의제
1. 부공법상 업무를 수행하는 감정평가사
2. 제40조에 따른 위원회의 위원 중 공무원이 아닌 위원
3. 제46조에 따른 위탁업무에 종사하는 협회의 임직원

# 제8장 벌칙

**관련판례**

### 행정형벌과 과태료 이중부과의 정당성

대법원은 "행정법상의 질서벌인 과태료의 부과처분과 형사처벌은 그 성질이나 목적을 달리하는 별개의 것이므로 행정법상의 질서벌인 과태료를 납부한 후에 형사처벌을 한다고 하여 이를 일사부재리의 원칙에 반하는 것이라고 할 수는 없다."라고 하였고(대판 2000.10.27, 2000도3874), 헌법재판소는 "행정질서벌로서의 과태료는 형벌(특히 행정형벌)과 목적 · 기능이 중복되는 면이 없지 않으므로 동일한 행위를 대상으로 하여 형벌을 부과하면서 아울러 행정질서벌로서의 과태료까지를 부과하는 것은 이중처벌금지의 기본정신에 배치되어 국가 입법권의 남용으로 인정될 여지가 있다."고 보았다(헌재 1994.6.30, 92헌바38).

## 제49조(벌칙) 3년 이하의 징역 또는 3천만원 이하의 벌금

1. 부정한 방법으로 감정평가사의 자격을 취득한 사람
2. 감정평가법인등이 아닌 자로서 감정평가업을 한 자
3. 구비서류를 거짓으로 작성하는 등 부정한 방법으로 제17조에 따른 등록이나 갱신등록을 한 사람
4. 제18조에 따라 등록 또는 갱신등록이 거부되거나 제13조, 제19조 또는 제39조에 따라 자격 또는 등록이 취소된 사람으로서 제10조의 업무를 한 사람

5. 제25조 제1항을 위반하여 고의로 업무를 잘못하거나 같은 조 제6항을 위반
   하여 제28조의2에서 정하는 유도 또는 요구에 따른 자
6. 제25조 제4항을 위반하여 업무와 관련된 대가를 받거나 감정평가 수주의 대
   가로 금품 또는 재산상의 이익을 제공하거나 제공하기로 약속한 자
6의2. 제28조의2를 위반하여 특정한 가액으로 감정평가를 유도 또는 요구하는
   행위를 한 자
7. 정관을 거짓으로 작성하는 등 부정한 방법으로 제29조에 따른 인가를 받은 자

## 제50조(벌칙) 1년 이하의 징역 또는 1천만원 이하의 벌금

1. 제21조 제4항을 위반하여 둘 이상의 사무소를 설치한 사람
2. 제21조 제5항 또는 제29조 제9항을 위반하여 소속 감정평가사 외의 사람에게
   제10조의 업무를 하게 한 자
3. 제25조 제3항, 제5항 또는 제26조를 위반한 자
4. 제27조 제1항을 위반하여 감정평가사의 자격증·등록증 또는 감정평가법인의
   인가증을 다른 사람에게 양도 또는 대여한 자와 이를 양수 또는 대여받은 자
5. 제27조 제2항을 위반하여 같은 조 제1항의 행위를 알선한 자

## 제50조의2(몰수·추징)

제49조 제6호 및 제50조 제4호의 죄를 지은 자가 받은 금품이나 그 밖의 이익
은 몰수한다. 이를 몰수할 수 없을 때에는 그 가액을 추징한다.

## 제51조(양벌규정)

법인의 대표자나 법인 또는 개인의 대리인, 사용인, 그 밖의 종업원이 그 법인
또는 개인의 업무에 관하여 제49조 또는 제50조의 위반행위를 하면 그 행위자
를 벌하는 외에 그 법인 또는 개인에게도 해당 조문의 벌금형을 부과한다. 다만,
법인 또는 개인이 그 위반행위를 방지하기 위하여 해당 업무에 상당한 주의와
감독을 게을리하지 아니한 경우에는 그러하지 아니하다.

## 제52조(과태료)

① 제24조 제1항을 위반하여 사무직원을 둔 자에게는 500만원 이하의 과태료
   를 부과한다.

② 400만원 이하의 과태료

    5. 제28조 제2항을 위반하여 보험 또는 협회가 운영하는 공제사업에의 가입 등 필요한 조치를 하지 아니한 사람

    7. 제47조에 따른 업무에 관한 보고, 자료 제출, 명령 또는 검사를 거부·방해 또는 기피하거나 국토교통부장관에게 거짓으로 보고한 자

③ 300만원 이하의 과태료

    1. 제6조 제3항을 위반하여 감정평가서의 원본과 그 관련 서류를 보존하지 아니한 자

    2. 제22조 제1항을 위반하여 "감정평가사사무소" 또는 "감정평가법인"이라는 용어를 사용하지 아니하거나 같은 조 제2항을 위반하여 "감정평가사", "감정평가사사무소", "감정평가법인" 또는 이와 유사한 명칭을 사용한 자

④ 150만원 이하의 과태료

    1. 제9조 제2항을 위반하여 감정평가 결과를 감정평가 정보체계에 등록하지 아니한 자

    2. 제13조 제3항, 제19조 제3항 및 제39조 제4항을 위반하여 자격증 또는 등록증을 반납하지 아니한 사람

    3. 제28조 제3항을 위반하여 같은 조 제1항에 따른 손해배상사실을 국토교통부장관에게 알리지 아니한 자

⑤ 과태료는 국토교통부장관이 부과·징수

# 05

## 행정기본법 미니법전

# 제1장 총칙

## 제1절 목적 및 정의 등

### 제1조(목적)

행정의 원칙과 기본사항 규정 − 행정의 민주성/적법성을 확보 + 적정성과 효율성을 향상 = 국민 권익 보호

### 제2조(정의)

이 법에서 사용하는 용어의 뜻은 다음과 같다.

1. "법령 등"이란 다음 각 목의 것을 말한다.
   가. 법령 : 다음의 어느 하나에 해당하는 것
      1) 법률 및 대통령령·총리령·부령
      2) 국회규칙·대법원규칙·헌법재판소규칙·중앙선거관리위원회규칙 및 감사원규칙
      3) 1) 또는 2)의 위임을 받아 중앙행정기관(「정부조직법」 및 그 밖의 법률에 따라 설치된 중앙행정기관을 말한다. 이하 같다)의 장이 정한 훈령·예규 및 고시 등 행정규칙
   나. 자치법규 : 지방자치단체의 조례 및 규칙
2. "행정청"이란 다음 각 목의 자를 말한다.
   가. 행정에 관한 의사를 결정하여 표시하는 국가 또는 지방자치단체의 기관
   나. 그 밖에 법령 등에 따라 행정에 관한 의사를 결정하여 표시하는 권한을 가지고 있거나 그 권한을 위임 또는 위탁받은 공공단체 또는 그 기관이나 사인(私人)
3. "당사자"란 처분의 상대방을 말한다.
4. "처분"이란 행정청이 구체적 사실에 관하여 행하는 법 집행으로서 공권력의 행사 또는 그 거부와 그 밖에 이에 준하는 행정작용을 말한다.
5. "제재처분"이란 법령 등에 따른 의무를 위반하거나 이행하지 아니하였음을 이유로 당사자에게 의무를 부과하거나 권익을 제한하는 처분을 말한다. 다만, 제30조 제1항 각 호에 따른 행정상 강제는 제외한다.

### 제3조(국가와 지방자치단체의 책무)
① 적법절차에 따라 공정하고 합리적인 행정을 수행할 책무
② 행정의 능률과 실효성을 높이기 위하여 지속적으로 법령 등과 제도를 정비·개선할 책무

### 제4조(행정의 적극적 추진)
① 행정은 공공의 이익을 위하여 적극적으로 추진되어야 한다.

### 제5조(다른 법률과의 관계)
① 다른 법률에 특별한 규정이 있는 경우를 제외하고는 행정기본법 우선적용
② 다른 법률을 제정 및 개정 시 행정기본법 목적과 원칙, 기준 및 취지에 부합되도록 노력해야 한다.

## 제2절 기간의 계산

### 제6조(행정에 관한 기간의 계산)
① 기간 계산에 관하여 특별한 규정이 있는 경우를 제외하고는 「민법」 준용
② 국민의 권익제한 및 의무부과 처분의 경우에는 초일산입/말일이 토요일 및 공휴일인 경우 그날로 한다(다만, 그러한 것이 국민에게 불리한 경우에는 그러하지 아니한다).

### 제7조(법령 등 시행일의 기간 계산)
1. 법령 등(훈령·예규·고시·지침 등을 포함)을 공포한 날부터 시행하는 경우에는 공포한 날을 시행일로 한다.
2. 법령 등을 공포한 날부터 일정 기간이 경과한 날부터 시행하는 경우 법령 등을 공포한 날을 첫날에 산입하지 아니한다.
3. 법령 등을 공포한 날부터 일정 기간이 경과한 날부터 시행하는 경우 그 기간의 말일이 토요일 또는 공휴일인 때에는 그 말일로 기간이 만료한다.

# 제2장 행정의 법 원칙

## 제8조(법치행정의 원칙)

행정작용은 법률에 위반되어서는 아니 되며, 국민의 권리를 제한하거나 의무를 부과하는 경우와 그 밖에 국민생활에 중요한 영향을 미치는 경우에는 법률에 근거하여야 한다.

## 제9조(평등의 원칙)

행정청은 합리적 이유 없이 국민을 차별하여서는 아니 된다.

## 제10조(비례의 원칙)

행정작용은 다음 각 호의 원칙에 따라야 한다.
1. 행정목적을 달성하는 데 유효하고 적절할 것
2. 행정목적을 달성하는 데 필요한 최소한도에 그칠 것
3. 행정작용으로 인한 국민의 이익 침해가 그 행정작용이 의도하는 공익보다 크지 아니할 것

## 제11조(성실의무 및 권한남용금지의 원칙)

① 행정청은 법령 등에 따른 의무를 성실히 수행하여야 한다.
② 행정청은 행정권한을 남용하거나 그 권한의 범위를 넘어서는 아니 된다.

## 제12조(신뢰보호의 원칙)

① 행정청은 공익 또는 제3자의 이익을 현저히 해칠 우려가 있는 경우를 제외하고는 행정에 대한 국민의 정당하고 합리적인 신뢰를 보호하여야 한다.
② 행정청은 권한 행사의 기회가 있음에도 불구하고 장기간 권한을 행사하지 아니하여 국민이 그 권한이 행사되지 아니할 것으로 믿을 만한 정당한 사유가 있는 경우에는 그 권한을 행사해서는 아니 된다. 다만, 공익 또는 제3자의 이익을 현저히 해칠 우려가 있는 경우는 예외로 한다.

### 제13조(부당결부금지의 원칙)

행정청은 행정작용을 할 때 상대방에게 해당 행정작용과 실질적인 관련이 없는 의무를 부과해서는 아니 된다.

# 제3장 행정작용

## 제1절 처분

### 제14조(법 적용의 기준)

① 새로운 법령 등은 그 효력 발생 전에 완성되거나 종결된 사실 또는 법률관계에 대해서는 적용되지 아니한다.

② 당사자의 신청에 따른 처분은 법령 등에 특별한 규정이 있거나 처분 당시의 법령 등을 적용하기 곤란한 특별한 사정이 있는 경우를 제외하고는 처분 당시의 법령 등에 따른다.

③ 법령 등의 위반행위 성립과 제재처분은 행위 당시의 법령에 따르되, 행위 이후 법령 등이 변경되어 위반행위에 해당하지 아니하거나 제재처분 기준이 가벼워진 경우에는 이를 적용한다.

### 제15조(처분의 효력)

권한이 있는 기관이 취소 또는 철회하거나 기간의 경과 등으로 소멸되기 전까지는 유효한 것으로 통용된다. 다만, 무효인 처분은 처음부터 그 효력이 발생하지 아니한다.

### 제16조(결격사유)

① 자격이나 신분 등을 취득 또는 부여할 수 없거나 인가, 허가, 지정, 승인, 영업등록, 신고 수리 등(이하 "인허가"라 한다)을 필요로 하는 영업 또는 사업 등을 할 수 없는 사유(이하 이 조에서 "결격사유"라 한다)는 법률로 정한다.

## 제17조(부관)

① 행정청은 처분에 재량이 있는 경우에는 부관(조건, 기한, 부담, 철회권의 유보 등)을 붙일 수 있다.

② 행정청은 처분에 재량이 없는 경우에는 법률에 근거가 있는 경우에 부관을 붙일 수 있다.

③ 행정청은 처분을 한 후에도 법률에 근거가 있거나, 당사자의 동의가 있거나, 사정변경이 있는 경우에는 부관을 새로 붙이거나 종전의 부관을 변경할 수 있다.

④ 부관은 다음 각 호의 요건에 적합하여야 한다.

   1. 해당 처분의 목적에 위배되지 아니할 것

   2. 해당 처분과 실질적인 관련이 있을 것

   3. 해당 처분의 목적을 달성하기 위하여 필요한 최소한의 범위일 것

## 제18조(위법 또는 부당한 처분의 취소)

① 행정청은 위법 또는 부당한 처분의 전부나 일부를 소급하여 취소할 수 있다. 다만, 당사자의 신뢰를 보호할 가치가 있는 등 정당한 사유가 있는 경우에는 장래를 향하여 취소할 수 있다.

② 수익적 행정행위 취소의 경우에는 당사자의 불이익과 달성되는 공익을 비교·형량하여야 한다.

## 제19조(적법한 처분의 철회)

① 행정청은 적법한 처분이 다음 각 호의 어느 하나에 해당하는 경우에는 처분의 전부 또는 일부를 장래를 향하여 철회할 수 있다.

   1. 법률에서 정한 철회 사유에 해당하게 된 경우

   2. 법령 등의 변경이나 사정변경으로 처분을 더 이상 존속시킬 필요가 없게 된 경우

   3. 중대한 공익을 위하여 필요한 경우

② 철회하려는 경우에는 당사자의 불이익과 달성되는 공익을 비교·형량하여야 한다.

## 제20조(자동적 처분)

처분에 재량이 있는 경우 외에 법률로 정하는 바에 따라 자동화된 시스템으로 처분을 할 수 있다.

## 제21조(재량행사의 기준)

관련 이익을 정당하게 형량하여야 하며, 그 재량권의 범위를 넘어서는 아니 된다.

## 제22조(제재처분의 기준)

①② 제재처분의 유형 및 상한을 정할 때에는 위반행위의 동기, 목적 및 방법, 위반행위의 결과, 위반행위의 횟수 등 해당 위반행위의 특수성 및 유사한 위반행위와의 형평성 등을 종합고려하여야 한다.

## 제23조(제재처분의 제척기간)

① 위반행위가 종료된 날부터 5년이 지나면 제재처분을 할 수 없다.
② 다음 각 호의 어느 하나에 해당하는 경우에는 제1항을 적용하지 아니한다.
   1. 거짓이나 그 밖의 부정한 방법으로 인허가를 받거나 신고를 한 경우
   2. 당사자가 인허가나 신고의 위법성을 알고 있었거나 중대한 과실로 알지 못한 경우
   3. 정당한 사유 없이 행정청의 조사·출입·검사를 기피·방해·거부하여 제척기간이 지난 경우
   4. 제재처분을 하지 아니하면 국민의 안전·생명 또는 환경을 심각하게 해치거나 해칠 우려가 있는 경우
③ 행정청은 제1항에도 불구하고 행정심판의 재결이나 법원의 판결에 따라 제재처분이 취소·철회된 경우에는 재결이나 판결이 확정된 날부터 1년(합의제행정기관은 2년)이 지나기 전까지는 그 취지에 따른 새로운 제재처분을 할 수 있다.
④ 다른 법률에서 제1항 및 제3항의 기간보다 짧거나 긴 기간을 규정하고 있으면 그 법률에서 정하는 바에 따른다.

## 제2절 인허가의제

## 제24조(인허가의제의 기준)

① 하나의 인허가("주된 인허가")를 받으면 그와 관련된 여러 인허가("관련 인허가")를 받은 것으로 보는 것
② 주된 인허가 신청 시 관련 인허가에 필요한 서류 함께 제출

③④ 관련 인허가에 관하여 미리 관련 인허가 행정청과 협의(20일 내 의견제출)
하여야 한다.

⑤ 협의를 요청받은 관련 인허가 행정청은 해당 법령을 위반하여 협의에 응해서
는 아니 된다. 다만, 관련 인허가에 필요한 심의, 의견 청취 등 절차에 관하
여는 법률에 인허가의제 시에도 해당 절차를 거친다는 명시적인 규정이 있는
경우에만 이를 거친다.

### 제25조(인허가의제의 효과)

① 협의가 된 사항에 대해서는 주된 인허가를 받았을 때 관련 인허가를 받은
것으로 본다.

② 인허가의제의 효과는 주된 인허가의 해당 법률에 규정된 관련 인허가에 한정
된다.

### 제26조(인허가의제의 사후관리 등)

① 관련 인허가 행정청은 관련 인허가를 직접 한 것으로 보아 관계 법령에 따른
관리·감독 등 필요한 조치를 하여야 한다.

## 제3절 공법상 계약

### 제27조(공법상 계약의 체결)

① 계약의 목적 및 내용을 명확하게 적은 계약서를 작성하여야 한다.

② 행정청은 공법상 계약의 상대방을 선정하고 계약 내용을 정할 때 공법상 계
약의 공공성과 제3자의 이해관계를 고려하여야 한다.

## 제4절 과징금

### 제28조(과징금의 기준)

① 행정청은 법령 등에 따른 의무를 위반한 자에 대하여 과징금을 부과할 수 있다.

② 과징금의 근거가 되는 법률에는 과징금에 관한 다음 각 호의 사항을 명확하
게 규정하여야 한다.

　1. 부과·징수 주체

2. 부과 사유

3. 상한액

4. 가산금을 징수하려는 경우 그 사항

5. 과징금 또는 가산금 체납 시 강제징수를 하려는 경우 그 사항

## 제29조(과징금의 납부기한 연기 및 분할 납부)

과징금은 한꺼번에 납부하는 것을 원칙으로 하되, 재해 등으로 재산에 현저한 손해를 입은 경우, 사업 여건의 악화로 사업이 중대한 위기에 처한 경우, 과징금을 한꺼번에 내면 자금 사정에 현저한 어려움이 예상되는 경우 등에는 납부기한을 연기하거나 분할 납부하게 할 수 있으며, 이 경우 필요하다고 인정하면 담보를 제공하게 할 수 있다.

## 제5절 행정상 강제

### 제30조(행정상 강제)

① 법률로 정하는 바에 따라 필요한 최소한의 범위에서 아래의 조치를 할 수 있다.

1. **행정대집행** : 의무자가 행정상 의무(법령 등에서 직접 부과하거나 행정청이 법령 등에 따라 부과한 의무)로서 타인이 대신하여 행할 수 있는 의무를 이행하지 아니하는 경우 법률로 정하는 다른 수단으로는 그 이행을 확보하기 곤란하고 그 불이행을 방치하면 공익을 크게 해칠 것으로 인정될 때에 행정청이 의무자가 하여야 할 행위를 스스로 하거나 제3자에게 하게 하고 그 비용을 의무자로부터 징수하는 것

2. **이행강제금의 부과** : 의무자가 행정상 의무를 이행하지 아니하는 경우 행정청이 적절한 이행기간을 부여하고, 그 기한까지 행정상 의무를 이행하지 아니하면 금전급부의무를 부과하는 것

3. **직접강제** : 의무자가 행정상 의무를 이행하지 아니하는 경우 행정청이 의무자의 신체나 재산에 실력을 행사하여 그 행정상 의무의 이행이 있었던 것과 같은 상태를 실현하는 것

4. **강제징수** : 의무자가 행정상 의무 중 금전급부의무를 이행하지 아니하는 경우 행정청이 의무자의 재산에 실력을 행사하여 그 행정상 의무가 실현된 것과 같은 상태를 실현하는 것

5. **즉시강제** : 현재의 급박한 행정상의 장해를 제거하기 위한 경우로서 다음 각 목의 어느 하나에 해당하는 경우에 행정청이 곧바로 국민의 신체 또는 재산에 실력을 행사하여 행정목적을 달성하는 것

　가. 행정청이 미리 행정상 의무 이행을 명할 시간적 여유가 없는 경우

　나. 그 성질상 행정상 의무의 이행을 명하는 것만으로는 행정목적 달성이 곤란한 경우

② 행정상 강제 조치에 관하여 이 법에서 정한 사항 외에 필요한 사항은 따로 법률로 정한다.

③ 형사, 행형 및 보안처분 관계 법령에 따라 행하는 사항이나 외국인의 출입국·난민인정·귀화·국적회복에 관한 사항에 관하여는 이 절을 적용하지 아니한다.

## 제31조(이행강제금의 부과)

① 이행강제금 부과의 근거 법률에는 아래 사항을 명확하게 규정해야 한다.

　1. 부과·징수 주체

　2. 부과 요건

　3. 부과 금액

　4. 부과 금액 산정기준

　5. 연간 부과 횟수나 횟수의 상한

② 행정청은 이행강제금의 부과 금액을 가중하거나 감경할 수 있다.

　1. 의무 불이행의 동기, 목적 및 결과

　2. 의무 불이행의 정도 및 상습성

　3. 그 밖에 행정목적을 달성하는 데 필요하다고 인정되는 사유

③④ 행정청은 이행강제금을 부과한다는 뜻을 문서로 우선 계고하고, 이행강제금의 부과 금액·사유·시기를 문서로 명확하게 적어 의무자에게 통지하여야 한다.

⑤ 이행강제금은 반복부과 할 수 있으며, 의무를 이행하더라도 이미 부과한 이행강제금은 징수하여야 한다.

⑥ 이행강제금을 내지 아니하면 국세강제징수의 예 또는 「지방행정제재·부과금의 징수 등에 관한 법률」에 따라 징수한다.

### 제32조(직접강제)

① 직접강제는 행정대집행이나 이행강제금 부과의 방법으로는 행정상 의무이행을 확보할 수 없거나 그 실현이 불가능한 경우에 실시하여야 한다.

②③ 집행책임자는 증표를 보여 주어야 하며, 계고 및 통지절차가 적용된다.

### 제33조(즉시강제)

①② 즉시강제는 다른 수단으로는 행정목적을 달성할 수 없는 경우에만 허용되며, 이 경우에도 최소한으로만 실시하여야 한다. 집행책임자는 증표를 보여 주어야 하며, 즉시강제의 이유와 내용을 고지하여야 한다.

## 제6절 그 밖의 행정작용

### 제34조(수리 여부에 따른 신고의 효력)

법령 등으로 정하는 바에 따라 행정청에 일정한 사항을 통지하여야 하는 신고로서 법률에 신고의 수리가 필요하다고 명시되어 있는 경우(행정기관의 내부 업무 처리 절차로서 수리를 규정한 경우는 제외한다)에는 행정청이 수리하여야 효력이 발생한다.

### 제35조(수수료 및 사용료)

① 행정청은 특정인을 위한 행정서비스를 제공받는 자에게 법령으로 정하는 바에 따라 수수료를 받을 수 있다.

② 행정청은 공공시설 및 재산 등의 이용 또는 사용에 대하여 사전에 공개된 금액이나 기준에 따라 사용료를 받을 수 있다.

## 제7절 처분에 대한 이의신청 및 재심사

### 제36조(처분에 대한 이의신청)

① 당사자는 처분을 받은 날부터 30일 이내에 해당 행정청에 이의신청을 할 수 있다.

② 행정청은 이의신청을 받으면 그 신청을 받은 날부터 14일 이내에 그 이의신

청에 대한 결과를 신청인에게 통지하여야 한다. 다만, 부득이한 경우 10일의 범위에서 한 차례 연장할 수 있다.

③ 이의신청을 한 경우에도 그 이의신청과 관계없이 행정심판 또는 행정소송을 제기할 수 있다.

④ 이의신청에 대한 결과를 통지받은 후 행정심판 또는 행정소송을 제기하려는 자는 그 결과를 통지받은 날(제2항에 따른 통지기간 내에 결과를 통지받지 못한 경우에는 같은 항에 따른 통지기간이 만료되는 날의 다음 날을 말한다) 부터 90일 이내에 행정심판 또는 행정소송을 제기할 수 있다.

⑤ 다른 법률에서 이의신청과 이에 준하는 절차에 대하여 정하고 있는 경우에도 그 법률에서 규정하지 아니한 사항에 관하여는 이 조에서 정하는 바에 따른다.

⑦ 다음 각 호의 어느 하나에 해당하는 사항에 관하여는 이 조를 적용하지 아니한다.
1. 공무원 인사 관계 법령에 따른 징계 등 처분에 관한 사항
2. 「국가인권위원회법」 제30조에 따른 진정에 대한 국가인권위원회의 결정
3. 「노동위원회법」 제2조의2에 따라 노동위원회의 의결을 거쳐 행하는 사항
4. 형사, 행형 및 보안처분 관계 법령에 따라 행하는 사항
5. 외국인의 출입국·난민인정·귀화·국적회복에 관한 사항
6. 과태료 부과 및 징수에 관한 사항

## 제37조(처분의 재심사)

① 당사자는 처분(제재처분 및 행정상 강제는 제외)이 행정심판, 행정소송 및 그 밖의 쟁송을 통하여 다툴 수 없게 된 경우(법원의 확정판결이 있는 경우는 제외)라도 다음 각 호의 어느 하나에 해당하는 경우에는 해당 처분을 한 행정청에 처분을 취소·철회하거나 변경하여 줄 것을 신청할 수 있다.
1. 처분의 근거가 된 사실관계 또는 법률관계가 추후에 당사자에게 유리하게 바뀐 경우
2. 당사자에게 유리한 결정을 가져다주었을 새로운 증거가 있는 경우
3. 「민사소송법」 제451조에 따른 재심사유에 준하는 사유가 발생한 경우 등 대통령령으로 정하는 경우

✅ 대통령령으로 정하는 경우

    1. 처분 업무를 직접 또는 간접적으로 처리한 공무원이 그 처분에 관한 직무상 죄를 범한 경우

    2. 처분의 근거가 된 문서나 그 밖의 자료가 위조되거나 변조된 것인 경우

    3. 제3자의 거짓 진술이 처분의 근거가 된 경우

    4. 처분에 영향을 미칠 중요한 사항에 관하여 판단이 누락된 경우

② 재심사 신청은 해당 처분의 절차, 행정심판, 행정소송 및 그 밖의 쟁송에서 당사자가 중대한 과실 없이 제1항 각 호의 사유를 주장하지 못한 경우에만 할 수 있다.

③ 재심사 신청은 당사자가 제1항 각 호의 사유를 안 날부터 60일 이내에 하여야 한다. 다만, 처분이 있은 날부터 5년이 지나면 신청할 수 없다.

④ 재심사 신청을 받은 행정청은 특별한 사정이 없으면 신청을 받은 날부터 90일(합의제행정기관은 180일) 이내에 처분의 재심사 결과(재심사 여부와 처분의 유지·취소·철회·변경 등에 대한 결정을 포함한다)를 신청인에게 통지하여야 한다. 다만, 부득이한 사유로 90일(합의제행정기관은 180일) 이내에 통지할 수 없는 경우에는 그 기간을 만료일 다음 날부터 기산하여 90일(합의제행정기관은 180일)의 범위에서 한 차례 연장할 수 있으며, 연장 사유를 신청인에게 통지하여야 한다.

⑤ 처분의 재심사 결과 중 처분을 유지하는 결과에 대해서는 행정심판, 행정소송 및 그 밖의 쟁송수단을 통하여 불복할 수 없다.

⑥ 행정청의 제18조에 따른 취소와 제19조에 따른 철회는 처분의 재심사에 의하여 영향을 받지 아니한다.

⑧ 다음 각 호의 어느 하나에 해당하는 사항에 관하여는 이 조를 적용하지 아니한다.

    1. 공무원 인사 관계 법령에 따른 징계 등 처분에 관한 사항

    2. 「노동위원회법」 제2조의2에 따라 노동위원회의 의결을 거쳐 행하는 사항

    3. 형사, 행형 및 보안처분 관계 법령에 따라 행하는 사항

    4. 외국인의 출입국·난민인정·귀화·국적회복에 관한 사항

    5. 과태료 부과 및 징수에 관한 사항

    6. 개별 법률에서 그 적용을 배제하고 있는 경우

# 제4장 행정의 입법활동 등

### 제38조(행정의 입법활동)

① 국가나 지방자치단체가 법령 등을 제정·개정·폐지하는 경우 헌법과 상위 법령을 위반해서는 안 된다.

② 행정의 입법활동은 다음 각 호의 기준에 따라야 한다.

   1. 일반 국민 및 이해관계자로부터 의견을 수렴하고 관계 기관과 충분한 협의를 거쳐 책임 있게 추진해야 한다.

   2. 법령 등의 내용과 규정은 다른 법령 등과 조화를 이루어야 하고, 법령 등 상호 간에 중복되거나 상충되지 아니하여야 한다.

   3. 법령 등은 일반 국민이 그 내용을 쉽고 명확하게 이해할 수 있도록 알기 쉽게 만들어져야 한다.

### 제39조(행정법제의 개선)

① 정부는 법령이 헌법에 위반되거나 법률에 위반되는 것이 명백한 경우에는 해당 법령을 개선하여야 한다.

### 제40조(법령해석)

① 누구든지 법령을 소관하는 중앙행정기관의 장과 지방자치단체의 장에게 법령해석을 요청할 수 있다.

# 도시 및
# 주거환경정비법

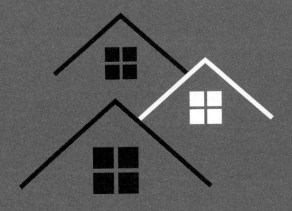

# 01

# 도시 및 주거환경정비법

2002.12.30. 제정된 도시 및 주거환경정비법의 시행에 따라 그 이전에 구 도시재개발법에 의해 규율되던 재개발사업과 구 주택건설촉진법 및 집합건물의 소유 및 관리에 관한 법률에 의해 규율되던 재건축사업이 모두 도시정비법의 규율을 받게 되었으며, 도시정비법의 시행으로 재건축사업의 경우에도 민사소송으로 다루었던 문제들이 재개발사업과 같이 행정소송으로 다루어졌고, 그 절차도 재개발사업과 같이 사업이 진행되게 되었다.

통합과 관련된 수된 쟁점은 재개발·재건축조합은 행정주체이고, 재개발·재건축조합에 대한 설립인가는 행정주체로서의 지위를 부여하는 설권적 처분이며, 재개발·재건축조합이 설립인가를 받은 이후 도시정비법에 따라 한 행위들인 "사업시행계획과 관리처분계획 및 청산금 부과 등"은 행정처분의 성격을 갖고, 그에 관한 쟁송은 민사소송이 아니라 행정소송인 항고소송 또는 공법상 당사자소송에 의하여 다투어야 한다는 것이다.

## 1 재개발·재건축사업의 절차

재개발·재건축사업은 정비구역의 지정, 추진위원회의 구성과 승인, 조합의 설립과 인가, 사업시행계획의 작성과 인가, 분양 및 관리처분계획의 작성과 인가, 공사 및 청산금 부과와 이전고시 등의 순서로 진행된다.

## 2 각종 인가·승인의 법적 성질

### 1. 추진위원회의 승인

조합추진위원회의 설립승인신청을 받은 시장·군수로서는 승인신청서에 첨부된 첨부서류에 의하여 해당 추진위원회의 구성에 대하여 토지등소유자의 2분의 1 이상의 동의가 있고 추진위원회가 위원장을 포함한 5인 이상의 위원으로 구성되어 있음을 확인할 수 있다면 그 추진위원회의 설립을 승인하여야 할 것이라고 판시하여 인가로 보고 있다(대판 2009.6.25, 2008두13132).

### 2. 조합의 설립인가

구판례는 인가로 보았으나, 현재는 "행정청이 도시 및 주거환경정비법 등 관련 법령에 근거하여 행하는 조합설립인가처분은 단순히 사인들의 조합설립행위에 대한 보충행위로서의 성질을 갖는 것에 그치는 것이 아니라 법령상 요건을 갖출 경우 도시 및 주거환경정비법상 주택재건축사업을 시행할 수 있는 권한을 갖는 행정주체(공법인)로서의 지위를 부여하는 일종의 설권적 처분의 성격을 갖는다고 보아야 한다."고 판시하여, 특허로의 입장을 바꿨다(대판 2009.9.24, 2008다60568 등).[1]

### 조합설립인가처분 취소판결의 효력
주택재건축사업조합 설립인가처분이 판결에 의하여 취소되거나 무효로 확인된 경우에는 조합설립인가처분은 처분 당시로 소급하여 효력을 상실하고, 이에 따라 해당 주택재건축사업조합 역시 조합설립인가처분 당시로 소급하여 도시정비법상 주택재건축사업을 시행할 수 있는 행정주체인 공법인으로서의 지위를 상실한다(대판 2012.11.29, 2011두518). 따라서, 주택재개발사업조합이 조합설립인가처분 취소 전에 도시 및 주거환경정비법상 적법한 행정주체 또는 사업시행자로서 한 결의 등 처분도 원칙상 소급하여 효력을 상실한다(대판 2012.3.29, 2008다95885).

---

1) 대판 2009.9.24, 2008다60568

[1] 행정청이 도시 및 주거환경정비법 등 관련 법령에 근거하여 행하는 조합설립인가처분은 단순히 사인들의 조합설립행위에 대한 보충행위로서의 성질을 갖는 것에 그치는 것이 아니라 법령상 요건을 갖출 경우 도시 및 주거환경정비법상 주택재건축사업을 시행할 수 있는 권한을 갖는 행정주체(공법인)로서의 지위를 부여하는 일종의 설권적 처분의 성격을 갖는다고 보아야 한다. 그리고 그와 같이 보는 이상 조합설립결의는 조합설립인가처분이라는 행정처분을 하는 데 필요한 요건 중 하나에 불과한 것이어서, 조합설립결의에 하자가 있다면 그 하자를 이유로 직접 항고소송의 방법으로 조합설립인가처분의 취소 또는 무효확인을 구하여야 하고, 이와는 별도로 조합설립결의 부분만을 따로 떼어 내어 그 효력 유무를 다투는 확인의 소를 제기하는 것은 원고의 권리 또는 법률상의 지위에 현존하는 불안·위험을 제거하는 데 가장 유효·적절한 수단이라 할 수 없어 특별한 사정이 없는 한 확인의 이익은 인정되지 아니한다.

[2] 도시 및 주거환경정비법상 주택재건축정비사업조합에 대한 행정청의 조합설립인가처분이 있은 후에 조합설립결의의 하자를 이유로 민사소송으로 그 결의의 무효 등 확인을 구한 사안에서, 그 소가 확인의 이익이 없는 부적법한 소에 해당한다고 볼 여지가 있으나, 재건축조합에 관한 설립인가처분을 보충행위로 보았던 종래의 실무관행 등에 비추어 그 소의 실질이 조합설립인가처분의 효력을 다투는 취지라고 못 볼 바 아니고, 여기에 소의 상대방이 행정주체로서의 지위를 갖는 재건축조합이라는 점을 고려하면, 그 소가 공법상 법률행위에 관한 것으로서 행정소송의 일종인 당사자소송으로 제기된 것으로 봄이 상당하고, 그 소는 이송 후 관할법원의 허가를 얻어 조합설립인가처분에 대한 항고소송으로 변경될 수 있어 관할법원인 행정법원으로 이송함이 마땅하다고 한 사례

## 3. 인가사항의 변경인가

판례는 "주택재건축사업조합이 새로이 조합설립인가처분을 받는 것과 동일한 요건과 절차를 거쳐 조합설립변경인가처분을 받는 경우 당초 조합설립인가처분의 유효를 전제로 해당 주택재건축사업조합이 매도청구권 행사, 시공자 선정에 관한 총회 결의, 사업시행계획의 수립, 관리처분계획의 수립 등과 같은 후속 행위를 하였다면 당초 조합설립인가처분이 무효로 확인되거나 취소될 경우 그것이 유효하게 존재하는 것을 전제로 이루어진 위와 같은 후속 행위 역시 소급하여 효력을 상실하게 되므로, 특별한 사정이 없는 한 위와 같은 형태의 조합설립변경인가가 있다고 하여 당초 조합설립인가처분의 무효확인을 구할 소의 이익이 소멸된다고 볼 수는 없다."고 판시하였다(대판 2012.10.25, 2010두25107).

또한 판례는 "정비사업조합(이하 '조합'이라고만 한다)에 관한 조합설립변경인가처분은 당초 조합설립인가처분에서 이미 인가받은 사항의 일부를 수정 또는 취소·철회하거나 새로운 사항을 추가하는 것으로서 유효한 당초 조합설립인가처분에 근거하여 설권적 효력의 내용이나 범위를 변경하는 성질을 가지므로, 당초 조합설립인가처분이 쟁송에 의하여 취소되거나 무효로 확정된 경우에는 이에 기초하여 이루어진 조합설립변경인가처분도 원칙적으로 그 효력을 상실하거나 무효라고 해석함이 타당하다. 마찬가지로 당초 조합설립인가처분 이후 여러 차례 조합설립변경인가처분이 있었다가 중간에 행하여진 선행 조합설립변경인가처분이 쟁송에 의하여 취소되거나 무효로 확정된 경우에 후행 조합설립변경인가처분도 그 효력을 상실하거나 무효라고 새겨야 한다.
다만, 조합설립변경인가처분도 조합에 정비사업 시행에 관한 권한을 설정하여 주는 처분인 점에서는 당초 조합설립인가처분과 다를 바 없으므로, 선행 조합설립변경인가처분이 쟁송에 의하여 취소되거나 무효로 확정된 경우라도 후행 조합설립변경인가처분이 선행 조합설립변경인가처분에 의해 변경된 사항을 포함하여 새로운 조합설립변경인가처분의 요건을 갖춘 경우에는 그에 따른 효력이 인정될 수 있다. 이러한 경우 조합은 당초 조합설립인가처분과 새로운 조합설립변경인가처분의 요건을 갖춘 후행 조합설립변경인가처분의 효력에 의하여 정비사업을 계속 진행할 수 있으므로, 그 후행 조합설립변경인가처분을 무효라고 할 수는 없다."고 하였다(대판 2014.5.29, 2011두25876).

## 4. 정비사업시행인가

대법원은 '조합이 사업시행계획을 재건축결의에서 결정된 내용과 달리 작성한 경우 이러한 하자는 기본행위인 사업시행계획 작성행위의 하자라고 할 것이고, 이에 대한 보충행위인 행정청의 인가처분이 그 근거 조항인 도시정비법 제28조의 적법요건을 갖추고 있는 이상은 그 인가처분 자체에 하자가 있는 것이라 할 수 없다' 하여 인가로 파악하고 있다(대판 2008.1.10, 2007두16691).

다만 토지 등 소유자들이 조합을 따로 설립하지 않고 직접 시행하는 도시환경정비사업에서 사업시행인가처분은 단순히 사업시행계획에 대한 보충행위로서의 성질을 가지는 것이 아니라, 구 도시정비법상 정비사업을 시행할 수 있는 권한을 가지는 행정주체로서의 지위를 부여하는 일종의 설권적 처분의 성격을 가진다(대판 2013.6.13, 2011두19994).

## 5. 관리처분계획인가

판례(대판 2012.3.22, 2011두6400 全合)[2]
[1] [다수의견] 이전고시의 효력 발생으로 이미 대다수 조합원 등에 대하여 획일적·일률적으로 처리된 권리귀속 관계를 모두 무효화하고 다시 처음부터 관리처분계획을 수립하여 이전고시 절차를 거치도록 하는 것은 정비사업의 공익적·단체법적 성격에 배치되므로, 이전고시가 효력을 발생하게 된 이후에는 조합원 등이 관리처분계획의 취소 또는 무효확인을 구할 법률상 이익이 없다고 봄이 타당하다.
[대법관 김능환, 대법관 이인복, 대법관 김용덕, 대법관 박보영의 별개의견] 관리처분계획의 무효확인이나 취소를 구하는 소송이 적법하게 제기되어 계속 중인 상태에서 이전고시가 효력을 발생하였다고 하더라도, 이전고시에서 정하고 있는 대지 또는 건축물의 소유권 이전에 관한 사항 외에 관리처분계획에서 정하고 있는 다른 사항들에 관하여서는 물론이고, 이전고시에서 정하고 있는 사항에 관하여서도 여전히 관리처분계획의 취소 또는 무효확인을

---

2) 김종보, 재건축·재개발사업의 전개과정과 소의 이익, 행정법연구 제56호, 2019.2, 22면 "이전고시가 행해지고 나서도 여전히 관리처분계획에서 잘못 정해진 추가부담금을 다투어야 할 이익은 남으며 관리처분계획의 위법을 이유로 일부를 취소한다고 해도 소유권의 귀속에 관한 사항은 영향을 받지 않는다고 해석할 수 있다. 그러므로 이전고시로 인해 관리처분계획에 대한 항고소송이 소의 이익을 잃는다는 대법원의 견해는 옳지 않다."

구할 법률상 이익이 있다고 보는 것이 이전고시의 기본적인 성격 및 효력에 들어맞을 뿐 아니라, 행정처분의 적법성을 확보하고 이해관계인의 권리·이익을 보호하려는 행정소송의 목적 달성 및 소송경제 등의 측면에서도 타당하며, 항고소송에서 소의 이익을 확대하고 있는 종전의 대법원판례에도 들어맞는 합리적인 해석이다.

[2] 도시 및 주거환경정비법 관련 규정의 내용, 형식 및 취지 등에 비추어 보면, 당초 관리처분계획의 경미한 사항을 변경하는 경우와 달리 관리처분계획의 주요 부분을 실질적으로 변경하는 내용으로 새로운 관리처분계획을 수립하여 시장·군수의 인가를 받은 경우에는, 당초 관리처분계획은 달리 특별한 사정이 없는 한 효력을 상실한다.

**관련판례**

사전보상, 인도이전의무 부과, 선결문제(대판 2021.7.29, 2019도13010, 300477, 15665, 10001)

주택재개발사업의 사업시행자가 수용재결에 따른 보상금을 지급하거나 공탁하고 공익사업을 위한 토지 등의 취득 및 보상에 관한 법률 제43조에 따라 부동산의 인도를 청구하는 경우, 현금청산대상자나 임차인 등이 주거이전비 등을 보상받기 전에는 구 도시 및 주거환경정비법 제49조 제6항 단서에 따라 주거이전비 등의 미지급을 이유로 부동산의 인도를 거절할 수 있는지 여부(적극) / 이때 현금청산대상자나 임차인 등이 수용개시일까지 수용대상 부동산을 인도하지 않은 경우, 공익사업을 위한 토지 등의 취득 및 보상에 관한 법률 제43조, 제95조의2 제2호 위반죄로 처벌할 수 있는지 여부(소극)

## 6. 준공인가(이전고시)

이전고시가 있으면 관리처분계획에 따라 대지 또는 건축물을 분양받은 자는 이전고시가 효력을 발생한 날 종전에 소유권을 상실하고, 그 대지 또는 건축물에 대한 소유권을 취득한다. 따라서 이전고시는 공법상 처분이고 이전고시가 있으면 공용환권이 행해진다.

이전고시에 대해서는 항고소송을 제기할 수 있으나, 이전고시의 효력이 발생한 이후에는 조합원 등은 수용재결이나 이의재결의 취소 또는 무효확인을 구할 법률상 이익이 없다.

**관련판례**

## 수용재결의 취소를 구할 수 있는지 여부

① 이전고시 효력 발생 전의 경우

관리처분계획에 대한 인가·고시가 있은 후에 이전고시가 행해지기까지 상당한 기간이 소요되므로 관리처분계획의 하자로 인하여 자신의 권리를 침해당한 조합원 등으로서는 이전고시가 행해지기 전에 얼마든지 그 관리처분계획의 효력을 다툴 수 있는 여지가 있고, 특히 조합원 등이 관리처분계획의 취소 또는 무효확인소송을 제기하여 계속 중인 경우에는 그 관리처분계획에 대하여 행정소송법에 규정된 집행정지결정을 받아 후속절차인 이전고시까지 나아가지 않도록 할 수도 있다(대판 2012.3.22, 2011두6400). 관리처분의 내용 중 분양처분 및 청산 등에 관한 계획은 주용 내용이므로 이에 대한 하자를 이유로 수용재결의 취소를 주장할 수 있는 것으로 보인다.

② 이전고시 효력 발생 후의 경우

이전고시의 취소 또는 무효확인을 구할 법률상 이익 : 정비사업의 공익적·단체적 성격과 이전고시에 따라 이미 형성된 법률관계를 유지하여 법적 안정성을 보호할 필요성이 현저한 점 등을 고려할 때, 이전고시의 효력이 발생한 이후에는 조합원 등이 해당 정비사업을 위하여 이루어진 수용재결이나 이의재결의 취소 또는 무효확인을 구할 법률상 이익이 없다(대판 2017.3.16, 2013두11536).

**감정평가 및 보상법규**
**우선순위 쟁점정리와 미니법전**

합격기준 **박문각**

제**1**판 감정평가사 2차 시험대비

# 감정평가 및 보상법규
# 우선순위 쟁점정리와 미니법전

제1판인쇄 : 2023. 01. 25.
제1판발행 : 2023. 01. 30.
편      저 : 도승하
발  행  인 : 박 용
발  행  처 : (주)박문각출판
등      록 : 2015. 04. 29. 제2015-000104호
주      소 : 06654 서울시 서초구 효령로 283 서경B/D 4층
전      화 : (02) 723-6869
팩      스 : (02) 723-6870

정가 16,000원

ISBN 979-11-6987-041-2